帝国の思考

日本「帝国」と台湾原住民

Matsuda Kyoko
松田京子

南山大学学術叢書
有志舎

帝国の思考

――日本「帝国」と台湾原住民――

《目　次》

序章

はじめに

近年、日本「帝国」の構造、もしくは日本の植民地支配の様相に関して、狭義の歴史学に限らず様々な研究分野から研究が進められ、豊かな成果が蓄積されていると言えるだろう。特に近年の植民地研究の一つの特徴としては、従来からの政治的、軍事的、経済的な支配という観点に加えて、植民地支配の問題を文化的支配もしくは知的支配の問題としてとらえるという観点からの研究が、一つの潮流として存在する点を指摘できる。[*1]

周知のように、帝国主義を「知」と「力」の相互補完によるものとして描き出したエドワード・W・サイードの『オリエンタリズム』[*2]は、帝国主義研究に新たな観点をもたらすとともに、「異文化」研究に携わってきた人文・社会科学の諸分野に、自己の研究基盤の反省的考察をも促すような大きな影響を与えている。前述の研究潮流は、『オリエンタリズム』の問題提起を、日本の植民地支配の問題として、もしくは近代における日本とアジアの関係性の問題として受けとめ、展開した動向だとも言える。

本書も基本的にはこのような研究の流れに立ち、日本「帝国」の問題を認識論的視点から、もしくは植民地を規定する「帝国」の学知という観点から考察することで、一九世紀末に東アジアの東端に出現した日本「帝国」の特徴を、その歴史的・地理的条件との関連の中で明らかにしていきたいと考える。他の帝国主義諸国と比較して、日本「帝国」の特徴を一つあげるとすれば、その植民地支配領域が日本「内地」を中心とした、比較的地理的に限定された範囲内に存在した点に求めることができるだろう。[*3] その点は具体的には台湾や朝鮮と、日本との関係性を表す際にしばしば使用された「同種同文」という言葉に端的に示されるように、ともに「中華文明」の影響を強く受けた地域が、宗主国と植民地という関係に置き直されるという事態として出現したといえる。特に日本「帝国」初の本格的な海外植民地・台湾の領有は、当時、凋落の途をたどっていたとはいえ、それまで東アジアの地域システムの中枢に君臨し知的にも東アジアの情報発信源であった「中華帝国」[*4]、その「中華帝国」から種々の影響を受けてきた日本が、「中華帝国」の領土の一部であった地域に、新たな支配者として降り立つという事態でもあった。そのような台湾の支配の問題を考える際には、支配様式の実態的な分析と同程度に、知的支配の分析も重要性をもつと考える。

そこで本書では、台湾における植民地支配に、「学問」や「文化」という要素がどのように関連していくのかを、植民地台湾において人口数的にも社会的ポジションという観点からも、圧倒的なマイノリティであった台湾原住民をめぐる諸動向に焦点をあてて論じていきたい。

第一節　本書の課題と台湾原住民

第三代台湾総督府民政長官として、台湾統治の実質的な責任者の位置にあった後藤新平。彼が一九〇一年に述べた次の言葉は、先ほど述べた「同種同文」言説との関連でも非常に興味深い。

……台湾に於ては数千年来の活歴史を同時に即ち現在に一島地内に蒐集して居るので、之を統治するの複雑なる事は思ひの外である。[*5]

この後藤の言葉から、植民地政府の政策決定者層が、「数千年の活歴史」すなわち二つの歴史的段階の同時統治という問題を、台湾統治の困難さとして見いだしていたことがわかる。では、後藤がいう二つの歴史的段階とは何か。それは第三章で詳述するように、一方では「相当発達したる所の人民」としての漢民族系住民の存在が、他方では「野蛮未開の国土の人民」とされた台湾原住民の存在が念頭におかれていたといえる。

このように台湾原住民とは、「同種同文」言説に回収し切れないとみなされた存在であり、植民者によって、いわば「自己」との同時代性を否定することが可能な存在（物理的には同じ時空間を共有しながらも、過去の時間に属するとみなすことが可能な存在）として、すなわち「自己」と切り離して措定することが可能な存在として見出された人々であった。日本による植民地支配のもとで、台湾原住民は、「帝国」の学知の対象としても、具体的な統治実践の場面においても、人種主義と植民地主義が常に交差しながら発動される存在だったといえる。「帝国」の問題を考える際に、権力の不均衡さ、それに伴う直接的、間接的暴力の行使という問題は、看過できない重要性を持つと考える。本書が焦点をあてる台湾原住民に対する植民地支配の歴史を振り返ってみると、そこには植民地主義の暴力性、矛盾が先鋭的に表れている。「学問」や「文化」が、植民地支配という状況下で、どのような政治性を帯び、いかなる暴力性をはらむのかという問題を考察するに際し、台湾原住民をめぐる諸動向を特に注目する本書の意図はこの点にある。

さて本書が焦点をあてる台湾原住民とは、繰り返しになるが、植民地台湾において人口数的にも社会的位置という観点からも圧倒的なマイノリティとして存在した。[*6] 次章以降、詳しく論じていくように、台湾領有直後から台湾総督府は、原住民の多くが居住する山岳地域を「蕃地」と呼び「特別行政区域」として、それ以外の「普通行政区域」と切り離して統治する方針を取ることとなる。周知のように植民地統治下の台湾は、日本「内地」とは異なる法域として存在したが、その台湾内部にさらにもう一つの異なる法域が存在したともいえよう。「特別行政区域」は、日本の台湾領有から四〇年が経過した一九三五年段階でも、台湾全島の約四五%を占める広大な区域であった。[*7] そして「特別行政区域」と「普通行政区域」間の人や物の移動・交通は厳しく制限されるとともに、第五章で詳述するように、「特別行政区域」居住の台湾原住民は、基本的には法的な意味での権利主体とは見なされなかったため彼らの土地所有権などは認定されず、また普通法規の適用範囲外とされたため、彼らの懲罰に関しては現地警察官に大幅な裁量権が与えられるという状況であった。そして台湾原住民をめぐるこのような統治のあり方には、台湾領有直後から人類学や法学といった様々な「帝国」の学知が関与していくこととなる。[*8]

また日本による植民地統治以前の台湾において、台湾原住民の多くは「文字」を持たない人々であった。そのため書記言語としては、まず「日本語」が、植民地統治下での教育を通じて段階的に普及したといえる。このような台湾原住民の歴史記述、特に彼ら・彼女らを歴史の「主体」として論じる形での歴史記述をいかに行うかは、極めて難しい課題であるといえよう。例えば本書を準備するにあたって、問題関心の共有という点で大きな示唆を受けた小川正人の論文「イオマンテの近代史」[*9]においては、明治以降の行政官や研究者によるイオマンテ儀礼に対する実践的な介入や表象のあり方と、それに対するアイヌ民族の対応が詳細に論じられている。とりわけ一九二〇年代から三〇年代にかけて、アイヌ民族が「民族文化」への誇りを持ちつつ、「伝統」を対象化し客観化する認識を主体的に獲得していく過程が、積極的に描かれている。

このような論述のあり方に大きな魅力を感じながらも、本書の課題に戻った際、当該期の台湾原住民に関しては、残存している資料が質的に異なるという壁にあたらざるを得ない。たとえ支配者の言語であれ、書記言語としての「日本語」を獲得したとしても、それを駆使して自己の見解を表明できる媒体は限られていたのであり、さらに統治者の検閲から自由に、支配者の思惑からズレた形で、独自の見解を公に表明できる媒体はほとんど皆無の状態だったというのが、台湾原住民の状況であった。このような状況こそが、まさに植民地的状況だともいえるだろう。また植民地台湾に限定してみても、一九二〇年代に漢民族系住民の政治活動の「場」として、漢文欄をもつ機関誌が発行された状況と比べても、台湾原住民が当該期におかれた状況の「厳しさ」は、一目瞭然だといえる。その意味では、台湾原住民の「主体性」の語りにくさこそが、当該期における台湾原住民の社会的位置を表すものであり、植民地主義の暴力性を表すものだともいえよう。

このような資料的状況を打破する試みとして、近年、積極的な聞き取り調査に基づく歴史記述が模索されている。そのような試みは、まず文化人類学の分野の中から歴史的記述への関心として展開し、とりわけ近年では、中村平の諸論考をはじめ、[*10]理論的な考察に裏打ちされた優れた成果が蓄積されつつあるといえる。[*11]また歴史学の分野においても、例えば松田吉郎の論文「阿里山ツオウ族の戦前・戦後―イウスム・ムキナナ氏のライフヒストリーを中心に―」[*12]では、一つの集落の生活が植民地統治下で具体的にどのように変化していくのかが、聞き取り調査にもとづいて生き生きと描かれるとともに、植民地統治の痕跡が、戦後とりわけ二・二八事件に与えた影響を具体的に示すという重要な論証が行われている。

このように聞き取りによる歴史記述によって開かれる地平は大きいと考えるが、しかし証言の中で「折り重なる時間」をいかに考えるか、また使用言語の重層性と語られる言語によって想起される記憶領域の異同をいかに考えるかなど、方法的に検討すべき点は、いまなお残されているといえよう。そこで本書では、当該期に記述された文献資料に基づいて歴史記述を行うこととするが、その意味で本書の課題は、あくまで台湾原住民統治政策史に限定されるものであることを、本書の限界としても確認しておきたい。

なお台湾の先住民族の公式呼称は、一九九四年の第三次憲法改正によって、「原住民」となった（のちに「原住民族」）。この呼称は、もともとは台湾の先住民族の民族的アイデンティティ回復運動のなかで、先住民族の自称として唱えられたという側面もある。その経緯を鑑み、本書では、台湾の先住民族を指す呼称として「原住民」を使用する。また、本書の特に前半部においては、台湾原住民の中でも台湾北中部に居住した人々をめぐる諸動向が考察の中心となる。その意図は、台湾原住民政策の実施の過程において、次章以降論じていくように最も過酷な政策が採られたのは台湾北中部の原住民に対してであり、植民地主義の暴力性や矛盾を考えるためには、その状況にこそ注目するべきだと考えるからである。

第二節　研究史の整理と本書の構成

植民地統治下の台湾を歴史学的な観点から研究したものは、これまで被支配住民の圧倒的多数を占めた漢民族系住民に焦点をあてて深化してきた。しかし台湾原住民統治政策史研究の進展は、近年めざましく、通史的なものとして藤井志津枝の一連の著作[*13]、歴史人類学的な観点にたった山路勝彦[*14]、中村平の諸論考[*15]、経済史からの考察として中村勝の一連の著作[*16]、法制史からの考察として王泰升の一連の論考[*17]、統治行政史からの考察として王學新[*18]、石丸雅邦[*19]、鄭安睎らの諸論考[*20]、教育史に特化した松田吉郎の研究[*21]、特に台湾東部の原住民史に特化した潘繼道の研究[*22]などが矢継ぎ早に発表され、研究が急激に進展しつつある。なかでも、北村嘉恵の著書『日本植民地下の台湾先住民教育史』（北海道大学出版会、二〇〇八年）は、このような研究状況の一つの到達点ともいえる。北村の研究は、教育史の視点からのものであるが、しかし、そこで提起されている問題は、植民地政府の統治方針を一枚岩的に描く傾向があったこれまでの研究枠組に対する批判など、研究状況全体に対して投げかけられている。本書もこのような問題意識を共有しつつ、日本から台湾に渡った知識人や植民地官僚が生み出していく台湾原住民をめぐる認識と表象が、それぞれどのようなズレをはらみつつ、具体的な統治が進められていくのかという点に、とりわけ注意を払って考察を進めていきたい。

また、特に一九三〇年代以降を扱った研究についていえば、戴国輝をはじめとする霧社事件研究を中心に、成果が蓄積されてきた。[*23] さらに総力戦下の植民地統治という総合的な観点から当該期の原住民統治政策の展開と原住民社会に与えた影響を幅広く論じた近藤正己の研究、[*24] 一九三〇年代から一九九〇年代というタイムスパンの中で、日本統治期から国民党政権下への台湾原住民政策の継承とそれに伴う原住民社会の変化を「地方化」という観点から論じた松岡格の研究[*25]など、多様な観点からの研究成果が蓄積されている。なかでも山路勝彦は著書『台湾の植民地統治』において、台湾原住民統治の特徴を、「植民地官吏、そして地元住民、さらには人類学者を含めその現場に居合せた人たち[*26]」の実践と思索の過程の問題として探求するという観点を打ち出し、一九三〇年代から四〇年代前半にそくして、興味深い考察を展開している。

本書もまた、言説分析という方法がもつ単純な歴史状況還元論に対する批判の重要性を踏まえた上で、それでもやはり植民地主義の思想的考察に向けては、テクストをコンテクストとの緊張関係の中におくことの重要性は、看過することができないという立場に立つ。その意味で、山路が提起した、実践と思索の交差としての原住民統治という観点に大きな示唆を受けつつ、冒頭に述べたような課題を、次章から考察していきたい。

ここで本書の章構成を簡単に述べておこう。

本書は緩やかな編年体で構成されている。第一章では、まず日清講和条約によって台湾が日本に割譲された直後に起こった台湾領有戦争に焦点をあてる。ここでは、台湾領有戦争をめぐる戦争報道が植民地となった台湾および台湾人をどのように表象していくのか、表象によって台湾人の中に漢民族系住民と台湾原住民の境界線をどのように引いていくのか、それらの表象が宗主国内部のナショナリズムとどのように関連するのかが問われることになる。

次に第二章では、一八九七年に行われた台湾原住民を対象とする第一回「内地」観光に焦点をあてる。植民地統治初期の台湾原住民政策は、武力的優位の確保を図りつつも、一八九六年に設置された撫墾署を中心に、基本的には「綏撫」主義、つまり宥和策を基調とした現状維持方針がとられた。この撫墾署体制下で、原住民教化政策の一環として実施されたのが第一回「内地」観光である。「内地」に渡った台湾原住民は、そこでどのような経験を重ねたのか、また受け入れた「内地」の人々はどのように対応したのか。そしてそのような経験は台湾原住民、日本「内地」の人々、その双方の認識にどのような影響を与えたのかという問題を、第二章では問うていくことになる。

第三章では、植民地統治初期から台湾原住民に関する調査に関わった植民地官僚・伊能嘉矩に焦点をあてる。ここでは伊能の人類学的な学知に基づく調査実践が、台湾原住民に関するどのような認識枠組を植民地政府に提供するのか、またそのような調査実践は伊能による歴史学的な手法による台湾表象、すなわち「台湾史」の記述にどのように関連するのかという点を中心に考察していく。

次に第四章、第五章では、台湾原住民の法的位置に焦点をあてる。まず第四章では、日清講和条約第五条のいわゆる「国籍選択条項」をめぐって展開された法学的な論争に注目し、その議論の過程で台湾原住民に対して法的には人格を有さない存在という言説が、どのように形成され共有されていくのか、またそのような位置付けはどのような政策展開と関連するのかを論じていく。そして右述の法学的な論争は、台湾では一九〇二年から一九〇六年にかけて展開することになるが、この時期は台湾原住民に対する統治政策が「綏撫」主義政策から、「取締」を基調とする積極的介入政策へと転換していく時期であった。このような時期に、右述の論争と同時並行的に進行した具体的な統治実践の中で、台湾原住民が実際にどのような法的取り扱いを受けていくのかを第五章では論じていく。

そして第六章は本書前半の小括的な章となる。第三章で論じた台湾原住民に対する人類学的な調査や歴史学的な考察による位置付け、および第四章、第五章で論じた台湾原住民に対する法学的な位置付けが、大量の軍事力の投入による大規模な原住民「討伐」作戦の実施＝「五箇年計画理蕃事業」の実施とどのように関連するのか、また「五箇年計画理蕃事業」という直接的な暴力の行使を支えた「帝国」の思考とはどのようなものであったのかを、この章では人を「分類」する思考と実践という点に注意しながら問うていく。

第七章では、「五箇年計画理蕃事業」が台湾の北部山岳地帯で展開されていた時期に、宗主国の中枢で開催された植民地博覧会、すなわち一九一二年に東京で開催された拓殖博覧会に焦点をあてる。ここでは、植民地台湾は他の植民地との関連でどのように表象されたのか、とりわけ「五箇年計画理蕃事業」という台湾原住民「討伐」作戦は展示による植民地表象とどのような関係を取り結ぶのか、「生身」の人間の「展示」も含めた博覧会における植民地表象はどのような思考に支えられていたのかが問われることになる。

翻って、第八章から第一〇章にかけては、一九三〇年代の台湾原住民に対する統治実践と表象戦略を中心に論じていく。先に述べた「五箇年計画理蕃事業」は、一九一四年の「太魯閣蕃討伐」終結により一応完了するが、植民地政府が掌握できた「蕃地」は依然として限定的なものであり、武力による服従化政策も継続した。その一方で、帰順した「蕃社」に対して、山脚地への「集団移住」政策や農民化政策など、彼らの生活に関する介入も強められていった。このような状況のなかで一九三〇年一〇月に、台湾原住民による大規模な抗日武力闘争・霧社事件が起こることになる。第八章では、この霧社事件以降の台湾原住民政策の転換について検討した上で、一九三〇年代に主に在台日本人知識人の中から起こる台湾原住民の「文化」を高く評価し保存していこうとする動向について考察していく。ここでは、台湾原住民の「文化」を「原始芸術」として賞讃していく知的営みが、当該期の原住民政策とどのような関連を持ち、どのような政治性を帯びるのかが問われることになる。

次に第九章では、台湾原住民の「文化」、とりわけ彼らの「歌」や「踊り」を「原始芸術」と位置付け賞讃していこうとする動向が、植民地台湾におけるツーリズムの展開とどのように関連するのかを、特に台湾における国立公園設置運動に注目しつつ論じていく。

さらに第一〇章では、第八章、第九章で論じてきたような台湾原住民の「文化」を「原始芸術」とする言説が、どのような思考に支えられていたのかを論じた上で、そのような植民地台湾における知的営みが、宗主国内部の言説空間にどのような影響を与えたのかを考察していく。

以上のように、本書は日本による植民地支配開始直後から一九三七年前後まで、すなわち総力戦体制が本格的に構築される直前までを考察の対象としていく。また方法的には、表象とそれを支える思考の分析に重点をおく章（第一章、第七章）、統治実践の具体像の解明に重点をおく章（第二章、第五章）、台湾原住民に関する言説空間の分析に重点をおく章（第三章、第四章、第九章、第一〇章）と、それぞれの章でやや力点が異なる。しかし「思想と実践の交差としての原住民統治」という観点を重視する立場から、統治実践とそれを支える思考の考察に重点を置く章（第六章、第八章）を、本書の中核をなす章として位置付けていることを明記しておきたい。なお、繰り返しになるが第四章と第五章は、台湾原住民をめぐる法的な「思考」と「実践」を二章に分けて論じるものであり、その他の章についても右述の観点を常に念頭において考察を進めていきたいと考えている。

注

＊1　先駆的な研究として、姜尚中『オリエンタリズムの彼方へ―近代文化批判―』（岩波書店、一九九六年）を挙げておく。特に本論執筆にあたっては、日本における「東洋史学」の成立と植民地の問題を扱った第四章「「東洋」の発見とオリエンタリズム」より大きな示唆を得た。

＊2　今沢紀子訳、平凡社、一九七八年。

＊3　この点の重要性については、木畑洋一「イギリスの帝国意識―日本との比較の視点から―」（木畑洋一編著『大英帝国と帝国意識』ミネルヴァ書房、一九九八年）より大きな示唆を得た。

＊4　一九世紀の東アジアの地域システムについては、浜下武志『朝貢システムと近代アジア』（岩波書店、一九九七年）を、特にその情報通路の問題については山室信一「日本の国民国家形成とその思想連鎖」（『日本史研究』四〇三号、一九九六年）などを参照。

＊5　後藤新平「台湾経営上旧慣制度の調査を必要とする意見」（『台湾旧慣記事』第一巻第五号、一九〇一年）、三四頁。

＊6　台湾総督府の統計によると、一九〇五年一〇月段階で、台湾の常住人口は約三〇四万人、うち台湾原住民（同統計では「生蕃」「熟蕃」として計上）は約七万三〇〇〇人で約二・四％（『明治三十八年　臨時台湾戸口調査記述報文』、臨時台湾戸口調査部、一九〇八年、六〇頁）。また一九〇七年段階の統計では、「アタイヤル」＝二万六〇〇四人、「サイセット」＝七五七人、「ヴォヌム」＝一万四六九八人、「ツォオ」＝二二四六人、「ツァリセン」＝一万三八八〇人、「パイワン」＝二万八六六人、「ピユマ」＝六六五五人、「アミス」＝二八四七二人、「ヤァミ」＝一六六七人、合計一一万五二四五人とされている（『理蕃概要』、台湾総督府民政部警察本署、一九〇八年）。

さらに一九三五年末段階の統計では、台湾常住人口は約五三二万人、うち台湾原住民（同統計では「高砂族」として計上）は、約一五万人で総数に占める割合は約二・八％であった。そして「高砂族」の内訳は、「タイヤル族」＝三万五六三九人、「サイセット族」＝一四八二人、「ブヌン族」＝一万七七五七人、「ツオウ族」＝二一六八人、「パイワン族」＝四万三四六〇人、「アミ族」＝四万八二三七人、「ヤミ族」＝一六九五人、「其の他」＝六四人とされている（『昭和十年　台湾総督府第三十九統計書』、台湾総督官房調査課、一九三六年）。また、この中で「アミ族」と、「パイワン族」の一部の居住地は一九三五年当時、「特別行政区域」ではなく、「普通行政区域」に組み込まれていた。

なお現在、「台湾原住民」として、一四の民族集団（アミ族、パイワン族、タイヤル族、タロコ族、ブヌン族、ピユマ族、ツォウ族、サイセット族、タオ（ヤミ）族、クヴァラン族、タロコ族、サキザヤ族、セデック族）が政府認定されている。しかし本書の課題からは、植民地支配下で統治対象として台湾原住民がどのように把握されていたかを問題とするため、当時、台湾総督府が採用していた「種族」分類を使用する。もちろん、この分類という行為自体、「帝国」の学知のもつ権力性と密接不可分な関係にある。領台初期の「種族」分類と「帝国」の学知の関連性については、拙稿「領台初期における台湾先住民調査―伊能嘉矩を中心に―」（『台湾史研究』第一四号、一九九七年）、拙著『帝国の視線―博覧会と異文化表象』（吉川弘文館、二〇〇三年）などを参照されたい。

また「蕃地」「蕃社」などの用語は、資料用語として括弧付きで使用する。

＊7　前掲『昭和十年　台湾総督府第三十九統計書』。

＊8　領台直後から一九一〇年代にかけての、台湾原住民をめぐる「帝国」の学知のあり方については、前掲拙稿「領台初期における

台湾先住民調査」、前掲拙著『帝国の視線』および本書の特に第三章、第四章を参照されたい。

＊9　札幌学院大学人文学部編『アイヌ文化の現在』（札幌学院大学生協、一九九七年）。

＊10　中村平の代表的な論考としては、中村平「到来する暴力の記憶の分有―台湾先住民族タイヤルと日本における脱植民地化の民族誌記述―」（大阪大学大学院文学研究科文化形態論専攻・課程博士論文、二〇〇六年）を挙げておく。

＊11　例えば楊淑媛「歴史与記憶之間：従大関山事件談起」（『台大文史哲學報』第五九期、国立台湾大学文学院、二〇〇三年）など。

＊12　『兵庫教育大学研究紀要　第二分冊』第二〇巻、二〇〇〇年。

＊13　藤井志津枝『日治時期台湾総督府理蕃政策』（文映堂〈台北〉、一九九六年）、同『台湾原住民史　政策編（三）』（台湾省文献委員会〈南投〉、二〇〇一年）など。

＊14　山路勝彦『台湾の植民地統治―〈無主の野蛮人〉という言説の展開』（日本図書センター、二〇〇四年）。『台湾タイヤル族の一〇〇年：漂流する伝統、蛇行する近代、脱植民地化への道のり』（風響社、二〇一一年）など。

＊15　中村平「台湾高地・植民地侵略戦争をめぐる歴史解釈：一九一〇年のタイヤル族「ガオガン蕃討伐」は「仲良くする」（sblaq）なのか」（『日本学報』第二二号、二〇〇三年）、同「マラホーから頭目へ：台湾タイヤル族エヘン社の日本植民地経験」（『日本台湾学会報』第五号、二〇〇三年）、中村、前掲論文「到来する暴力の記憶の分有」、中村平「受動的実践と分有―中村勝の台湾先住民族の歴史経験の記述をめぐって―」（『日本學報』第八六輯、韓国日本学会、二〇一一年）など。

＊16　中村勝『台湾高地原住民の歴史人類学―清朝・日本初期統治政策の研究』（緑陰書房、二〇〇三年）、同『「愛国」と「他者」：台湾高地先住民の歴史人類学Ⅱ』（ヨベル、二〇〇六年）。

＊17　王泰升『台湾原住民的法的地位』（行政院国家科学委員會専題研究計画成果報告〈台北〉、一九九七年）、同「日治時期高山族原住民族的現代法治初體驗：以關於悪行的制裁為中心」（『國立臺灣大學法學論叢』第四〇巻第一期、国立台湾大学法律学系、二〇一一年）など。

＊18　王學新「「殺蕃賞」之研究―以竹苗地區為例―」（『第三屆臺灣總督府公文類纂學術研討會論文集』、台湾省文献委員會、二〇〇一年）、同「日治初期新竹地區五指山撫墾署之運作情形」（『竹塹文献』第二四期、新竹市政府、二〇〇二年）、同「日治時期的隘勇線前進策略―以竹苗地區為主―」（『竹塹文献』第二九期、新竹市政府、二〇〇四年）など。

＊19　石丸雅邦「台灣日本時代的理蕃警察」（國立政治大學政治學系博士論文、二〇〇八年）。

＊20　鄭安晞「日治時期蕃地隘勇線的推進與變遷（1895～1920）」（國立政治大學民族學系博士論文、二〇一一年）。

＊21　松田吉郎『台湾原住民と日本語教育―日本統治時代台湾原住民教育史研究―』（晃洋書房、二〇〇四年）、同『台湾原住民の社会的教化事業』（晃洋書房、二〇一一年）。

＊22　潘繼道『國家、區域與族群：臺灣後山奇萊地區原住民族群的歴史變遷（1874―1945）』（東台灣研究會〈台東〉、二〇〇八年）。

＊23　戴国輝編著『台湾霧社蜂起事件―研究と資料―』（社会思想社、一九八一年）など。また日本台湾学会では二〇〇九年度学術大会において、シンポジウム「台湾原住民族にとっての霧社事件」を学会企画として実施し、その成果を『日本台湾学会報』第十二号（二〇一〇年）に特集「台湾原住民族にとっての霧社事件」として掲載している。この企画は、「霧社の「内側」から表れてきた多様な声と対峙しながら、霧社事件をめぐる歴史叙述において排除してきたのはどのような事実・人びとなのか、そうした問題を自覚し乗り越えていくために手がかりはどこにあるのか、ということを考えよう」（三頁）としたものであり、そこでは方法論的にも問題設定という点からも、霧社事件研究における一つの到達点が示されているといえよう。

＊24　近藤正己『総力戦と台湾―日本植民地崩壊の研究―』（刀水書房、一九九六年）。

＊25　松岡格『台湾原住民社会の地方化―マイノリティの20世紀―』（研文出版、二〇一二年）。

＊26　山路、前掲書『台湾の植民地統治』、五頁。

第一章

戦争報道の中の台湾
――台湾領有戦争と台湾原住民――

はじめに

戦争の体験とは、もっと断片的なものなのではないか。もっと、切れ切れな、整合性のない、全体像のなかに位置づけることができないいびつな体験なのではないか。これが戦場だ、これが戦争だと、戦争の全体像を眺望する視点とは、いったい、誰の、どのような視点なのだろう。……出来事の現実〈リアリティ〉とは、まさにリアルに再現される〈現実〉からこぼれおちるところにあるのではないか……リアリズムの欲望とは、言葉では説明できない〈出来事〉、それゆえ再現不能な〈現実〉、〈出来事〉の余剰、「他者」の存在の否認と結びついている。[*1]

「日清媾和条約第二条　清国ハ左記ノ土地ノ主権並ニ該地方ニ在ル城塁兵器製造所及官有物ヲ永遠日本国ニ割与ス」一八九五年五月に批准書が交換され、公布された日清講和条約により、国際法上、「台湾全島及其ノ附属諸島嶼」は日本の領土となった。その意味で、この領土の割譲は「合法的」に行われたといえる。しかし、領土の「合法的」割譲と、その地で暴力が行使されたこととは矛盾するものではない。台湾や朝鮮半島の植民地化が条約によって「合法的」に行われた点をことさら強調する語りは、植民地支配が暴力の行使を伴ったことを「忘却」しようとする欲望と結びついているといえるだろう。
台湾の植民地支配、それは植民地領有戦争というむき出しの暴力の行使を伴って開始された。台湾では一八九五年以降一九一五年までの約二〇年間、「平定」のための軍事制圧が三期にわたって日本政府および台湾総督府によって展開されている。[*2] 本章は一八九五年五月から一八九六年三月までの第一期台湾領有戦争を分析の対象とするが、この時期の戦闘は日清戦争として一括して扱われることが多く、そのことも関連して、台湾が「戦場」となったということ自体が、現在の日本の歴史意識の中で「顕在化」しにくい状況を生みだしているといえる。しかし、この時期の台湾では、日清講和条約に反対して独立国家・台湾民主国が建国されており、この建国運動にかかわった勢力をはじめとする台湾住民は、占領軍として上陸した日本軍に対して激しい抵抗を行った[*3]（表1参照）。第一期台湾領有戦争の日本軍従軍者は七万六〇四九人（日清戦争全体、軍人・雇員等合計一七万八二九二人）、うち戦病死者数四四九八人（日清戦争全体一万二八九三人）と、宗主国にとっても大きな犠牲を伴った戦争であった。[*4] しかし、この戦闘を通して日本軍に殺された者は、約一万～一万四〇〇〇人といわれており、当時の台湾総人口約二六〇万人のおよそ〇・五％が犠牲になった戦争でもあった。[*5]
政治的、経済的、文化的支配に先立って、もしくは同時並行的に存在する暴力の所在。本章が目指す課題は、植民地支配における暴力の痕跡としての台湾領有戦争を「顕在化」させること、特に宗主国日本の当時の帝国意識との関連において台湾領有戦争を「顕在化」させることである。[*6]
ここで本章の課題と方法をより具体的に述べておきたい。本章では、台湾領有戦争に関する宗主国・日本「内地」における語りのあり方に着目する。つまり植民地に対する暴力の行使を、宗主国の側がどのような語りの中に回収していくのか。特にその語りのなかで、「台湾」「台湾人」をどのような存在として表象していくのか。さらに「台湾人」の中に漢民族系住民と台湾原住民の境界線をどのように引いていくのかという点に注目しながら考察していく。台湾

表 1　第一期台湾領有戦争の略史

1895 年	
4/17	日清講和条約，調印
5/8	日清講和条約批准書，交換
5/10	台湾総督に樺山資紀を任命
5/25	唐景崧を大統領，劉永福を軍務総統とする台湾民主国，建国
5/29	近衛師団，台湾北部に上陸（師団長＝北白川宮能久親王）
6/2	台湾及び澎湖諸島の授受手続き完了
6/3	近衛師団，基隆占領
6/6	唐景崧，台湾より逃走
6/7	近衛師団，台北城占領
6/17	台北にて，台湾総督府始政式を挙行
6/22	近衛師団，新竹占領
6/29	樺山総督，大本営に混成一旅団の増派を要求
7 月上旬	第二師団から混成第四旅団を編成し台湾戦線へ投入することを決定
	樺山総督，台湾南部の占領に更に一個師団の増派を要求
8/6	台湾総督府条例布告（軍政施行）
8/20	高嶋鞆之助を台湾副総督に任命し，南進軍（近衛師団，第二師団，混成第四旅団）を編成
8/26	近衛師団，台中占領
8/28	近衛師団，彰化占領（この後，近衛師団は 9/29 の南進まで 1 ケ月間休養）
10/9	近衛師団，嘉義占領
10/16	第二師団，鳳山城占領
10/19	劉永福，台湾より逃走
10/22	南進軍，台南城占領
10/28	北白川宮近衛師団長，台南にて死去（『明治二十七八年日清戦史』の記述）
11/12	近衛師団，「凱旋」開始
11/18	樺山総督，大本営へ台湾平定を宣言
12/30	台湾住民蜂起し，宜蘭を包囲．瑞芳の日本軍を襲撃．
12/31	台湾住民蜂起し，台北城の奪還を試みる．
1896 年	
3/31	台湾総督府条例及び総督府諸官制公布（軍政から民政へ）
4/1	大本営解散

※参謀本部編『明治二十七八年日清戦史』第 7 巻，第 8 巻，1907 年より作成．
黄昭堂『台湾民主国の研究』（東京大学出版会，1970 年）を一部参照．

領有戦争という出来事が、国民的物語もしくは「公的な歴史」となっていくその生成のプロセスを追い、その物語の機能に分析的に介入することで、物語を歴史的な文脈に定置させていきたいと考える。

具体的な資料としては、台湾領有戦争に関する戦争報道記事を用いて、宗主国内部における語りのあり方を分析していく。[*7]台湾領有戦争とは、日本「内地」の人々の「異文化」体験という側面からいえば、七万人以上におよぶ人々が兵士という形で、直接「台湾人」に対面し、直接「台湾」という土地を経験する、ということでもあった。それに対し本章で扱う戦争報道とは、個別性と具体性に基づく兵士個々人の経験およびそこから発せられたであろう語りと、ある種の緊張関係をもちながらも、それを一つの物語へ収斂させていく装置（もしくは包摂する装置）であったといえる。その意味で、戦争報道に着目することは、台湾に関する「潜在的オリエンタリズム[*8]」が形成される（そしてそれを「鏡」とした帝国意識が形成される）そのプロセスを問題化することでもある。

最後に戦争報道に関して、本章では、その記述の内容が「事実」をどの程度、反映しているかどうか、という点は問わないということを明記しておきたい。むしろ戦争報道とは、「戦場」に立つという経験の占有を糧として、つまり「事実」を反映しているという前提を説得性の根拠として発せられた語りであり、語りを行うことによって次の行為や認識を規定していくような、言遂行的な――performative――側面を強く持つ語りであると考える。語りを、「事実」との対応関係という問いから一旦解き放ち、語りがどのような認識を作り出すのか、その際、語りのリアリティはどのような回路で保障されるのか、そして構成された語りの構図が、どのような機能を果たしていくのか、といった問いとの関連で台湾領有戦争に関する語りを捉えていきたい。

第一節　戦争報道における台湾・台湾人表象の構図

戦争は、「戦地」に関して、それまでとは比較にならない程、膨大な情報を産み出す。台湾領有戦争に関しても、それは例外ではなかった。日清戦争とそれに伴う戦争報道を画期として、各新聞社が飛躍的に発行部数を伸ばし、新聞が大衆化していくことはすでに指摘されて久しいが、台湾領有戦争に関しても、大手新聞社は独自の従軍記者を派遣し、競って従軍記事をその紙面に掲載した。[*9] そして雑誌もまた、戦争関連記事を好んで取り上げた。特に『風俗画報』は、日清戦争特集を臨時増刊という形で発行し、台湾領有戦争に関しては、『台湾討伐図絵』第一編〜第五編および『台湾土匪騒擾図解』第一編、第二編と計七編の臨時増刊を発行している。またその発行が大成功を収め博文館の基礎を築いたといわれる『日清戦争実記』についても全五〇編中、後半の二五編は台湾領有戦争を扱ったものである。

本節では、台湾領有戦争を日刊という形で断続的に報道し続けたメディアとして新聞報道、その中でも当時発行部数第一位を誇っていた『大阪朝日新聞』、第三位の『大阪毎日新聞』を取り上げて、[*10] 戦争報道の語りの構図に迫っていくが、その際、補足資料として前述の『風俗画報』、『日清戦争実記』といった雑誌記事も扱っていく。

分析の方法としては、様々な書き手による多様な観点からの戦争報道記事が、一つの紙面に並ぶといった新聞というメディアの特徴上（一冊にまとめられるという違いを除けばこの特徴は雑誌にも当てはまるが）、それらの断片的な記事が、それぞれどのような機能を果たすのかを分析する。同時に、一見、重なり合いやズレ、矛盾をはらむ諸表象が、どのような編成規則にもとづいて、宗主国内部の言説空間を形成するのかを考察したい。断片的な記事の構造化、そこから浮かび上がる語りの特徴を明らかにすること、これが本節の目指すところである。

(1) 戦闘場面における台湾、台湾人表象

①殺戮の合理化――「残虐」、「野蛮」、「卑怯」な存在としての台湾人――

戦闘場面において「敵」にはどのような表象が与えられるのであろうか。戦争報道のなかで中心的な記事は、例えば『大阪朝日新聞』においては、特派員・黒崎美智雄が記した「鎮南要記」のような継続した戦況報告記事であった。しかし、従軍記者が臨場感をもって戦闘場面を記述したこのような記事の中では、実は日本軍が戦う相手たる「敵」には具体的な表象が与えられないのが一つの特徴である。つまり戦闘が繰り広げられている場面の描写では、その関心は日本軍の戦いぶりに集中されており、「敵」がどのような存在であるかは関心の外におかれていたといってもよいだろう。日本軍の戦闘状況が固有名詞を伴って非常に詳細に記述されるのに対して、「敵」たる「台湾人」には、具体的な形象が与えられることはほとんどない。

置き換え可能な「顔」のない「敵」。だからこそ戦闘が繰り広げられるその「場」から、少し離れた所で登場する「敵」に対する具体的な表象は、「顔」のない「敵」すべてに当てはまるものとして、解釈できる余地が生じているといえるだろう。そこでは「敵」に対して、「残虐」で「野蛮」で「卑怯」な存在としての表象が与えられることになる。『大阪朝日新聞』一八九五年八月二三日付の紙面には「台湾土賊の残虐」と題して次のような記事が掲載された。

……賊は我兵の退却するを見て門を開き、我死傷兵を担ひ入れ未だ死に至らざる者をば火にて炙り殺し、或は肉を割きて食ひ散らし様々の嬲り殺しを為したり。……其翌日又々押寄しに、敵は其前夜悉皆逃走して隻影なし。因て敵営に入りて見れば無残なり、我兵二十名の首は一つもなく腹わたの様なるものは瓶に漬けてあり。中に一人は骨ばかり残り居るを見たり。之れ肉は既に彼等の食ひ尽したるならん。嗟呼何ぞ残虐の甚しきや……。[*11]

「敵」に対し「残虐」で「野蛮」という表象が与えられること自体は、論じる前から予想されることであろう。しかし問題は、「残虐」や「野蛮」というレトリックがどのような説得の論理を伴って、もしくはリアリティを付与されて立ち現れるのか、ということである。この記事にみられるように、「残虐」性や「野蛮」性を「人肉食」との関連で意味付けるという表象の戦略は、当時の歴史的状況との関連で考察すべき問題である。日清戦争は衆人環視の戦争と言われるように、欧米列強諸国が特派員を「戦地」に送り、その戦闘状況を注視しつづけた戦争であった。いわば「文明国標準」に合致した戦闘行為ができるかどうかを、意識せざるを得ない戦争だったのである。そのような状況のなかで、大谷正が指摘するように、台湾領有戦争に先立つ一八九四年一一月、日本軍が引き起こしたとされる旅順虐殺事件は、『ニューヨークワールド』を中心とした欧米新聞メディアで報道され、清国同情論が沸き上がる契機となった。つまりそれまでの日本対清国＝「文明」対「野蛮」の戦いという欧米における日清戦争報道の図式の中で、旅順虐殺事件は日本＝「文明の皮をきた野獣」という論調が出現する契機になったのである。そして日本＝「野獣」という図式を決定付けたのは、まさに日本兵による「食人」という報道だったという。[*12]

つまり『大阪朝日新聞』は、約九ヶ月前に『ニューヨークワールド』が行った「日本人」＝「野蛮人」という表象の提示と同じ論拠を、今度は日本軍の「敵」の「残虐」性を示す論拠として援用し、「台湾人」＝「野蛮人」という表象を提示していったのである。いわば、欧米諸国の報道の中で「日本人」に対して付与された「人肉食」を行う者＝「野蛮」という言説が、いかに大きな力を持つ言説であるかを認識し、今度は、逆にその図式を日本軍の「敵」である「台湾人」に当てはめて、その「野蛮さ」を印象付けようとしたといえるだろう。

このような「敵」の「残虐」性を強調する論調とならんで、もしくはそれ以上に、戦闘場面の報道の中で多数のバリエーションを伴って繰り返される語りのモチーフがある。「敵」に豹変する「土民」、というモチーフである。多数のバリエーションの中で、例えば『大阪朝日新聞』一八九五年八月一日付の記事「鎮南要紀（第廿二）偵察騎隊死地に陥る」は、この型の語りの典型といってもよい。そのモチーフは次のようなものである。進軍した日本軍は、来訪した村で「土民」の歓待を受け、この地域は安全と思い、安心してそのまま進むとその先で大規模な襲撃に遭う。そこで難を避けるために退去するが、すると先程まで歓待していたはずの「土民」が女性も含めて武器を手に取り襲撃してくる「敵」に変貌する、というモチーフである。

本章の冒頭で述べたように、このような「事実」があったかどうか、はここでは問わない。問題は、このような報道が繰り返されるなかで、「台湾人」＝「卑怯」な気質という表象に対し、「卑怯」な戦法との関連でリアリティを与えられ、戦闘員と非戦闘員の区別が未分化な「戦地」台湾という印象と、いわゆるゲリラ戦しか戦えない「低級な」抵抗主体という構図が、日本「内地」で反復されていったことである。そしてそのような語りは、日本軍による民家への放火と住民の殺害を容認する語りでもあった。それでは、このような戦闘行為が繰り返される「戦地」台湾とは、具体的にどのような「場」として、語られていったのであろうか。

②苦戦の合理化——灼熱の地、瘴癘の地、地形険しい地としての台湾——

「戦地」台湾に、占領軍としてまず投入されたのは、皇族軍人・北白川宮能久親王が師団長を務める近衛師団であった。この近衛師団を中心とする日本軍の戦闘状況との関連において、灼熱の地、瘴癘の地、地形険しき地としての台湾表象が重ねられていくことになる。それはなぜ戦闘が長引くのか、もっと端的に言えば、日本軍が、その中でも「精鋭無比」なる存在として喧伝されてきた近衛師団が、なぜ台湾で苦戦するのか、ということの正当化の論理と表裏一体のものとして出現した。

●鎮南要紀（第廿九）（一〇月九日嘉義発）　特派員　黒崎美智雄

……風土の悪しきと気候の変化とに際せし為軍隊中に多数の患者を生出せり……嗚呼近衛軍隊は頑強の賊と戦ひ

酷烈の天候と闘ひ未だ一歩も遜る処あらざりしに遂に病魔の惨毒に打勝つ能はず多くの良将を失へり。遠征の難易は親しく其境遇を履み多くの実験を累るに非れば到底之れを知るを得ず……。

（『大阪朝日新聞』一八九五年一〇月三一日付）

当初の予想に反して長引く戦闘。そして二度にわたる増派という事態に対し、戦争報道が説明の論理として持ち出したのが、台湾という土地の性質なのである。その論理とは、つまり「優秀」なる日本軍は、「敵」に対して苦戦を強いられているわけではない。日本軍が苦戦しているのは、「戦地」である台湾という土地が「酷烈の天候」と、マラリアをはじめとした「病魔の惨毒」に覆われた地であるから、というものであった。灼熱の地、瘴癘の地、地形険しき地としての台湾。この表象の図式は、「戦地」台湾での戦闘に関する報道の中で、繰り返し反復されていったものであり、戦闘の長期化が逆にこの表象にリアリティを与えるという構図がそこでは形成されていたのである。

(2) 「新版図」としての台湾・台湾人表象

①支配の欲望――肥沃で豊かな土地としての台湾――

しかし、台湾領有戦争に関する日本「内地」の戦争報道は、第一項で述べてきたような戦闘場面にかかわる報道とは、かなり色彩を異にする報道を同時に伴っていた。台湾は「戦地」であると同時に、新たに獲得した領土、つまり現在および将来に向けての支配が前提となった「新版図」であった。そのような条件の下で、戦争報道においても、戦闘の推移のみに関心が向けられたわけではなく、「新版図」としての台湾の風物にも注意が払われ、台湾紹介記事が紙面を飾ることになる。そしてそこでは、灼熱の地、瘴癘の地、地形険しき地という台湾表象とは、明らかに対照をなす表象が台湾という土地に与えられた。

例えば『風俗画報　台湾討伐図絵』第一編（一八九五年八月三〇日）は、「台湾風俗一般」と題した記事を掲載しているが、その中に次のような記述がある。

耕耘の模様と飲食物

山野は樹木繁茂し清泉碧水の滾々として渓谷を流れ田野の間を繞る様、頗る愛すべきものあり、土人は耕耘の際牛馬を使役せず専ら人力を労して播種収穫す、米の如きは目下既に稲穂を出し瓜、西瓜、南瓜、豆等は至る処に成熟せり、土地の肥沃なるを知るに足るへし……（三〇頁）。

温暖で、豊かな恵みをもたらす肥沃なる土地、台湾。「新版図」としての台湾には、このような「植民地としての魅力」につながる表象も与えられていった。本来、論理的に付き合わせて考えれば、矛盾が露呈してしまうようなこの二種類の表象が、一日の紙面に、もしくは一冊の雑誌の臨時増刊号に同時に掲載されること、このことこそが、植民地領有戦争に関する宗主国内部の戦争報道の最も大きな特徴であろう。死守すべき「魅力」のある土地としての植民地。この表象の図式が、植民地領有戦争の意義を、一方で付与し続けていたのである。

②解放者としての日本軍

日本「内地」の戦争報道においては、「台湾人」の中にも、巧妙に分割線が引かれていった。第一項で述べてきたように、戦闘場面の報道において、台湾の一般住民が「敵」に豹変するというモチーフの語りが繰り返されたのと対照的に、「敵」に豹変しなかった場合の語りのモチーフは、次のような図式に解消される。旧清国軍の残兵の暴虐に堪えかね、日本軍の到来を歓迎する台湾「土人」という図式である。

例えば、『日清戦争実記』第四八集には、「蕉坑頂山賊の討伐は、宛然として大江山の鬼退治を現出す。奇絶快絶」という表題が付され、「蕉坑頂の山賊」と題された記事の中では、次のようなエピソードが語られる。[*13] 山に立てこもった「土匪」が狼藉を繰り返し「良民」を苦しめている。暴虐に堪えかねた「良民」が日本軍に助けを求め、日本軍は「山賊の討伐」に向かう。そして、「大江山の鬼退治」の如く「山賊」を平らげ、捕らわれていた女性を救出する、という物語。

繰り返すが、このエピソードがどれほど「事実」を反映しているか否かは、ここでは問題ではない。一八九五年一〇月の台南陥落後、山地に立てこもった抵抗勢力に対する日本軍の「討伐」を、日本「内地」の民間説話「大江山の鬼退治」に譬え、そのイメージに収斂させながら、「台湾人」の間に「土匪」と「良民」の分割線を引いていき、台湾の「良民」にとっての「解放者」＝日本軍という位置付けを強調していく語りのあり方が問題なのである。

そして「解放者」としての日本軍という図式を補強したモチーフが、さらに別に存在する。日本軍に帰順の意を表す台湾「蕃人」というモチーフである。序章でも述べたように、台湾領有戦争時の台湾の住民構成は、人口の大部分を占める漢民族系住民と三％以下の台湾原住民に大別されるが、台湾原住民の中で比較的、漢民族系住民の文化的影響を受けていない住民＝「生蕃」が、日本軍の軍営に来訪するという話題は、大々的に報道された。例えば、台湾中南部で激しい戦闘が繰り返されていた一八九五年九月、台湾北部山岳地帯・大嵙崁地方の台湾原住民が、台北県知事田中綱常らの勧誘・要請により台北を訪れ、台湾総督・樺山資紀に面会するという出来事が起こった。[*14] このことについて、『風俗画報　台湾討伐図絵』第三編（一八九五年一一月二八日）は、「生蕃酋長来る」と題して大きく報道しているが、その中では、次のようなエピソードが書き込まれている。

……渠等《かれら》府門に入るの初め、樺山総督が之に対して我帝国の信義宇内に冠たるを解説せるや、渠等は粗ぼ総督の意を会得し口を極めて支那人の譎詐を罵り、我を欺くもの皆我の敵なり我の多殺するもの乃ち他の我を欺くもの多けれはなりと公言し、誓て一誠字を守るべしと語れりといふ……（一九頁）。

つまり純朴な「生蕃」対狡猾な「支那人」という語りの構図の中で、「生蕃」の「野蛮」な振る舞いは、「支那人」の「卑怯」な振る舞いに起因するという語りが、「生蕃」自身の言葉として語られる。このような形で「台湾人」の中に、「生蕃」対「支那人」という対立の図式を書き込む語りは、日本軍の「誠実」さに感服し帰順を誓う「生蕃」という構図に収斂する。「生蕃馴服致図」と題された図1は、そのような語りの構図を視覚化した象徴的な挿絵といえる。

上部中央に描かれた樺山総督とおぼしき髭を蓄えた洋装の軍人。そしてその周りを、お辞儀をしながら取り囲む（しかし空間は共有していない！）、顔に入れ墨を入れた裸足の台湾「生蕃」。そして、背景としての南洋の植物。「生蕃馴服致図」と題されたこの挿絵は、服装や表情によって「文明」としての「日本」を、台湾「生蕃」との対比で表象しているともいえるだろう。未知の土地である台湾に対する読者のエキゾチズムを満足させるとともに、「解放者」であり「文明」をもたらす日本軍という語りを可能にする重要な素材として、台湾「生蕃」は位置付けられているのである。

図1 「生蕃馴服致図」

（出典：『風俗画報　台湾討伐図絵』第二編，1895年11月28日，21頁）

以上見てきたように、台湾領有戦争をめぐる戦争報道は、戦闘の推移についての記事を中心に据えながらも、「新版図」としての台湾に関する関心も、ともに満たす内容で構成されていた。そのことから個々の記事においては、厳密に考えれば矛盾をはらむような、かなり位相を異にする台湾・台湾人に関するイメージが浮かび上がるが、それらが総体として台湾・台湾人に関する「豊かな生産性」をもつ語りを、宗主国内部の言説空間にもたらしたのである。

第二節　能久親王の「死」

(1)　戦争報道の欠落点

しかしながら、第一節でみてきたような台湾領有戦争をめぐる宗主国内部の戦争報道には大きな欠落点が存在した。つまり、「戦地」としての台湾、「新版図」としての台湾および台湾住民に対するイメージ付けを伴いながら、日本軍兵士の「苦労」や戦病死にともなう「悲劇」については、リアリティを追求しながら描くことはできても、その「苦労」や「死」は何のためにあるのか、その意味付けは十分描くことができないという重大な欠落点を含みもっていたのである。

例えば『大阪朝日新聞』は、日本軍による台南陥落によって台湾領有戦争の勝敗がほぼ確定し、近衛師団の「凱旋」が具体的な日程にのぼりだした一八九五年一〇月三〇日付で、「台湾の平定」という社説を掲載しているが、そこには、台湾領有戦争という戦争自体に関する意味付けが曖昧なままの日本「内地」の言説空間の状況と、「世論」を作り出す側の報道機関の苛立ちが垣間見られる。その一部を引用しよう。

……夫れ台湾の戦、固より内乱のみ。然れども賊師の頑抗、実に征清の役に由来し、而して其極力抵抗をして久しからしめし所以の者、豈政治的意味なからんや。故に内乱と云ふと雖も亦外戦の結果也。其平定に因りて二十七八年戦史の獲麟と為すべし。則ち其の報に接しては歓呼慶賀せざる可らず。而かも国民の冷々然たる者は何ぞや。嗚呼彼等は政治の不調子に因りて、換言すれば政治上の奏功と蹉跌との混雑に因りて感情の発動を錯乱せし者也。故に謳歌の声、歓呼の響、台湾の平定に向て殷《さかん》ならざる者は国民の罪に非ず。嗚呼政府は如何に国民をして苦労せる征台戦士を迎へしめんとはする……。

ここでは、台湾領有戦争は「内乱」であるという認識と、それに起因するいわば「戦争熱」の低下を嘆く語りが展開されている。確かに、台湾の領有は国際法上、一八九五年五月の段階で確定しており、台湾領有戦争は、例えば新たな賠償金の獲得や新領土の獲得といった顕著な「戦果」が期待できない、ある種「無益」な戦争であった。このような戦争をどのように意味付けるか、つまりこの戦争によって大量に発生してしまった宗主国内部の犠牲をどのように意味付けるかが、近衛師団の「凱旋」間近という段階になっても定まっていないという、戦争をめぐる語りの欠落点を端的に語っているともいえるだろう。

台湾領有戦争による日本軍兵士の「死」は、「無駄死」なのだろうか。日清戦争および台湾領有戦争は、明治政府が制定した近代的な徴兵制度によって多数の人々が強制的に動員され、いわば国家のための「死」が、多くの人々に強いられた最初の本格的な対外戦争であった。多くの先行研究が指摘するように、日清戦争開戦までは、徴兵に対する反発は根強く存在し、具体的な徴兵忌避の動きが各地で散見される状況のなかで、国家のための「死」が大量に発生したのである。[*15] そのような中で、台湾領有戦争における大量の戦病死、つまり国家のための「死」に対し、その意味付けの物語を説得的に描けない状況は、国民国家形成期の日本「内地」において、「ナショナリズム」をめぐる根底的な「危機」の所在を露呈していたといえる。

(2) 能久親王の「死」

①「死」にいたる物語

戦争自体の意味を十分語ることができないという重大な欠落点を含みもったまま進行した戦争報道において、図らずも大きなトピックがもたらされた。台湾領有戦争に際し、日本軍の主要部隊であった近衛師団の師団長、北白川宮能久親王の「死」、というトピックである。

能久親王の「死」をめぐって、その「死」の直後から物語化が開始される。台湾との距離から生じるタイムラグを伴いながらも、刻々と「病状」を伝える新聞報道がまず展開されるが、それは「死」の直後から、象徴的な挿話を伴いながら、「死」に至る物語として再構成される。当時語られた、「死」に至る物語の概要を紹介しておこう。

一〇月一八日嘉義にて発病→病気をおして軍装のまま進軍するという挿話→一〇月二二日台南到着→台南陥落をめぐる挿話→一〇月二九日重篤な病状におちいり、東京にむけて軍艦で出発。一一月四日横須賀到着、婦人との対面。政府高官出迎え。一一月四日深夜、新橋停車場、到着。子供と対面。政府高官、多数の「市民」の出迎え。一一月五日早朝、仮御殿にて死去。そしてこれらの経緯の中で、生前贈与という形で、能久親王に、一一月一日には陸軍中将から陸軍大将への昇任を、一一月四日には叙功三級金鵄勲章賜菊花章頸飾を与えるという動きが差し挟まれる。

能久親王の「死」の日付けをめぐっては、一九〇七年に刊行された日本政府の台湾領有戦争をめぐる「正史」とでもいうべき『明治二十七八年　日清戦史』第八巻で、すでに一〇月二八日に訂正されている（付録第二百二）。能久親王の「死」に至る物語が「死」の日付けをめぐっても、当初は台湾での「死」が日本「内地」での「死」として演出されたものであったことが、図らずも露呈されているが、彼の「死」に至る物語は次の物語の展開を準備するものとして、随時、差し挟まれた挿話によっても演出されていた。ここでは台南陥落に伴う挿話を紹介しておこう。

●御病中の近衛師団長宮殿下と劉の遁走

殿下には去月十八日を以て御発病同二十五日御危篤に陥らせ給ひたる趣にて、劉永福遁走し第二師団が台南府に入りしは、殿下の未だ御危篤に陥らせ給ふ以前なりしかば、其報の殿下の御許に達するや、殿下は重き病に罹らせ給へる御身をも打ち忘れ給ひて、覚えず万歳と絶叫し給ひしよし、或方への電報中に見えしと。

（『大阪毎日新聞』一八九五年一一月六日付）

病床で苦しみながらも、台南陥落の知らせを聞いて、万歳と絶叫する近衛師団長・北白川宮能久親王という語り。このような形で、演出されてきた能久親王の「死」は、その「死」をめぐる国家儀礼とそれに関する報道で、物語のクライマックスを迎えるといってもよいだろう。能久親王の「死」に対して、国葬が催されることになる。

②国葬の風景——台湾領有戦争の「象徴的死」をめぐる国家儀礼——

一八九五年一一月一一日、北白川宮能久親王は国葬にて葬られた。一連の葬送儀礼が執り行われる中で、多くの人々の目に触れ、かつ報道が詳細に展開されたのは、日比谷の仮御殿から豊島ケ岡墓所までの葬送行列であった。各メディアの報道は、多数の「拝観人」が見守る中、柩が多くの人に付き従われて進む様子を描き出す。国葬が国家儀礼であり葬送行列もまたその儀礼の一部を構成するものである以上、そこには「演出」が不可避的に組み込まれているが、その葬送行列を表象する語りは、能久親王の「死」をどのような意味の中に位置付けていったのであろうか。

葬送行列に関する語りは、柩に付き従う人々＝葬送行列を構成する人々に向けられる。

……破帽敝靴白地の色変はりて、垢づき破れたる従軍当時の服装にて、粛々として之に従ひ、見る人をして征台軍の困苦を想見せしめ、故宮殿下が如何に櫛風沐雨の労を嘗めさせたまひけるかを懐ひ起して、御心事のほどを察し奉りぬ……。[*16]

「戦地」台湾から軍装のままで供奉する近衛兵。彼らの存在は、「戦地」台湾と能久親王の「死」を結びつける存在として表象された。供奉の近衛兵には当然、着替える時間があったはずだが、あえて色が変わり所々破れた軍装のまま、柩に付き従うという演出。その演出にそって報道は語りだしていく。供奉の近衛兵こそが、能久親王の「苦難」そして台湾領有戦争の「困苦」を表しているのだと。

そして報道の関心は、能久親王の子供達と婦人に向けられる。彼ら、彼女らは、その姿が涙を誘う戦争「遺児」、戦争「寡婦」として焦点化されるのである。

……喜悲の情人の貴賤によつて異る所あるに非ず、然かも故宮殿下が御遺子御三方の徒歩し給へる御姿を拝し奉りては、万民誰か袖に時雨のかゝらざるべき。御継嗣成久王は明治二十年の御誕生とか、御身には喪服を着けさせられ其上には素服を召され藁沓を穿ち給ひ、家従に導かれ給ひし御姿、御年齢には増して丈さへ高う見奉れば御心も尋常ならず怜しくましまさんに御歎きのほども尋常ならず在しましけむ。想ひ測るだに涙に咽ばぬものぞなき。

……又た御連枝の御方にや白き衣を着けさせ給ひし婦人の方々の何れも打萎れて見えさせ給ふ、其中に分けて傷心の限りなりしは白き帛をばひしとばかり御顔に当てさせられ、御顔を得上げさせ給はざりし其御姿、断腸の念に堪えさりき。[*17]

しかし、彼ら、彼女らは、一体「誰」の「遺児」「寡婦」なのだろうか。確かに個別具体的には能久親王の「遺児」であり「寡婦」である。報道の語りもその個別具体性に基づいて展開されている。だが、台湾領有戦争における戦病死とそれに伴う戦争「遺児」、戦争「寡婦」は日本「内地」の各地に広範に存在したのであり、そこで生じる「悲しみ」は、「喜悲の情人の貴賤によつて異なる所あるに非ず」、つまり置き換え可能なものとして表象される。身近に存在する「遺児」「寡婦」を照射して理解することが可能な、もしくは自分自身の境遇と重ね合わせて理解することが可能な存在としてもまた、能久親王の「遺児」、「寡婦」は語られていったのである。その意味で、能久親王の「死」によって残された子供達や婦人は、台湾領有戦争に関わる宗主国内部の全死者の「遺児」「寡婦」の象徴的存在として位置付けられる。能久親王の「死」という悲しみの物語が共有される基盤に訴える、もしくはそのような基盤を作り出す形で、語りは行われているのである。

ここには、酒井直樹が指摘するような「共感の共同体」を、つまりともに「泣く」ことによって本来厳然と存在するはずの差異を捨象していく閉鎖的な国民共同体としての「共感の共同体」を、宗主国内部に形成していく言説空間の成立を見て取ることが出来る。[*18] 繰り返すが、この「共感の共同体」は、宗主国内部で閉じられている。台湾領有戦争をめぐって存在したもう一方の「死」、台湾住民の「死」とその「死」をめぐる「悲しみ」に「共感」する回路は塞がれている。北白川宮能久親王の「死」をめぐる報道、そしてそれを包括する戦争報道は、岡真理が指摘するように、まさに「「他者」の存在の否認」によって成り立つ語りであった。[*19]

そして能久親王の「遺児」「寡婦」は台湾領有戦争をめぐる宗主国内部の全死者の「遺児」、「寡婦」の象徴的存在だとして位置付ける語りと同様に、能久親王自身もまた台湾領有戦争に出兵した一般兵士とともにある存在として語り出される。例えば、先行研究が明らかにしているように、日清戦争および台湾領有戦争の戦病死者に対しては、各地域の村落をあげて大々的な葬送儀礼が施行されていた。[*20] その意味で能久親王の国葬以前にも以後にも、各地で「国葬」の縮小儀礼は再生産されたのであり、親王の国葬も、身近な戦病死をめぐる葬送儀礼と重ね合わせて解釈可能なものとして存在したともいえる。能久親王をめぐる報道もまた、親王と一般兵士との距離を縮める物語を語りだしていく。能久親王の「死」の直後から、噴出する物語のモチーフは、例えば次のようなものであった。

……頓て雨と為りしよう、又もや傘をまゐらせしに、宮は士卒皆雨に打れて戦ふに、我のみ争《いか》で傘を用ひんとて、暴雨の中に沐し玉ひ、御軍服もしとゞに濡れそぼち玉ひ、敵前近くなりぬれば、目立ぬやうにとて勲章を脱し、キロツトを召されて、草鞋かひがひしく、御脛の辺まで泥に塗れ、青竹を杖つきてぞ進ませ玉ふ、勇ましう見奉るものから、皇族の御身にて斯くまで国に尽し玉ふ御有様、畏くも亦哀なり……。[*21]

つまり従軍中、随行者が能久親王に対し「特別待遇」を行おうとした所、親王が一般兵士の苦難を思いはかって窘めるというモチーフである。多数のバージョンを伴って行われるこのような語りは、一般兵士が「凱旋」後、我々は皇族とともに戦った軍隊であったということを事後的に確認できる物語として提出されたともいえるだろう。

日本軍が天皇を大元帥とする軍隊であるということ、つまり皇軍であることを実感する回路は、北白川宮能久親王のような皇族軍人の存在と、そのような存在をめぐる語りの中で保障されていったのではないだろうか。一般兵士とともにあった能久親王の「死」は、台湾領有戦争での兵士の「死」とともにあるものとして位置付けられていったのである。

③北白川宮能久親王の神格化——台湾領有戦争の「死」の意味付けの物語——

そして「死」の直後から、能久親王の神格化が始まる。例えば『大阪朝日新聞』は、一一月七日付で「能久親王を台湾に奉祀するの議」と題した社説を発表している。その一部を引用してみよう。

……日清の役亦皇族の軍に従ふ者多し、而して未だ職に斃れし者あらず、之あるは能久親王を以て中興後一人と為す、故に日本武尊《やまとたけるのみこと》より千二百余年にして後醍醐の四皇子あり、後醍醐の四皇子より五百六十年にして能久親王あり、其功日本武の熊襲征伐東夷平定と多く相譲らず、而して大節魏然死を踏みて辞せざる者は、曷ぞ四皇子の下に在らんや、誠に宜しく之を今に崇祀して、而して之を後に激奨すべき也、……台湾の地其れ豈親王の霊を奉祀して以て南方鎮護の神と為さゞる可けんや、附祭するに山根少将以下戦死病歿将校士卒の霊を以てす、庶幾くは瞻仰敬信の帰を一にして以て人心を維ぎ後世を奨むるを得ん歟……。

能久親王の「功績」は、日本武尊の「東夷征伐」とのアナロジーの中で讃美される。つまり神話上の「偉業」と並び称せられるべきものとしての位置が与えられ、そのことによって神格化を促す語りが行われるのである。そして台湾領有戦争に対してもまた、能久親王が皇族といういわば「金枝玉葉」の身で、地形険しく、酷暑の、瘴癘の気ただよう土地に赴き、「野蛮」な民を、身を呈して「平定」した戦争という意味付けが行われはじめていく。そしてこの高貴な存在による「野蛮」の民の平定という物語は、北白川宮能久親王の従軍と「死」という個人的なレベルの意味付けを超えていく物語としてあったといえるだろう。つまり、台湾における日本軍兵士の「死」は、戦死・病死を含めて、能久親王の「死」と関連付けた形で意味付けが可能となる「大きな物語」がここに提示されたのである。そしてこの「大きな物語」との関連で、尊い犠牲を払って血で贖って獲得した領土＝台湾という表象が報道により重ねて提示されていき、この文脈の中で、「野蛮」な民＝「台湾人」、灼熱の地、瘴癘の地、地形険しい地＝「台湾」という表象も再び重ねられていった。

このような表象の積み重ね、それこそが領有した初発の時点において植民地・台湾に対する宗主国内部の帝国意識を規定し、それを「鏡」として「野蛮」を平定する「文明」・日本という自己認識の枠組を、帝国主義段階に移行していく時期の日本「内地」にもたらしたといえるのではないだろうか。その意味で、世紀転換期の国民国家・日本において、ナショナルアイデンティティは帝国意識とともに強化されていったのである。

おわりに

能久親王の「死」をめぐる物語は、これまでみてきたような台湾領有戦争の時期だけにとどまるものではなく、その後も植民地・台湾を表象する際、繰り返し呼び出されていった。例えば、先行研究が明らかにしているように、一九〇一年に台湾・台北の地に建立された台湾神社は、先述の『大阪朝日新聞』の提言通り、その祭神に北白川宮能久親王を戴く形で作られ、その後、植民地統治下での在台日本人の精神的支柱としての機能を果たしていくことになる。[*22] また駒込武が指摘するように、能久親王の「死」は、植民地統治下での台湾における教科書でも、日本「内地」の教科書でも、その記述に若干の異同はあれ、台湾の文明化の象徴として取り上げられていったのである。[*23]

しかしながら、能久親王の「死」をめぐる物語は、これまで述べてきたような宗主国内部での語りに、完全に収斂されたわけではない。台湾においては、北白川伝説＝北白川横死説が存在したのである。一九二八年に台湾で生まれ、そこで育った尾崎秀樹は、植民地支配下で語り継がれた北白川伝説として、次の二つの語りを紹介している。一つは、能久親王は、台南付近で、武装した台湾人に襲われ、首を掻かれて戦死したという説であり、もう一つは台湾人の女性に隠し持っていた凶器で殺されたのだという説である。[*24]そして北白川横死説が、この二つにとどまらず、台湾各地で様々なバリエーションを伴って語られていたということは、例えば植民地統治下の台湾を訪れた神職者が、多様な伝説の存在に直面し、その打ち消しに紙幅を割いて書いた次の文章からもうかがえる。

> 私は先年中南部地方を旅行して、御薨去に就ての種々の巷説を耳にした。彰化の八掛山に登つた時、同行した某吏員は迴かに大肚渓の右岸を指さし、あの辺で殿下は砲弾に中り御負傷になり尋いて御薨去になつた云々。……嘉義で聞くところには、殿下は嘉義御入城前より猛烈な時疫に罹らせ給ふて竟に御薨去あそばされた云々。……虎尾郡に一泊した時、その地方人の確説なりとして言ふ所を又聴きしたが、殿下は此方面にて非常な御苦戦をあそばし御戦死になつた云々……。[*25]

北白川横死説。この存在は、北白川宮能久親王の「死」をめぐって、日本「内地」では強いナショナリズムと帝国意識を喚起させる象徴として語りが形成された一方で、台湾においては同じ「死」が、ある種の抵抗精神の象徴として植民地支配下において語り継がれていたということを示している。その意味で閉鎖的な「共感の共同体」に向けて語られて物語、もしくは物語によって形成された「共感の共同体」は、もう一つの物語＝北白川横死説によって、常に脅かされていた、ともいえるだろう。帝国内部に存在した二つの物語の機能については、問題の所在を指摘するに留め、考察は別稿にゆずりたい。

注

＊1　岡真理『記憶／物語』（岩波書店、二〇〇〇年）、二七〜二九頁。

＊2　大江志乃夫は、台湾領有戦争をその抵抗勢力の異同等により、以下の三期に区分している。第一期＝「台湾民主国を崩壊させ、一応台湾全島を軍事的に制圧するまでの侵征戦争」期。第二期＝「日本軍の軍事占領下で武装蜂起による中国系平地住民のゲリラ的抵抗」期（一八九六年四月〜一九〇二年）。第三期＝「少数先住民族である山地住民」を主な対象とする軍事的制圧期（一九〇二年〜一九一五年）。この時期区分も含め、剥き出しの暴力の行使としての植民地領有戦争＝台湾領有戦争という視点は、大江の論考によるところが大きい（大江志乃夫「植民地戦争と総督府の成立」、大江志乃夫他編『岩波講座　近代日本と植民地２　帝国統治の構造』、岩波書店、一九九二年、三〜一一頁）。なお、以下、本章で台湾領有戦争と記す場合は、すべて第一期を指す。

＊3　台湾民主国および第一期台湾領有戦争の全体的な経緯に関しては、黄昭堂、藤村道生の先駆的研究をはじめ、呉密察、檜山幸夫の論考を参照した（黄昭堂『台湾民主国の研究―台湾独立運動史の一断章―』東京大学出版会、一九七〇年。藤村道生『日清戦争―東アジア近代史の転換点―』岩波書店、一九七三年。呉密察［酒井郁訳］「日清戦争と台湾」、東アジア近代史学会編『日清戦争と東アジア世界の変容　上巻』ゆまに書房、一九九七年。檜山幸夫『日清戦争』講談社、一九九七年。最新の研究としては檜山幸夫「日台戦争論」、檜山幸夫編著『帝国日本の展開と台湾』創泉堂出版、二〇一一年）。

＊4　第一期台湾領有戦争の従軍者数については、『二十七八年　日清戦史』第七巻（参謀本部、一九〇七年）・付録第百八に依拠している。その内訳は将校同相当官＝一五一九人、下士卒＝四万八三一六人、傭役・軍夫＝二万六二一四人である。なお日清戦争全体については、さらに約一五万人の軍夫が従軍したとされている。また戦病死者数については、『靖国神社忠魂史』に基づく大江志乃夫の研究に依拠している（大江志乃夫『日露戦争と日本軍隊』立風書房、一九八七年、五九頁）。しかし戦病死者数について『二十七八年　日清戦争』第八巻（参謀本部、一九〇七年）・付録第百二十では、日清戦争全体で一万三四八八人（うち戦死一一三二人、傷死二八五人、病死一万一八九四人、変死一七七人）とされており、日清戦争および台湾領有戦争における日本軍の死者数については複数の説がある。だが戦病死者中、病死者が圧倒的に多かった点では、見解は一致している。

＊5　伊能嘉矩『台湾文化志　下』（刀江書院、一九二八年）、九八〇頁および黄、前掲書『台湾民主国の研究』、二三六頁。

＊6　第一期台湾領有戦争において、日本軍が台湾住民に対して行使した「暴力」の具体像については、中村勝が近年の論考において、台湾総督府文書や欧米の新聞報道などから、その詳述を試みている（中村勝「「九〇〇人の妄想家」―「台湾出兵」および日清戦争後期にみる「賊徒」の討伐と「虐待」―」、『名古屋学院大学論集　社会科学編』第四一巻第二号、二〇〇四年）。この中村の論考には、

問題意識という点で、本論をまとめるに際し示唆を受けた。

＊7　日清戦争に関しては、外交史的な観点から行われてきた開戦外交論の考察に加え、近年、従軍者の実態や、戦争報道のあり方、戦争が地域社会に及ぼした影響など、いわゆる社会史的な観点からの研究の進展が著しい。後に註で掲げる大谷正や、籠谷次郎、檜山幸夫、羽賀祥二らの研究はその代表的なものであるが、他にも例えば原田敬一『国民軍の神話―兵士になるということ―』（吉川弘文館　二〇〇一年）など、優れた研究成果が次々と発表されている。本論はこのような論考に示唆を受けて構想したものでもある。

＊8　エドワード・W・サイードは、その著書の中で、表面上は変化する見解や学説としての「顕在的オリエンタリズム」と区別して、その合意・固定性・持続性がほとんど恒久的である無意識（かつ不可侵）の確信を「潜在的オリエンタリズム」として考察する意義を強調している（E・W・サイード［今沢紀子訳］『オリエンタリズム』平凡社、一九八六年、二〇七～二三〇頁）。

＊9　大谷正『近代日本の対外宣伝』（研文出版、一九九四年）。

＊10　鵜飼新一『朝野新聞の研究』（みすず書房、一九八五年）。

＊11　引用資料の旧字体は新字体に改め、適宜、句読点およびルビを施した。以下、同様。

＊12　大谷、前掲書『近代日本の対外宣伝』。

＊13　『日清戦争実記』第四八号（一八九五年一二月一七日）、一〇～一五頁。また、この記事の中では、「土匪」による「良民」女性に対する性暴力が、「土匪」の非道さを際だたせる要素として仄めかされている。戦場における性暴力と戦争報道の関連性については、重要な問題だと考えるが、本書では充分検討することができなかった。今後の課題としたい。なお、台湾領有戦争時における日本軍による性暴力の問題は、張暁旻が論文「植民地台湾における公娼制導入の背景―軍政下の〈性〉問題を手がかりとして―」（『日本文化論年報』第一三号、二〇一〇年）の中で、台湾総督府公文類纂の中の関連文書などに基づき、詳細に検討している。

＊14　『理蕃誌稿　第一巻』（台湾総督府警察本署、一九一八年）。なおこの台湾総督との面会に先だって、台北県知事田中綱常と殖産部長橋口文蔵が軍隊とともに大嵙崁の原住民居住地を訪れ、そこでこの地の主だった台湾原住民と会見している。この時、田中らは総督が面会を望んでいるので台北に同行するよう原住民を再三勧誘し、最終的に承諾した五名の台湾原住民が総督と面会することとなった（「大嵙崁生蕃会見台北県知事報告」『台湾総督府公文類纂』第三五冊第七文書、「大嵙崁生蕃会見殖産部長報告」『台湾総督府公文類纂』第三五冊第八文書）。

＊15　檜山幸夫編著『近代日本の形成と日清戦争―戦争の社会史―』（雄山閣、二〇〇一年）。

＊16　『風俗画報』第一〇四号（一八九五年一二月一〇日）、一二頁。
＊17　『日清戦争実記』第四六号（一八九五年一一月二七日）、一二頁。
＊18　酒井直樹「共感の共同体と否認された帝国主義的国民主義1・2」（『現代思想』第二三巻第一号・第五号、一九九五年）。
＊19　岡、前掲書『記憶／物語』。
＊20　籠谷次郎「死者たちの日清戦争」（大谷正・原田敬一編『日清戦争の社会史』フォーラム・A、一九九四年）、羽賀祥二「戦病死者の葬送と招魂—日清戦争を例として—」（『名古屋大学文学部研究論集　史学』四六号、二〇〇六年）。
＊21　「北白川の月影（七）」（『大阪朝日新聞』一八九五年一一月一三日）。
＊22　横森久美「台湾における神社—皇民化政策との関連において—」（『台湾近現代史研究』第四号、一九八二年）。北白川能久と台湾神社との関連については、本康宏史『軍都の慰霊空間—国民統合と戦死者たち—』（吉川弘文館、二〇〇二年、特に補論「台湾神社の創建」）、および菅浩二『日本統治下の海外神社—朝鮮神宮・台湾神社と祭神—』（弘文館、二〇〇四年、特に第六章）も参照。
＊23　駒込武『植民地帝国日本の文化統合』（岩波書店、一九九六年）。
＊24　尾崎秀樹『旧植民地文学の研究』（勁草書房、一九七一年）、二七三〜二七四頁。なお尾崎秀樹は、第一〇章で詳述する尾崎秀真の息子である。
＊25　吉野利喜馬『増訂・解題　靖台の宮　再版』（成進商行印刷部、一九二六年）、三〜四頁。

第二章

台湾原住民教化政策としての「内地」観光
——第一回「内地」観光(一八九七年)を中心に——

はじめに

第一章で述べたように、日本による台湾の植民地支配は、日本軍と植民地住民との間での激しい戦闘を伴って開始されたものであった。そして台湾島における組織的な戦闘が一応「終結」し、軍政から民政へ移行した一八九六年四月以降も、漢民族系住民を中心とした武力によるゲリラ的な抵抗運動は一九〇二年前後まで継続することとなる。そのため台湾総督府は漢民族系住民と台湾原住民の両方を同時に「敵」に回すことを避けるため、当初は台湾原住民に対して、「綏撫」主義と呼ばれる現状維持を基調とした宥和政策をとった。[*1] この「綏撫」主義政策の具体像とは、どのようなものであったのだろうか。そこで本章では、日本による台湾領有からわずか二年後に、台湾原住民を対象に実施された「内地」観光という一つの施策に焦点をあてて、領台初期の台湾原住民政策の一側面を論じていきたい。

台湾原住民を対象とした「内地」観光は、「教化」政策の一環として、領台初期の一八九七年から開始された。その後、一九二〇年代後半に、当初の大都市および軍事施設中心の見学旅行から、農村訪問を重視した視察旅行へとその性格を変えながらも、「内地」観光は、台湾総督府の資料で確認できるだけでも、一九四一年までに二一回にわたって実施されている。

このように具体的な人の移動をともなった「内地」観光という施策は、台湾総督府による台湾原住民統治政策の中で、どのような観点から重視されたのであろうか。「内地」観光団に加わった台湾原住民は、具体的にどのような経験を重ねたのか、また受け入れた「内地」の人々はどのような対応をしたのか。そしてそのような経験は、台湾原住民、日本「内地」の人々、その双方の認識にどのような影響を与えたのかといった問題を、「植民地―宗主国の絡み合う経験」[*2]という観点から明らかにしていきたい。そこで、本章では一八九七年の第一回「内地」観光を中心に、台湾原住民の経験の具体像に焦点を絞って論じていく。

ここで当該テーマの研究状況について言及しておこう。台湾原住民の「内地」観光については、少数ながらも着実な研究が行われてきた。その代表的な成果である鄭政誠の著書『認識他者的天空――日治時期臺灣原住民的観光行旅――』(博揚文化〈蘆洲〉、二〇〇五年)では、「内地」観光について初期から戦時期まで網羅的な紹介が行われるとともに、台湾原住民の台湾島内観光や博覧会での「展示」の問題も含めて、その意義が論じられている。鄭の研究は、植民地政府の刊行物である『理蕃誌稿』や『理蕃の友』、および台湾で発行されていた日刊紙『台湾日日新報』などの丹念な読解に基づいている。しかし、台湾原住民の「内地」観光という経験の分析は、やや表層的な段階に留まっているといえよう。[*3]

そのような限界を打破する手段として、筆者は、関連資料のさらなる発掘とその詳細な分析を考えている。例えば、鄭の研究では、台湾総督府の行政文書である台湾総督府公文類纂について言及はあるものの、その中の関係文書の分析が十分行われているとは言い難い。本章が対象とする一八九七年の「内地」観光については、引率者であった藤根吉春による大部の復命書が、「蕃人観光日誌」という形で台湾総督府公文類纂の中に残されている。このような資料は、監督者側の視点という限界はもちろんあるものの、「内地」観光の具体的な姿を知る上で貴重なものだと思われる。本章では藤根の復命書をはじめとする台湾総督府公文類纂、および「内地」発行新聞の関連記事なども分析することを通じて、先述の目的に迫っていきたい。[*4]

第一節　第一回「内地」観光の概要

(1)「内地」観光という施策

まず台湾原住民の「内地」観光という施策の全体像について概観しておこう（表1参照）。冒頭で述べたように、台湾原住民を対象にした「内地」観光は、一八九七年から一九四一年までの間に少なくとも二一回実施されたが、その性質の違いから一九二八年実施の第八回を画期として、大きく二期に分けることができる。

次項から詳述していくように、初期の「内地」観光は、「頭目」など台湾原住民社会の中で旧来から社会的影響力をもつ「勢力者」層の人物に、「内地」の事物を見学させることで植民地政府への抵抗心を削ごうとするものであった。事実、当初は、「内地」観光の経費は官費で賄われ、参加者は「勢力者」層の人物が大部分であった。そして「内地」での訪問先も主に都市部が中心で、さらに軍事施設見学が大きな比重を占めていた。

ところが一九二八年実施の第八回から、その性質に変化が現れた。[*5] 費用が参加者の自費負担となったこと、訪問先に都市のみならず農村が組み込まれてくることも大きな変化であるが、「内地」観光の対象が「先覚者」層、すなわち蕃童教育所など植民地政府が設置した教育機関卒の新しいエリートへと移行してきていることに、その変化は端的に現れている。

台湾原住民の「内地」観光は、一九二九年の第九回実施以降、霧社事件の影響などもあり、一旦中断されるが、一九三四年に再開された第一〇回では、第八回で見られたような新たな傾向はさらに強まった。例えば対象者については、高雄州より台湾総督府に提出された第一〇回「内地」観光の旅行実施計画書によれば、「内地」観光団の団員資格が「教育所卒業程度以上の学力を有し国語に堪能、事理を弁別し現在若くは将来に於て蕃社の中堅たる青年」[*6]と、いわゆる「先覚者」にはっきり絞り込まれていることがわかる。

また訪問先には、静岡県杉山村、愛知県安城町など「内地」の「模範農村」が含まれており、そこでは傾斜地における農作物の栽培状況などが見学の対象となっている。[*7]台湾原住民にとって、それぞれの「蕃社」での農業経営など、日常生活への取り入れ可能な事物の見学が中心となっている点で、この時期の「内地」観光を通じて目指された「教化」が、単なる威圧ではなく、彼らの日常生活の「改善」の推進へと移行していったといえる。

(2) 第一回「内地」観光の概要

台湾原住民を対象とした第一回の「内地」観光は、一八九七年八月三日から三一日にかけて、計二九日間におよぶ日程で実施された。このような施策はどのような意図のもとで行われたのであろうか。

この時期、台湾各地において台湾原住民政策の遂行を担っていたのは、撫墾署という機関であった。撫墾署とは、原住民施策の専従機関として、一八九六年四月に台湾総督府民政部殖産局の監督の下、台湾島内一一ヵ所に設置されたものであるが、「内地」観光施策には、当時、埔里社撫墾署長であった長野義虎が大きく関わっていた。長野の意見書が「将来ノ撫蕃上頗ル有益」として採用され、「内地」観光が実施されるきっかけとなったのである。長野の意見書では、「内地」観光の必要性は次のような形で主張された。

……所謂生レタル傜ノ人類ニシテ世情ニ通ゼザルコトハ殆ンド禽獣ニ均シク、之ヲ呼ブニ井底ノ蛙ヲ以テスルモ敢テ不可ナカランカ、故ニ支那ノ広キモ之ヲ己カ蕃社ノ広キニ過ギザルヲ思ヒ、日本ノ強キモ亦タ己カ蕃社ノ強キニ過ギザルヲ思フ……古人曰ク百聞ハ一見ニ如カズト、況ンヤ無智蒙昧ナル蕃人ニ於テヲヤ、如何ニ数十年ノ久シキ教育ヲ為スモ到底其希望ヲ全フスルコト難ク、却テ僅少ノ日月ニ於テ母国ノ文物ヲ一覧セシムルノ利益ア

第 16 回	1938 年 5 月	①新竹州「高砂族」青年団員 30 名 ②門司, 神戸, 奈良, 宇治山田, 名古屋, 東京, 日光, 友部, 京都, 別府, 阿蘇山, 博多など
第 17 回	1938 年 9 月	①台東庁「高砂族」20 名
第 18 回	1939 年 4 月～ 5 月	①高雄州パイワン族 19 名, ブヌン族 6 名, ツオウ族 4 名, 計 29 名 ②門司, 神戸, 京都, 奈良, 宇治山田, 東京, 日光, 大阪, 別府, 熊本, 博多など
第 19 回	1940 年 5 月	①台北州「高砂族」29 名, 台南州「高砂族」28 名, 計 57 名 ②門司, 神戸, 大阪, 橿原, 宇治山田, 奈良, 名古屋, 東京, 日光, 岡山, 広島など
第 20 回	1940 年　秋	①新竹州, 花蓮港庁「高砂族」
第 21 回	1941 年 4 月～ 5 月	①台中州「高砂族」30 名 ②門司, 神戸, 宇治山田, 東京, 岡崎, 大阪など

※『理蕃誌稿　第一巻』(台湾総督府警察本署, 1918 年), 『理蕃誌稿　第二巻』(台湾総督府警務局, 1918 年), 『理蕃誌稿　第四巻』(台湾総督府警務局, 1938 年) および『理蕃の友』(台湾総督府警務局理蕃課編, 復刻版 1993 年, 緑陰書房) より作成. また, 齋田悟「蕃人観光の沿革と其の実績」(『理蕃の友　第三年十月号』1934 年 10 月 1 日付) 参照.

ルニ及バザルヤ火ヲ見ルヨリモ明カナリトス、是レ予カ生蕃各頭目中最勢力アルモノヲ撰抜シ、之ヲ内地ニ誘導シテ別紙記載ノ諸事物ヲ一覧セシメントスル所以ニシテ、爰ニ其人名ヲ掲グバ左ノ如シ……。[*8]

つまり「無智蒙昧ナル蕃人」には長い年月をかけて教育するより「母国ノ事物」を見せた方が、短期間での効果が期待できると長野は主張した。その効果として最も期待されているのは抵抗の意思を削ぐことであり、そのため台湾原住民の中でも各地で大きな影響力をもつ人物を「内地」に誘うことの重要性が、この意見書では訴えられたのである。

そして一八九七年六月に、右述の長野の意見書を添付した形で、台湾総督府民政局長から台湾原住民統治に関連する各知事庁長宛に、適当な人物の勧誘を依頼する「有力ナル蕃人ヲ内地へ旅行セシムル件ニ付各地方庁官へ照会」が出された。そして最終的には台南県蕃薯寮撫墾署管内から一名、嘉義県林圯埔撫墾署管内から二名、台中県埔里社撫墾署管内から五名、台北県大嵙崁撫墾署管内から二名の計一〇名の台湾原住民が「内地」観光に参加することとなった。[*9] そして「内地」観光の立案者でもある長野義虎埔里社撫墾署長と民政局技手の藤根吉春が引率し、さらに日本人通事一名を含む通

表1 「内地」観光の推移（1897年〜1941年）

	時期	①参加者／②訪問先
第1回	1897年8月	①タイヤル，ブヌン，ツオウ各族頭目「勢力者」10名 ②長崎，門司，宇治，神戸，名古屋，東京，横須賀，彦根，大阪など
第2回	1911年3月〜4月	①タイヤル，ツオウ，パイワン，アミ各頭目「勢力者」，巡査補など10名 ②神戸，京都，姫路，大阪，小倉，枝光など
第3回	1911年8月〜9月	①桃園・新竹・南投・嘉義・宜蘭・台東・花蓮港庁下の計43名 ②神戸，大阪，京都，名古屋，東京，横須賀，岡山，広島，小倉，八幡など
第4回	1912年4月〜5月	①台北・宜蘭・桃園・新竹・台中・南投庁下のタイヤル族の頭目「勢力者」計53名 ②東京，神戸，横須賀，名古屋，京都，奈良，大阪，呉，広島，枝光など
第5回	1912年10月	①桃園庁，新竹庁，台中庁，宜蘭庁，南投庁下のタイヤル族50名 ②近衛，伏見，名古屋，大阪，広島，小倉，呉，東京など
第6回	1918年4月〜5月	①タイヤル，ブヌン，ツオウ，パイワンの各族総計60名 ②大阪，京都，広島，福岡，大牟田，枝光など
第7回	1925年7月	①花蓮港庁アミ族15名 ②奈良，宇治山田，東京，横浜，名古屋，京都，大阪，神戸，広島，八幡など
第8回	1928年4月	①花蓮港庁タイヤル族46名 ②神戸，宇治山田，東京，名古屋，京都，大阪，広島など
第9回	1929年4月	①新竹州下角板山を中心としたタイヤル族「先覚者」22名 ②神戸，大阪，京都，宇治山田，東京，日光，名古屋，広島など
第10回	1934年9月〜10月	①高雄州・台東庁下のパイワン族「先覚者」20名 ②神戸，京都，東京，静岡，安城，名古屋，宇治山田，奈良，大阪，高松，別府など
第11回	1935年4月〜5月	①花蓮港庁タイヤル族28名，ブヌン族2名 ②門司，神戸，京都，東京，日光，箱根，静岡，名古屋，宇治山田，奈良，大阪別府など
第12回	1936年3月〜5月	①台東庁アミ族青年男女10名 ②八幡製鉄所，博多など
第13回	1936年4月	①台中州タイヤル族18名，ブヌン族24名 ②神戸，大阪，奈良，宇治山田，東京，日光，高崎，蒲郡，名古屋，京都，別府熊本など
第14回	1936年4月〜5月	①高雄州パイワン族20名（男女各10名） ※博多築港記念博覧会・岐阜博覧会からの招聘
第15回	1937年4月	①台北州文山郡，蘇澳郡，羅東郡の「高砂族」中堅青年28名 ②門司，大阪，奈良，宇治山田，名古屋，東京，日光，京都，別府，阿蘇山，熊本，八幡など

事四名が同行する形でこの旅行は実施された。

第二節　重なり合う経験、すれ違う思惑

一八九七年八月三日に台北を出発し三一日に戻るまでの計二九日間に、「内地」観光団がたどった旅程の概要は表2の通りである。では、このような旅程の中で、植民地官僚は何を見せようとし、台湾原住民は何を見ようとしたのだろうか。そこに「内地」の人々はどのように関わっていったのだろうか。以下では、その点について考えていきたい。

(1)　選定された見学先――植民地官僚は何を見せようとしたのか――

この旅行においては、基本的には長野義虎ら台湾総督府の官僚が、「内地」の関係機関と連絡を取りながら旅程および見学先の決定を行ったものと思われる。どこを訪問するかについては、台湾原住民には決定権がなかったのであり、その意味で訪問先として選ばれたものの傾向から、植民地官僚が台湾原住民に何を見せようとしたか、その概要がうかがえるといえよう。

そこで表2で示した旅程から、訪問先について便宜的な分類を行い整理したものを次に示す。

●皇室関係：二重橋より皇居「遙拝」（東京）、天皇乗車の列車「奉拝」（彦根）
●神社：楠公神社（神戸）、靖国神社（東京：遊就館も見学）
●官衙：長崎県庁（長崎）、拓殖務省（東京）
●学校：神戸小学校（神戸）、麻布学校（東京）

表2　第一回「内地」観光（1897年）旅程表

月日	移動状況・見学先等	宿泊地
8/ 3：	台北→(汽車)→基隆→(船：釜山丸)	【船中泊】
8/ 4～8/5	(船中)	【船中泊】
8/ 6：長崎着	上陸：勧工場見学，県庁→(船)	【船中泊】
8/ 7：門司着	上陸せず	【船中泊】
8/ 8：宇品着	上陸：運輸通信部見学→(船)	【船中泊】
8/ 9：神戸着	上陸：小学校，川崎造船所，楠公神社見学	【神戸泊】
8/10：名古屋着	神戸→(汽車)→名古屋　愛知物産組織物工場見学	【名古屋泊】
8/11：東京着	名古屋→(汽車)→東京	【東京泊】
8/12：東京滞在	身体検査	【東京泊】
8/13：東京滞在	乃木総督と会見（帝国ホテル内），二重橋→皇居「遙拝」	【東京泊】
8/14：東京滞在	湯屋（入浴）→(鉄道馬車)→上野・博物館，動物園見学→(鉄道馬車)→浅草・日清戦争「パノラマ」，玉乗の演芸を見学	【東京泊】
8/15：東京滞在	鐘紡紡績会社，浅草・凌雲閣，靖国神社（遊就館）見学	【東京泊】
8/16：東京滞在	東京帝国大学教授・坪井正五郎ら来宿．「種々ナル研究」を実施	【東京泊】
8/17：東京滞在	青山演習場（発火演習）見学，拓殖務省訪問，砲兵工廠見学，射的場（爆破実験）見学，夕食会（上野精養軒）に出席	【東京泊】
8/18：東京滞在	視力検診．赤羽根造兵所［海軍東京造兵廠］，見学	【東京泊】
8/19：東京滞在	青山練兵場（発火演習）見学，麻布学校参観	【東京泊】
8/20：東京滞在	射撃学校（射撃演習）見学	【東京泊】
8/21：横須賀	東京→(汽車)→横須賀　鎮守府（軍艦）見学→(汽車)	【車中泊】
8/22：大阪着	→彦根　天皇還幸「奉拝」→(汽車)→大阪	【大阪泊】
8/23：大阪滞在	貯水場，造幣局，砲兵工廠（大砲鋳造）見学	【大阪泊】
8/24：大阪	大阪　天王寺，朝日新聞社見学→(汽車)→神戸→(船)	【船中泊】
8/25～8/30	(船中)	【船中泊】
8/31：	→基隆着→(汽車)→台北	【台北泊】

※「内地観光蕃人状況藤根技師復命」『台湾総督府公文類纂』第180冊第6件より，筆者が作成．

●工業施設：勧工場（長崎）、川崎造船所（神戸）、愛知物産組織物工場（名古屋）、鐘紡紡績会社（東京）、造幣局（大阪）

●都市の事物：帝国ホテル（東京）、博物館（東京）、動物園（東京）、浅草（東京：日清戦争のパノラマ見学、凌雲閣）、貯水場（大阪）、朝日新聞社（大阪）

●軍事施設：運輸通信部（宇治）、青山練兵場（東京：歩兵隊の発火演習、近衛騎兵の調練を見学）、砲兵工廠（東京：銃器製造を見学）、射的場（東京：爆破実験、十連発銃、五連発銃、機関砲の射撃実験）、赤羽根造兵所［東京海軍造兵廠］（東京：水雷、砲弾、小銃などの製造過程等を見学）、青山練習場（東京：砲兵の発火演

習見学）、射撃学校（砲兵の射撃演習見学）、鎮守府（横須賀：軍艦見学）、大阪砲兵工廠（大砲の鋳造見学）

以上より、次のような特徴を指摘することができるだろう。まず、「内地」観光の定番ともいえる二重橋からの皇居「遙拝」が、最初の段階から実施されていることが確認できる。しかし対照的に宗教関連施設、特に神社参拝は非常に限定されている。一九二〇年代後半以降の「内地」観光団の訪問先として、伊勢神宮参拝が必ず組み込まれ、旅行の最大の目的の一つとされていく傾向を考えると、この時期の特徴の一つだといえるだろう。そして工業施設は織物関連を中心に見学先として積極的に採用され、さらに東京では帝国ホテルや博物館、動物園、大阪では貯水場や新聞社といった都市の文化資本とでもいうべき施設が採用されているのも特徴の一つである。

しかしこの旅行で何を見せることに主眼が置かれていたのかは、一目瞭然である。見学先の選定の特徴は、軍事施設の偏重であったといっても過言ではないだろう。特に東京に八月一一日に到着してから八月二一日に横須賀から大阪に向かうまでの間、「内地」観光団はほぼ連日のように練兵場や砲兵工廠をはじめとした軍事関連施設を訪問し、そこで練兵の様子や武器の製造過程などを見学した。さらに例えば八月一七日の射的場見学では、観光団を代表して大嵙崁撫墾署管内ギヘン社のタイモミッセルに爆破実験を実施させるといった形で、実弾実験によって武器の威力を実際に示すということも繰り返し行われた。[*10] そして、このような見学先としての軍事施設の偏重は、後述するように台湾原住民の不信感を増幅していくこととなる。

(2)「内地」の人々の関わり方

では、このような台湾原住民の観光団に「内地」の人々はどのように関わっていったのだろうか。まず、非常に大きな関心が集まったことは、おそらく間違いない。しかしその関心とは、基本的にはエキゾチズムを満足させる好奇心の対象としてであったと言ってもよいだろう。最初の上陸地長崎で、観光団は大変な思いをすることになる。

曩ニ民政局長ヨリ差出サレタル照会状此朝到着セシカ故ニ、未タ取締方警察署ニ達セサリシ由ニシテ上陸ノ際何等ノ保護モナク、見物人波止場ニ群集シ大声ヲ挙ケ喧噪ヲ極メタリ。初メテ日本ノ本土ヲ履ミタル蕃人ハ、定テ邦人ノ軽キ挙動ニ驚キタラン。高声ノ雑言ハ己等ヲ悪口シタルモノト心得テカ、心中不快ニ見ヘタリ。[*11]

つまり到着した長崎の波止場では、連絡不足のためか何の出迎えも警察の保護もなく、見物人が一行を取り囲み、大声で「雑言」を浴びせかけたため、台湾原住民は日本語を理解できないとしても、見物人のその様子から悪口であることを察し「不快」な様子を見せたというのだ。そこで一行は、すぐにその場を離れ勧工場に見学に行くことになるが、その中まで見物人がつきまとうという状況であった。[*12] このような長崎での経験に閉口した引率者は、以降の見物において警察の「保護」を要請することになる。[*13]

このような好奇心を背景としてか、「内地」では観光団をめぐる報道が過熱していった。神戸や大阪、名古屋、東京など一行が立ち寄った所の地元新聞をはじめ、全国紙も大々的に報道した。精巧な挿絵を大きなスペースで掲載するなどビジュアルなイメージも積極的に伝えられていったが（図1）、その大半は「内地」の新聞記者の価値基準からして、「奇異」に見える彼等の行動や外見に集中していたといってよい。例えば、八月九日に観光団が上陸し、川崎造船所などを見学した神戸では、地元紙の『神戸又新日報』が翌日一〇日付けで「生蕃人来る」という長文の記事を掲載している。その一部を抜粋してみよう。

▲衣食住　彼等は開明に近付ける生蕃紳士連中の親方株なれば衣服も相応に美麗なる方なりと云ども、何れも跣足にて頭髪を茶筅様に結なし赤紐もて約り上げ額上唇下に黥し耳には木管の如きを嵌め頸には硝子玉の珠数を掛けたるが、中には赤毛布を解き袋を織れるものを頸より吊り下たるもあり、煙管は孰れも蕃製にて負ひ袋は細目の網を以て製せり。又た中に蛮刀を帯べるもの二人あり、孰れも眼光烔々として面色頗ぶる黒く一見其獰猛を知

図 1 「蕃酋一行」

（出典：『大阪朝日新聞』1897 年 8 月 25 日）

り得べし……。

裸足の足や顔の刺青、「蕃製」の彼等の衣装や装飾品などが詳細に描写されている。このように台湾原住民の外見上の特徴を強調する記事は、他にも多数みられ、これらの記事を通じて、「野蛮」「獰猛」という台湾原住民イメージが増幅されていったともいえるだろう。

そして日本が台湾を領有してまだ間もない時期であったためか、この観光団は新領土からの「珍客」として、ある意味での「厚遇」を受けることもあった。観光団が東京に到着してから一週間後の八月一七日には、東京在住の「有志」による観光団の招待会が、上野精養軒で開催されることになる。この会は、「台湾出兵」の際の従軍記者として名をはせた岸田吟香をはじめとする四人の発起人によって企画され、当日の出席者は、拓殖務次官などの高級官僚、政治家、大倉組の大倉喜八郎をはじめとする財界人、東京帝国大学教授の坪井正五郎などの学者、新聞記者など計二百名以上であったという。[*14] そして、その席で発起人総代として岸田吟香が次のような開会の挨拶を述べている。

新領土の新同胞が今や帝都遊覧に際し、市内の有志相会して之を優待し之を指導するの挙あるハ、先覚の義務にして当然の事なりと信ず。人或ハ彼等の相貌を看て奇異の感を起すべきも　神武以前の吾同胞ハ尚此珍客と同一なることを知らバ、之を勧化指導して吾良民とするに就て別に異感なかるべし。[*15]

ここには、当時の「内地」の知識人が、台湾原住民の観光団をどのような意識で迎え、彼等に対してどのような認識を抱いていたか、その一端が示されているといえよう。すなわち「新領土の新同胞」に対して、このような形で歓迎の意を示すことは「先覚」の義務であるとし、より文明化された自己というある種の優越感に裏打ちされた行為であることを図らずも物語っているといえる。そして進遅という基準で自己と台湾原住民との距離を把握するという認識方法によって、台湾原住民は日本の原始古代の人々との同一性でとらえられていく。同時代性の否定、これは第三章でも詳述するように、当該期の台湾原住民政策に関わった植民地官僚達の原住民認識の特徴であるが、「内地」の知識人もまた、このような認識を共有していたといえよう。

そして、このような認識をより先鋭化させて、東京訪問中の台湾原住民に関わった人々もいた。人類学者達である。先に述べた招待会開催の前日の一六日、観光団の宿所に東京帝国大学理科大学人類学教室の坪井正五郎教授をはじめ、鳥居龍造、足立文太郎、佐藤伝蔵といった四名の研究者が訪れた。彼等の訪問の目的は台湾原住民を対象とした人類学的調査の実施であり、具体的には坪井の指揮のもと、鳥居龍蔵と足立文太郎が台湾原住民の「頭部、腹部、手足数十ヶ所の測定」を、佐藤伝蔵は「皮膚の色、頭髪、眼等部分を精密に調査」したという。[*16] 日本人と台湾原住民の人種的差異を前提とした上で、彼等を個人として認識するのではなく、「種族」の「標本」として捉える発想が露骨に示された関わり方であったといえるだろう。

このように第一回目の「内地」観光に際して、台湾原住民は日本「内地」の人々とほとんど具体的な個人としての交流をもつことはなく、また「内地」の人々も、台湾原住民に対してエキゾチズムの対象として好奇心を向けつつも、重なり合う経験をすることはほとんどなかった。しかしごく限られた事例ではあれ、個人的なレベルでの交流があったことも事実である。例えば東京での観光団の宿泊先であった高野館の主人およびその娘と、台湾原住民との関わりについては次のようなエピソードが紹介されている。

……一行の内ハーラン（三十）ウーラン（廿七）の二人ハ昨今病気にて打ち臥し居り従つて汚穢の事も少からぬより、同家の娘等三人は兎角之れを厭ひて疎かにするにはあらねど成る丈け傍へ近寄らぬ様なすにぞ、主個寛長ハ（五十五）或る日娘達を膝下へ招き……遙々言語も通ぜぬ遠方の国から来て知らぬ他国に病気となり心細さは誰れとても同じ事なるに夫れをよそよそしく取扱ひ、若し彼の人達が国に帰りて日本にてはかくかくなりしと其不親切を言ひ触らされなば当館計りの恥辱にあらず、されば此上共精々気を附け不自由なき様にして得さすべしと諭しければ、三人の娘も父の辞に感じ其以来ハ一層親切に病人を取扱ひ、何れの洗濯屋にても断る程に汚れたる彼等の衣類をさへ自ら手を下て洗ひ濯ぎ飲食より薬の世話迄いとも手厚く介抱するにぞ、病客はいふに及ばず一行も大に其厚意を感謝し何卒此旨其筋へ上申ありたしと通弁迄申し出でしにぞ、此程附添の人より拓殖務省へ右の赴き上申に及びしといふ、主人の心掛け感ずべし。[*17]

つまり東京に着いてから台湾原住民二名が体調を崩した。彼等に対して最初はよそよそしく対応していた宿屋の娘達に父親である宿屋の主人が、旅先で病気になれば心細いのは誰でも同じと諭し、その後、宿屋の娘達は献身的に看病し、台湾原住民もその親切に感動したというエピソードである。当初の宿屋の娘達の態度に、台湾原住民に対する忌避感を指摘するのは容易い。しかし現実的に毎日顔を合わせるという経験を通じて、個人同士の、ある種の交流が生じたことは確かであろう。

他にも、観光団一行が帰路、大阪に立ち寄った際、以前タイモミッセルの家に宿泊したことのある三戸徳蔵という人物が、観光団の宿所・厳正寺を訪れ、呉服反物を土産として一人に一反ずつ与えた。[*18] さらに三戸は、翌日の昼食に観光団を招待し、自宅の「奥座敷、中の間、店の間等を打通して茲に迎へ入れ重箱形の折詰を膳部に上せたるを供し日本酒及び麦酒等を与へていと懇に歓待しける」[*19]ため、台湾原住民は三戸に感謝しつつ大いに喜んだという。

このように、第一回「内地」観光の際においても、台湾原住民と「内地」の人々との交流は確かにあった。しかし、それは極めて限定されたものであった。そして、そのような限界は、都市部の軍事施設を中心に見学し、また好奇心に満ちた人々から彼等を守るという名目で常に警察官の警護付きで移動するという、「内地」観光のあり方に起因するものでもあったといえる。

(3) 関心のありか——台湾原住民は何を見ようとしたのか——

第一項でも述べたように、この旅行の間、見学先の決定権はあくまで植民地官僚が握っており、台湾原住民が自分の関心に従って行き先を決めるという余地はほとんどなかった。しかし、いわばその与えられたスケジュールの中でも、彼等がいかなるものに興味を示し、何を特に見ようとしたのかをうかがわせる記述が、藤根吉春の復命書には散見される。

まず台湾原住民が、農業に強い関心を示していたことを表わす記述が、旅行のかなり早い段階から見受けられる。八月三日基隆港を出港した「内地」観光団は、八月六日最初の上陸地長崎に到着するが、その時にみせた台湾原住民の反応として、藤根は次のように書き記している。


長崎港ニ投錨セントキ、彼等ハ早ク上陸シテ土地ハ如何ニ広潤ナルカ耕転及栽培ノ方法ハ如何ニ吾々ト異ナルカヲ見ント喜ヒ勇ンテ上陸セシモ、山岳重々一ノ平野ナキニ失望セリ。[*20]

つまり台湾原住民は上陸する前から、「内地」における耕作のあり方と農産物の栽培状況を観察することを心待ちにしていたが、港町である長崎では、そのような光景を見ることができず、台湾原住民が大いに落胆したということを記録として留めているのである。言い換えれば、植民地官僚が用意した訪問先が、台湾原住民の希望に叶っていないことを、藤根はかなり率直に吐露しているともいえるだろう。

表2で示した旅程からもわかるように、この旅行は基本的には東京や大阪を中心とした大都市を中心に訪問するものであり、農村で農業を視察するという考えは植民地官僚の中にはなかった。しかし、参加した台湾原住民がいかに農業に強い関心を示し続けたかは、これに続く日誌の中からもうかがえる。八月九日に神戸に上陸し、翌日、汽車で名古屋に移動することになった台湾原住民は、汽車の車窓から日本「内地」の農業の様子を見ることになる。その時の彼等の反応について、藤根の記述は以下のとおりである。

此日初メテ日本ノ田畑善ク耕作サレタルヲ見、之レテハ日本ニ米ノ沢山アル筈ナリト云ヘリ。稲薯蕃茶烟草等種々作物ヲ見テハ之ヲ指シテ台湾作物ト同一ナリトシ、余程面白ク感シケン、烈リニ窓外ニ顔ヲ出シ中ニハ煤烟来目ニ入リ困リタルモアリシ。

汽車の煙が入ってくることにもかまわず汽車の窓から顔を出し続けるという熱心さで、台湾原住民が「内地」の田畑の作物に注目し、さらに台湾の作物と比較するなど、かなり注意力を働かせて観察していたことをうかがわせる記述だといえよう。この旅行に参加した台湾原住民にとって、「内地」の農業の様子を見る、ほぼ唯一の機会であった汽車の窓からの観察は、この後の旅程でも続けられた。「内地」観光団は、八月一一日に名古屋を発ち汽車で東京に向うが、その車内でも彼等は積極的に車窓から耕作の様子を観察したようである。藤根は、その点について、台湾原住民が車窓から見える「内地」の米作の様子に賛辞をおくり、その種子を入手して「蕃社」で試作してみたいと発言したこと、野菜についても熱心に観察し彼等の目には珍しい種類の野菜についても、その栽培を試してみたいと発言したことなどを記録に留めている。ごく僅かな機会を活かし、台湾原住民がいかに熱心に「内地」の農業の様子を観察したかを示しているといえよう。

このように台湾原住民は、彼等の生活と関連深いものに強い関心を示した。例えば織物についても名古屋での愛知物産組織物工場の見学、東京での鐘紡紡績会社の見学ともに、自らの「蕃社」の織物の状況と比較するという視点から熱心に見学していたことが藤根の記録からうかがえる。

さらに同様の理由から、狩猟を行う彼等の生活に欠かすことができない銃器についても、かなり専門的な関心を示していたことがわかる。例えば八月一八日に赤羽根造兵所（海軍東京造兵廠）を見学に訪れた際の台湾原住民の様子について、藤根は次のような記録を残している。

各国ノ小銃ヲ陳列スルトコロニ導カレ非常ニ喜ヒ軽々観過セス、一一手ニ取リ槓桿ヲ引キ狙ヲ定メ発射ノ真似ヲナス、掛員ハ之ヲ見テ銃ヲ取扱フコトノ巧ミナル尋常人ノ遠ク及ハサルトコロナリト賞セラル。

しかし台湾原住民が関心を示したのは、彼等の生活に直結したものだけではなかった。彼等は、博物館や動物園で触れることになる新しい知識についても、強い好奇心を示したことがわかる。以下は八月一四日に東京上野の博物館での、台湾原住民の様子を記したものである。

……人体ニ関スル陳列室ニ入リタルトキ内臓ノ位置名称ヲ知リ居ルモノト見ヘ一一名ザシシテ、日本人ハ何ニテモ能ク知リ居ル日本人ハ此ノ人体内部ノ構造ヲ知リテ薬ヲ与フルカ故ニ其ノ効果顕著ナリト嘆賞シ、日本医師ヲ信スルコト甚タ厚キヲ示ス。

植物室ニ入リタルトキ思ノ外興味ヲ以テ見物シ、復タ蕃社ノ植物ト比較対照シ、彼我有無ニ付キ□□［二文字分判読不能］絶ヘサリシ。

此日浅草ニ於テ種々ナル興業ヲ見物セン見込ナリシ故ニ博物館見物ハ可成早ク切揚ケントセシモ、吾等再ヒ如此物ヲ見ルコト能ハサル故緩ル緩ル見タシト云フテ中々急ク様子モナキ故、彼等ノ意ニ任セリ。

生物学ニ志アルモノニアラサレハ、蕃人ノ如ク面白ク此室ヲ見ルモノアラサルヘシト思ハル、ナリ。

人体に関する展示については自らの既存の知識と照らし合わせて、その内容を確認し、植物室では「蕃社」の植物と比較して植物の一つ一つに注目する。彼等がいかに熱心に見学していたかは、浅草での余興見物のために引率者が急かしても「我々はもう二度とこのような物を見ることができないのだからゆっくり見たい」と発言したことからもうかがえるといえよう。

このように台湾原住民が示した農業をはじめとする日常生活と密接に関わる事物への関心および博物学的な新しい知識への欲求に、植民地官僚が用意した訪問先は十分叶うものでは無かった。そしてこの齟齬は、旅程が進むにつれて顕在化してくることとなる。

(4) 齟齬の形

先に言及した八月一八日の赤羽根造兵所での見学の際、同所の責任者より「ナイフ」と「ヤスリ」が、台湾原住民と通事にそれぞれ与えられた。それに対して台湾原住民は次のように願い出たという。「我等生活上銃器ハ極メテ必要ナレトモ之ヲ得ニ難シ、希クハ一挺ツ、拝領シ土産ニシタシト」[*21]。つまり銃器は自分達の生活にとって必需品であるが、現在は入手が難しいので、土産として一挺づつ欲しいと主張したのである。このような申し出に対して、同所の責任者は上層部と相談して何とか取り計らいたいと返答した。そして、その後、一旦、海軍省より銃器「下付」の通達があったが、すぐに撤回され、結局、銃器が与えられることはなかった。

その後も台湾原住民は八月一九日に青山練兵場、二〇日に射撃学校と軍事関連施設の見学を連日繰り返し、そのたびに実弾演習を体験していく。この頃から、早く故郷に帰りたいという声が台湾原住民の中から洩れるようになり、二一日に横須賀で軍艦霧島を見学した一行は、そのまま大阪に向かった。そして二三日に大阪で再度、軍事関連施設を見学することになるが、この時に齟齬が露呈する出来事が起こる。

八月二三日の午後、大阪砲兵工廠を訪れた「内地」観光団一行は、大砲や砲弾を製造する過程を見学する。その際、引率者である長野義虎埔里社撫墾署長が冗談で、大砲を持って帰りたいものには与えると言ったという。その言葉に対する台湾原住民の反応について、藤根は次のように記録している。

小供ダマシノ如キコトヲ云ハル、モノカナ、小銃ノ如ク持チ行カル、モノハ与エルト云フテモ与ヘス、持テサルノミナラス不要ノモノハ持チ帰レト云ハル、ト冷笑セルモノモアリ。[*22]

つまり小銃のように自分達が望んでおり実際に持って帰ることができるものは与えると一旦言ったのに結局与えず、大砲のように実際に持ち帰ることができない不要な物を与えるという、そのような子供だましを言うなと、長野の浅薄な言葉に冷静でありながらも強い批判を行ったといえるだろう。そして長野撫墾署長のお膝元でもある埔里社撫墾署管内の台湾原住民が、土産として銃を一挺づつ与えよと再度請願し、さらに大嵙崁撫墾署管内ギヘン社のタイモミッセルもまた銃の話をしようとしたのに対して、長野は日本刀を与えると言ってその場をおさめようとしたが、タイモミッセルは不要だと返答し、その後は黙り込んでしまったという。[*23]

タイモミッセルの様子が気になった藤根は、宿所に戻ってから通事にタイモミッセルが何を言おうとしたのかを聞き出させた。彼の主張は次のようなものだったという。

……日本ニ来テ見レハ成程道路家屋甚タ美ナリ、然レトモ小銃大砲弾薬等ノ製造盛ナリ、安寧ノ時諸々ニテ兵器製造ニ急ハシキハ何故ナルカ、又清国ヨリ分捕セル大砲ヲ示サレ之ハ何之ハ何ト左モ勇マ敷云ハル、カ、自分ハ如何ニモ日本人カ武器ヲ製造スルコト盛ニシテ己ノ部下ニノミ分配シ自分等ニハ売買ヲ許サレサルハ如何ナル理由ナルカヲ疑フト。[*24]

つまり平時に兵器製造を急ぐことや、清国からの戦利品を見せ日本の軍事力を強調することへの違和感、そしてそのように大量の武器を製造しておきながら台湾原住民には自由な売買すら認めないことへの不信感が、タイモミッセルの中には蓄積していたといえよう。長野撫墾署長の軽口への批判や、埔里社撫墾署管内の原住民が再度、銃の「下賜」を願ったことなどと考え合わせると、タイモミッセルが抱いた不信感は多かれ少なかれ他の原住民にも共通するものだったと思われる。

このような台湾原住民の言動から、引率者である長野と藤根は、台湾原住民の不満の高まりを感じ、日本刀を一振ずつ与えることを決定し大阪で購入して台湾への帰路についた。そして台北に帰着後、台湾原住民の不満は爆発することとなる。

八月三一日に基隆に到着した一行は、汽車で台北に移動し台北で宿泊、翌日、総督官邸にて乃木希典台湾総督と面会し、そこで日本の土産として、日本刀、木綿糸、鋏、シャツなどが台湾原住民に「下賜」された。その後、蕃薯寮撫墾署および林圯埔撫墾署管内から参加した原住民三名が先に帰郷することとなり、他の原住民は台北駅で見送りをした後、一旦宿舎に戻った。しかし埔里社撫墾署管内から旅行に参加した台湾原住民が、宿舎より「逃走」した。そこで通事らが探し回りなんとか見つけたが、彼等は強く反抗したため艋舺警察署に一旦留置し、後に長野らが引き取りにいくという事態になった。[*25] 宿舎に戻ってから、通事が聞き出した「逃走」の理由は次のようなものだったという。

吾等山ヲ出テ大人ニ従ヒ数十日ノ長キ各地ヲ巡回セシハ、初メヨリ銃ヲ与ヘラル、約束アレハナリ、然ニ之ヲ与ヘラレス、糸ノ如キモノヲ沢山呉レラレタレトモ如此モノハ少シモ有リ難カラス、実ニ大人ハ吾等ヲ欺カレタルコトユヘ自由ニ帰山ヲ企テタルナリト。[*26]

つまり宿舎から黙っていなくなった理由として、埔里社撫墾署管内から参加した台湾原住民は、自分達が山を出て数十日間もの長い間日本各地を巡廻したのは、銃を与えるという約束が最初にあったからだと主張し、それにも関わらず銃は与えられなかった、植民地官僚は約束を破ったのだから、自分達も自由に山に帰ろうと考えたと説明したのである。このような主張に対して、「内地」観光施策の企画・立案者であり、埔里社撫墾署長でもある長野義虎は、藤根吉春らと協議の上、結局、台湾原住民に銀貨五円ずつ与えて事態の収拾を図ることになる。

また大嵙崁撫墾署管内から参加したタイモミッセルも、このような動きを尻目に帰路を急ぎ、宿舎を出て歩いて帰ろうとした。通事が今すぐに歩いて帰っても、翌日汽車で帰っても故郷に到着する時間は変わらないと説得して、なんとか思いとどまらせたという。

翌二日に埔里社撫墾署管内および大嵙崁撫墾署管内から参加した台湾原住民が、汽車で帰郷することで、「内地」観光旅行は一応、幕を閉じた。台湾原住民にとって、この「内地」観光とは、一体何だったのだろうか。次節では、この点について一人の人物に焦点を絞り、考察していきたい。

第三節　台湾原住民にとっての「内地」観光――タイモミッセルを中心に――

(1)「前山蕃族総土目」タイモミッセル

タイモミッセル(代麼密鮮、大麼密鮮)。彼は一八九七年の「内地」観光に参加した当時、大嵙崁撫墾署管内ギヘン社の「土目」であり、周辺の原住民社会に大きな力をもつ「前山蕃族総土目」と称された人物であった。日本による台湾領有より数年遡る一八八七年、タイモミッセルはギヘン社近隣の「蕃社」と連合し、その兵力を自ら指揮して、劉銘傳の「討伐」軍と四ヶ月にわたって戦った。そして「討伐」軍の砲塁を奪取し「討伐」軍を撤兵させた人物だと伝えられている。[*27]

そして日本の統治が開始されてまもない一八九六年一二月、タイモミッセルは、日本軍・警察による「三角湧土匪討伐」作戦に協力したとされている。タイモミッセルが協力した背景には、次のような事情があった。一八九六年の一〇月頃から三角湧周辺の「土匪」の活動が激化した。そのため一一月下旬に総督府は、三角湧の「土匪討伐」を決定し攻撃を加えた。この過程で、「土匪」の中から「生蕃地」に逃げ込む者もでてきた。そのため「土匪」と原住民の間でトラブルが発生していたという事情である。このような中、タイモミッセルは、「部下ノ蕃丁」四十余名を率いて、宮之原藤八大嵙崁撫墾署長が指揮する「生蕃隊」に参加し、「三角湧土匪討伐」作戦に協力したのである。[*28]
このようにタイモミッセルは、一八九六年末の段階では、大嵙崁撫墾署と比較的「良好」な関係を築いていたといえるだろう。そしてその約半年後の「内地」観光に参加することになるのである。

(2) タイモミッセルにとっての「内地」観光

タイモミッセルは、どのような理由で「内地」観光に参加することを決めたのであろうか。前項で述べたような経歴であったため、「内地」観光に際し、タイモミッセルにはメディアから注目が集まっており、彼に関する様々な報道が散見される。例えば、『台湾新報』は一八九七年八月四日付けで「観光蕃人」という記事を掲載しているが、その中で、タイモミッセルの「日本渡航の理由」は、次のように紹介されている。

ギヘン社総土目タイモミセル（タイムシヤンと記せしは誤りなりき）が這度の一行に加はるに至りたる理由を聞くに、彼れ曰く日本人は自から農業に巧みなりと常に誇り居ると聞きしに、之を土人に就て聞けば日本人は無能力にして只強盗を渡世とするのみと、吾大に其真偽に惑ふ、依て之を糺さんが為め嘗て台北に出でたることあるも、本島には日本人の農業を営む者なければ遂に一度は日本々国に渡航し其の真否を知らんと欲するや久し、然るに先日突然観光の命あり、是れ其の素志を達せんとするもの吾何ぞ猶予せん、乃ち断然此行に加はる事となりしなり、去れば此機に於て吾が初一念を貫徹するは勿論、猶ほ吾は我同胞の為め嘗て禁止せられたる弾薬銃器の発売を解かれんことを併せて哀願せんとす……。[*29]

つまり、タイモミッセルは「内地」観光の動機として、次の二点を挙げたとされる。すなわち自分達は農業に巧みであるという日本人の自負心、「土人」による日本人は無能だという評価、このどちらが本当かを見極めるため以前より日本に行きたいと考えていたとし、さらに、禁止されている弾薬銃器の発売の許可をこの機会に請願するために、「観光の命」を受けたというのである。

タイモミッセルが、「内地」農業の状況の視察をいかに強く希望していたかをうかがわせる記事が、同日の『台湾新報』に掲載されている。「タイモミセル観光場所を問ふ」と題されたこの記事では、「内地」観光に同行する日本人通事が、タイモミッセルに今回の旅行の訪問予定地について説明したところ、彼は頭を振りながら、そのような繁華な土地には行きたくない、なぜならば我々は「内地」の農業を見ることを強く希望しており他に求めるところはないと言い放ったというエピソードである。通事は対応に苦慮し、なんとか説得して納得させたというが、ある意味で旅行出発前から、植民地官僚の思惑と台湾原住民の希望するところのズレは明白であったともいえるだろう。そして第二節で述べてきたように、出発前にタイモミッセルが抱いていた「内地」農業の視察という希望は、ほとんど叶えられることなく、軍事施設の連日の視察で彼等は飽き、そして不信感を募らせていった。

その不信感の深さについて考えさせられる興味深い資料がある。「内地」観光団が帰台した直後の九月四日、台湾総督府民政局長より各県知事宛に、「内地」観光に訪れた台湾原住民の帰社後の様子について報告するよう求める照会が行われた。その照会に対する回答として、台北県知事より民政局長宛に「蕃人帰山後の状況につき大嵙崁撫墾署長より報告」と題した報告が一一月一三日付けで行われている。[*30]

かなり長文にわたるこの報告には、タイモミッセルの主張（として宮之原藤八大嵙崁撫墾署長が把握した事項）が詳細に記載されている。そして、その中では「内地」観光への批判がかなり率直に述べられている。「内地」観光中、宿舎や食べ物の点でタイモミッセルが不満を抱いていたことから始まり、行動が著しく制限されたことへの不満に続く。その上で連日の軍事関連施設の見学が、かえって不信感を募らせる結果になってしまったことを、報告では次のように記している。

日夜帯剱ノ警官ヲ附シテ出入是レガ警護ヲ受ケテ思フ儘ニ市街ノ観光ヲ許サズ、偶々其所ニ到ルコトアルモ途中車ヲ馳セテ到ル、到レバ直チニ銃砲発射及其説明等ヲ聴クノミ、連日如斯ニシテ稍々倦飽ノ念ヲ生セシト云フ、其巧妙ナルモノニ至リテハ固ヨリ感心ノ外ナカリシナルベシト雖モ彼等ハ已ニ我国兵器ノ大ニ整備シ其程度ノ測知スベキニアラザルヲ知ルカ故ニ強テ之レヲ精調センコトヲ欲セズ、然ルヲ強ヒテ見セシメントスレバ忽チ一種ノ感情ヲ起シ、其示威的ニ出ツルニアラサルカヲ慮リ反テ喜バザルノ趣キアリ。

さらに「内地」観光において農業の視察に時間が割かれなかったことについては、次のように記されている。

元来彼タイムミシヤンハ出途ノ当時ヨリ内地ニ到ラバ農耕ノ景況ヲ視ンコトヲ希望セリ、亦農具種子類ノ給与ヲ受ケタキモノナリトテ謂テ曰ク、我蕃地耕作ノ拙キヲ嘆スル久シ、撫墾署長ハ蕃地ニ来ラル、毎ニ蕃地耕作ノ不完全ナルヲ説キ種子ノ精良肥料ノ施酌等一日モ早ク改良セザルベカラザルヲ以テセラル、今回幸ニ内地ニ到リ農耕ノコトヲ親シク実視セバ大ニ裨益スル所アラント、是彼ガ内地行唯一ノ最大目的トシテ楽ミ居リシモ遂ニ其観察ヲ遂ケ得ザリシハ大ニ遺憾ノ状アリ、以テ彼ガ内行ノ徒ラニ兵器弾薬ノ巧拙ヲ見聞センヨリ普ク農事ノ景況ヲ視察センコトヲ熱望シタルヤ知ルベキ也。

タイモミッセルは出発前から「内地」の農耕の状況を視察し、さらに農具や種子類の給付を強く希望していた。その理由についてタイモミッセルは、自らの「蕃社」の耕作が拙いことが気になっていたところに、撫墾署長が「蕃社」に来るたびに、種子を良く選び肥料を施すなどして耕作を一日も早く改良すべきだということを言っていたので、「内地」に行って農耕の様子を実地で見学すれば、「蕃社」の農業の改良に有益だろうと思ったからだとする。さらに、これが「内地」観光に行った最大の目的であり大いに楽しみにしていたのに、結局見学できなかったことに対して大変残念がっていたという。そしてタイモミッセルの希望が果たされなかったことについて、大嵙崁撫墾署長はかなり率直に同情を示しているといえるだろう。

そして「下賜」された日本刀に関するタイモミッセルの次のような発言と行動は、植民地政府の矛盾を鋭く突くとともに、そのような矛盾も含めて、「内地」観光の結果として、タイモミッセルが植民地政府に対して、いかに不信感を募らせていったかを示しているといえよう。

彼等総督府ニ於テ日本刀ノ給与ヲ受ケタル由帰途当署ニ就テ曰ク、総督府我等ニ賜フニ日本刀ヲ以テス是所謂殺人ノ刀ニシテ我等ニ用ナシ、撫墾署長ハ毎ニ我等ニ教ユルニ殺人ノナスベカラザルヲ以テセラル、ニ非スヤ、我等亦之レヲ服膺シテ敢テ殺人ノ事ヲナサヾルヲ誓ヘリ、此刀竹木ヲ伐ルニ便ナラス殺人ノ外用フベキ処ナキヲ以テ之レヲ受クルモ甲斐ナク、仮令永ク之レヲ包蔵セントスルモ蕃屋元々僅カニ雨露ヲ凌グニ足ルノミ忽チ錆ヲ生シテ空シク用ナキニ至ラン、希クハ代ユルニ我等ガ日常用フル処ノ蕃刀ヲ以テセラレンコトヲ乞フト刀ヲ置テ去ル。

台北に帰着後、台湾総督から日本の土産だとして「下賜」された日本刀（引率者の長野と藤根が、台湾原住民の不満を懐柔するために大阪で買い求めたものだと思われる）を、帰る途中、大嵙崁撫墾署に立ち寄った際、そこに置いていったという。その理由としてタイモミッセルは、日本刀は「殺人ノ刀」であり、山地での我々の生活には役に立たないものだと主張する。そして、撫墾署長はいつも殺人を行わないようにと説いているではないか、それなのになぜ殺人の外には使えないものを我々に「下賜」するのか、と根本的な疑問を投げかけて、タイモミッセルはその場を立ち去ったのである。[*31]

(3) タイモミッセルの最後

タイモミッセルは、「内地」観光を経験して、どのように「内地」を認識し、何を考えたのだろうか。先に検討してきたように、自らの「蕃社」の農耕の改良のために「内地」の農業状況を観察して、そこでの見聞を参考にしようという強い希望をもって旅だった彼にとって、実際の旅行は彼の期待を裏切るものであった。そして旅行中の過剰なまでの軍事関連施設の見学や、彼等の生活必需品である銃器は与えないかわりに、彼等にとって「殺人ノ刀」としての用途しかない日本刀を「下賜」するという植民地官僚の態度に、不信感を募らせていったことは、ここまで述べてきたとおりである。その不信感の深さを測るすべはないが、少なくとも「内地」の状況を見せることによって台湾原住民の抵抗の意思を削ぐというもくろみは、破綻したといえよう。

タイモミッセルは、「内地」観光の三年後、植民地政府に武力でもって抵抗し、その過程で命を失うこととなる。その過程の概要は次のとおりである。

一九〇〇年六月頃、大嵙崁周辺で、樟脳製造のための脳寮が台湾原住民によって襲撃されるという事件が多発した。そのため八月頃から大嵙崁方面の台湾原住民に対する「討伐」作戦が実施されることになる。しかし彼等の抵抗は激しく、完全な軍事的制圧を植民地政府は一旦断念し、一二月に台北県知事が大嵙崁方面に対する「絶対的封鎖」、すなわち武器弾薬をはじめ食料品などの生活必需品が、台湾原住民社会に入っていかないようにする案を主張し、それが実施されることになる。[*32] 日本統治初期の台湾原住民政策史の中では比較的よく知られている、大嵙崁方面の「絶対的封鎖」という事態である。

そして、この出来事について、植民地政府はギヘン社頭目タイモミッセルの関与を疑い、最終的には密偵による調査の結果から、特に小松組脳寮への襲撃は、タイモミッセルの煽動によって起こったと柳原保太郎大嵙崁弁務署長は断定し、総督府に報告している。[*33] そして現存している記録からうかがえるタイモミッセルの最後は、次のとおりである。

客月二十八日頃台北県管下大嵙崁地方ノ生蕃「サアルッケ」社ノ蕃丁「ルモアク」ナルモノ渓頭蕃「タマロン」

社ニ来遊シタル際談話セシ事項ヲ探聞スルニ、小松脳寮引揚ノ際夜間ノ戦争ニ負傷死亡シタルモノハギヘン社頭目タイモボッセルト云フモノ之レハ腹部貫通ノ銃傷ヲ受ケ帰社ノ後一昼夜ニシテ死亡セリ右頭目ノ弟マライボッセルト云フモノ之レハ前胸部乳下ヨリ背部ニ銃丸貫通シ即死其他仝社ノ蕃丁拾六名戦死セリト。[*34]

この資料は、一九〇〇年一〇月一三日付で宜蘭庁長より台湾総督宛に出された「大嵙崁方面蕃人膺懲事件ニ関スル報告」の一部であり、宜蘭庁管轄内の「蕃社」に来訪した大嵙崁方面の原住民から聞き出した話として報告されているものである。それによるとタイモミッセルは、一九〇〇年九月初旬、小松組脳寮からの作業員引き揚げに際する戦闘で、腹部貫通の銃創を負い、「蕃社」に帰ったのち一昼夜で死亡したのである。

おわりに

一八九七年の台湾原住民の「内地」観光について、ここまで論じてきたが、この「内地」観光という経験をめぐっては、いくつものズレが複雑に存在していたといえるだろう。まず決定的に大きなズレは、台湾原住民の希望と植民地官僚の意図の乖離である。台湾原住民は自らの日常生活の改善、とりわけ農業の改善のための知識の吸収を強く望んでいたのに対して、植民地官僚にとっては軍事施設の見学を通じて日本の軍事力を誇示することが最大の目的であった。また台湾原住民は博物学的な新しい知識についても強い関心を示したのに対し、植民地官僚は彼等の意向をくみ取ることができていなかった。

このようなズレはどこから生じたのであろうか。まず「内地」の偉大さを見せることで台湾原住民の抵抗の意思を削ぐという施策の目的そのものが、このような結果をもたらしたのであろう。しかしそれとともに、台湾原住民が抱いていた知識欲、知的欲求について、「内地」観光施策に関わった植民地官僚が、おそらく低い予想しかしていなかった、もしくは見損なっていたことも、その要因だったと思われる。

そしてこのようなズレから、「内地」観光の旅程が進み、軍事施設見学が繰り返されるにつれ、台湾原住民は見学に飽きるだけでなく、その意図へ不信感を抱いていった。そしてそのような不信感を決定的にしたものは銃をめぐるやりとりであったといえる。大量の銃器を製造し、その様子を繰り返し見学させるのに、なぜ我々には一挺も与えず独占するのかと。そしてそのやりとりの中で銃に対する認識のズレも露呈された。そのズレの大きさは、銃の代わりに日本刀を「下賜」しようとする植民地官僚の行動と、銃は生活の道具であるが日本刀は「殺人ノ力」であるとして、大嵙崁撫墾署でそれを突き返したタイモミッセルの行動に端的に示されているといえよう。

「内地」観光に出発する段階では、大嵙崁撫墾署と比較的「良好」な関係を築いていたと思われるタイモミッセルが、「内地」観光から三年後に、植民地政府に武力でもって抵抗し最終的には脳寮への襲撃の際の戦闘で死亡したことを考えると、少なくとも「内地」観光は、「内地」の様子を見せることで抵抗の意図を削ぐという長野義虎らの目的に、結果として沿うものではなかったといえるだろう。

しかし「内地」観光をめぐるやりとりからは、植民地官僚の間のズレも露呈してくる。とりわけ「内地」観光という経験の中でタイモミッセルが抱いた不満を詳細にくみ取り、タイモミッセルに同情を寄せながら、「内地」観光の問題点を指摘した宮之原藤八大嵙崁撫墾署長と、「内地」観光施策の立案者でありながら、観光中の不用意な軽口で台湾原住民から冷笑をあびた長野義虎埔里社撫墾署長とでは、同じ撫墾署長という職にありながらも、台湾原住民に対する向き合い方という点で、かなり乖離があったと推察される。

また「内地」を訪れた台湾原住民と「内地」の人々の接触は、ごく限定されたものであり、「場」を共有はしても、「経験」の共有とはならない場合が多かったのも、この「内地」観光の特徴だといえる。日本が台湾を領有してまだ間もない時期であったこともあり、「新領土」からの「珍客」への好奇心に駆られた人々と、台湾の山岳地帯とは環境が大きく異なる日本「内地」にやってきた台湾原住民の接触とは、基本的には大勢の見物人が台湾原住民を眺め、その見物人の視線と馴れない環境にとまどう台湾原住民というものであった。そのような接触は、「内地」の人々の中に台湾原住民に対する「野蛮」で「獰猛」というイメージを増幅させていき、台湾原住民へのエキゾチズムをさらに煽った。そのため押し寄せる見物人から台湾原住民を「保護」するという名目のもと、警察官の監視下で観光団は行動することとなり、結果として台湾原住民と「内地」の人々との接触場面は、いくつかの例外を除き、より限定されたものとなったといえよう。

では、その後の「内地」観光では、これらの特徴はどうなっていくのであろうか。一九二八年実施の第八回で、「内地」観光の性質が大きく変わることについては、第一節で述べたとおりである。第八回以降の「内地」観光では、都市部の視察だけでなく、農村の見学、とりわけ一九三〇年代の農山漁村経済更生運動の中で「模範村」とされるような、「先進的な」農村の視察が「内地」観光の主要目的となった。いわばタイモミッセルが一八九七年の段階で望んだ「内地」観光の姿が、一九二〇年代後半から三〇年代にかけてようやく実現したともいえるが、この農村視察の組み込みは、台湾原住民と「内地」の人々の関わり方にも大きな変化をもたらしていったという見通しをもっている。その経験の具体像については、稿を改めて論じたい。

注

＊1　大江志乃夫「植民地戦争と総督府の成立」（大江志乃夫他編『岩波講座　近代日本と植民地2　帝国統治の構造』岩波書店、一九九二年）。

＊2　エドワード・W・サイード〔大橋洋一訳〕『文化と帝国主義1』（みすず書房、一九九八年）。

＊3　なお鄭は、著書刊行に先だって鄭政誠「日治時期における台湾総督府が内地観光を入れて理蕃政策（1897～1930）」（『南島史学』

第六五・六六合併号、二〇〇五年）などの関連論文を公刊しているが、その研究の特徴は著書と同様だといえる。

＊4　撫墾署による台湾原住民政策を論じた上野史朗は、その論文の中で一八九七年の「内地」観光についても触れており、「内地」観光について台湾総督府公文類纂を活用して言及した先駆的な研究だといえよう（上野史朗「植民地統治初期における撫墾署と台湾原住民との関わりについて—台湾総督府文書の分析を中心にして—」『マイノリティの孤立性と孤高性』、中京大学社会科学研究所、二〇〇二年）。

　また、傅琪貽（藤井志津枝）は近年の論文「誘導「嚮往文明」之旅：一八九七年台灣「蕃人内地觀光」」（『文化越界』第三期、国立政治大学外国語文学院、二〇一〇年）において、藤根吉春『蕃人内地観光日誌』（手抄本、一八九七年）を活用して、一八九七年の「内地」観光について、文明の経験という観点から詳細に論じている。傅の研究には学ぶところも多いが、使用資料が限定されていることもあり、類型的な分析に留まっている点が惜しまれる。

＊5　齋田悟「蕃人観光の沿革と其の実績」（『理蕃の友』第三年一〇月号、一九三四年）。

＊6　齋田生「高砂族先覚者内地観光記」（『台湾警察時報』第二二九号、一九三四年、国立台湾図書館所蔵）、一二六頁。なお同記事は、三回にわたって掲載されている。また、引用資料の旧字体は新字体に改め、適宜、句読点およびルビを施した。以下、同様。

＊7　同右、第二三一号（一九三五年二月）。

＊8　「生蕃人内地へ旅行ノ件ニ付鳳山県知事外三県知事及二庁長へ電報ノ件」（『台湾総督府公文類纂』第五四冊第六三文書）。

＊9　参加した原住民の氏名、年齢、出身「蕃社」、「蕃社」内の社会的位置については、台湾総督府公文類纂の中の資料では、次のように記されている。

　蕃薯寮撫墾署マカ社、「土目」マロ（二二才）、林圯埔撫墾署チボロウ社「土目」ウオン（四六才）、同「副土目」モール（三六才）、埔里社撫墾署蚊々社「土目」ウラン（二五才）、同「副土目長子」ハッエス（二四才）、同「副土目次子」ウラン（二二才）、筒大蕃社「土目長子」パラワン（二四才）、ロアン社「土目」カインエル（四〇才）、大嵙崁撫墾署ギヘン社「前山総土目」タイモミッセル（四六才）、ヘボン社「土目長子」バットノーミン（二八才）（「内地観光蕃人状況藤根吉春技師復命」『台湾総督府公文類纂』第一八〇冊第六件）。

＊10　前掲「内地観光蕃人状況藤根技師復命」。

＊11　同右。

＊12　同右および「出京の台湾蕃酋」（『福岡日日新聞』一八九七年八月二一日）。

＊13　「生蕃人来る」（『神戸又新日報』一八九七年八月一〇日）。
＊14　「生蕃人招待会」（『国民新聞』一八九七年八月一九日）。
＊15　「生蕃酋長招待会」（『読売新聞』一八九七年八月一九日）。なお、この席で台湾原住民を代表してタイモミッセルが演説を行い、それを同行の緒方正基通事が訳して出席者の前で披露したという。その要旨は次のとおりである。

先年日本ト台湾ト戦争アリタルトキ台湾人ハ語テ曰、彼日本人ハ西洋人ナリ猫眼ナリト、吾之ヲ信シテ早ク見タシト思フウチ日本兵ハ清兵ヲ何ノ苦モナク打敗リ後撫墾署ヲ大嵙崁ニ設立セラレ自分等蕃人一同ノ為ヲ計ルモノナリトノコトヲ聞ケリ、宮ノ原大人ハ自分等ヲ撫墾署ニ呼ヒ出シソレソレ恵与品ヲ賜ハリ懇ニ訓論モセラレ感服極マリナシ、日本人ノ顔貌ハ吾等ト異ナルコトナシ……

此度総督府ノ頭家日本見物ノコトヲ勧メラル、由ニテ自分ニモ行クヘキ勧誘アル、吾喜ヒ郷ヲ辞シテ遠路無事東京トカ申ス皇帝住ミ給フ地ニ着シ諸々方々見ルモノ聞クモノ一トシテ奇異ナラサルナク吾等一同ノ喜例フルニモノナシ、然ルニ今日ハ当地ノ頭家諸氏招カル、トノコトヲ聞キ大嵙崁ノ日本人モ親切ナルガ当地ノ日本人モ親切ナルコト言語ヲ以テ御礼申尽サレヌ……日本人ハ吾土地ニ来リ諸般ノ事業ニ付教授アリタリ、互ニ交通ノ便ヲ計リタキモノナリ、乞フ吾等ノ如キモノモ見棄ヲルコトナク以後益々御親交ヲ願ヒタシ（前掲「内地観光蕃人状況藤根技師復命」）。

つまり、日清戦争について、「日本人」は「西洋人」であり「猫眼」の者との戦争であると「台湾人」は説明していたが、実際には「日本人ノ顔貌ハ吾等ト異ナルコトナシ」、すなわち同じ人種であり、「台湾人」の云うことは虚偽であったと彼はいう。そのうえで今回の観光での驚きや、招待会への謝意を述べた上で、「以後益々御親交ヲ願ヒタシ」とさらなる親交を願うというものであった。同じ人種であり対等な存在という認識のもとで、今後の活発な交流を望むタイモミッセルと、岸田の意識は大きくズレていたといえよう。
＊16　前掲「内地観光蕃人状況藤根技師復命」および『国民新聞』一八九七年八月一九日。
＊17　「生蕃病者の喜び」（『福岡日日新聞』一八九七年八月二一日）。
＊18　前掲「内地観光蕃人状況藤根技師復命」および「台湾生蕃一行の来阪」（『大阪毎日新聞』一八九七年八月二四日）。
＊19　「台湾生蕃人一行の出発」（『大阪毎日新聞』一八九七年八月二五日）。
＊20　前掲「内地観光蕃人状況藤根技師復命」。
＊21　同右。

＊22　同右。
＊23　同右。
＊24　同右。
＊25　同右。
＊26　同右。
＊27　伊能嘉矩『台湾文化志　下巻』（刀江書院、一九二八年）および傳琪貽（藤井志津枝）『原住民重大歴史事件：大嵙崁事件（1885-1910）』（行政院原住民族委員会〈台北〉、二〇〇三年）。
＊28　「蕃地ニ集合シタル匪徒掃攘ニ関スル件大嵙崁撫墾署長報告」（『台湾総督府公文類纂』第一八〇冊第一件）。および『台湾総督府警察沿革誌　第二巻』（台湾総督府警務局、一九二八年）。
＊29　「日本渡航の理由」（『台湾新報』一八九七年八月四日）。なお、この記事は「内地」への出発直前に台北に集まった台湾原住民に対して、『台湾新報』の記者が通訳を介して聞き取ったインタビュー記事だとされている。また、この記事は「内地旅行の理由」として『読売新聞』一八九七年八月一七日に転載されている。
＊30　「内地観光蕃人帰社後ノ景況報告方照会、蕃人帰山後ノ状況台北県報告」（『台湾総督府公文類纂』第一八〇冊第四件）。
＊31　松田吉郎はその著書『台湾原住民と日本語教育―日本統治時代台湾原住民教育史研究―』（晃洋書房、二〇〇四年）の中で、一八九七年の「内地」観光に林圮埔撫墾署管内から参加した二名の台湾原住民の経験について言及している。そこで紹介されている台湾原住民の「内地」観光の感想として林圮埔撫墾署から報告された内容と、大嵙崁撫墾署からの報告内容では大きく異なる点がある。このような違いがなぜ生じたかについては、台湾原住民自身の受け止め方の違いや、各撫墾署と台湾原住民の関係性の相違など様々な要素を考える必要があるだろうが、ここでは十分、検討することができなかった。今後の課題としたい。
＊32　『理蕃誌稿　第一巻』（台湾総督府警察本署、一九一八年）および「大嵙崁地方隘勇増設其他台北県へ委任ニ関スル件」（『台湾総督府公文類纂』第五三七冊第一七件）。
＊33　「大嵙崁方面生蕃小松脳寮事務所ニ襲撃其他兇暴事件及膺懲ノ為行軍状況並膺懲後ノ蕃情詳報」（『台湾総督府公文類纂』第五三二冊第一四件）。なお、第五章で詳述するように、撫墾署は一八九八年六月に廃止され、「蕃地蕃人」に関する業務は、各県各庁のもとにおかれた弁務署の第三課が引き継いでいた。
＊34　同右。

第三章

植民地主義と歴史の表象
――伊能嘉矩の調査実践と「台湾史」記述をめぐって――

はじめに

第二章で述べてきたような、「綏撫」主義を基調とする台湾原住民政策が行われていた領台初期は、他方で台湾支配のための基礎的なデータ収集を目指して、様々な調査活動が行われていた時期でもあった。台湾原住民に関しても、その例外ではない。本章では、当該期の台湾原住民調査に大きな影響を与えた一人の人物、伊能嘉矩に焦点をあてて論じていく。

伊能嘉矩（一八六七～一九二五）は、台湾領有直後の一八九五年一一月、植民地官僚として台湾に渡った。彼はそれまでに培った人類学の素養に基づき、台湾原住民の調査に従事し、創成期の日本の人類学界に大きな足跡を残すことになる。しかし伊能の関心は、人類学的調査のみに向けられたわけではない。彼が台湾に向けたまなざしは、他方では、時間の流れの中で台湾を表象することであった。伊能は台湾に関する多数の歴史研究を発表している。

本章では、伊能嘉矩が台湾原住民調査を最も精力的に展開していた一九〇〇年前後に主に焦点をあて、彼の「台湾史」記述が、同時並行的に行われた人類学的調査とどのような関連を取り結ぶのかを明らかにしていきたい。その上で、それまで清朝の一地方史として描かれがちであった台湾の歴史を、「台湾史」として構成し記述するという営みがもった意味、特にその営みを日本の植民地官僚が行ったことの思想的意味を考察していく。行論から明らかになるように、伊能の知的営みを考察することは、植民地台湾をめぐる学知の、同時代における一つの典型的なあり方を考察することでもあると考えている。

ここで、伊能嘉矩に関する研究状況について若干言及しておきたい。これまで伊能嘉矩に関しては、主に三つの方面から研究が進められてきたといえる。一つは日本の人類学の学説史的な観点からする伊能の調査活動の研究、[*1]二つ目は伊能の伝記的整備、[*2]三つ目は台湾における、台湾研究の始祖としての伊能の再評価という動向である。[*3]特に三つ目の動向は、台湾史の興隆という流れとともに、近年、顕著に見られるものであり、伊能嘉矩の著作集・日記およびその中文訳が、台湾において次々と刊行されている状況に象徴されている。[*4]このように伊能嘉矩が行った台湾に関する調査・研究活動は、ある種、現在においても、人類学および台湾史の先行研究として呼び出され続けているといえる。本章では、同時代はもちろんのこと現在においても、広範な影響力を持ち続ける伊能嘉矩の台湾研究、特に「台湾史」にかかわる伊能の著作を主な素材として考察をするが、その際、以下のような方法で分析を進めていきたい。

近年の研究動向の中で、「歴史の歴史化」もしくは「歴史学の歴史化」という問題が、思想史の課題として取り上げられ、特に日本という国民国家の形成とそのナショナル・ヒストリーとしての「日本史」「国史」の成立との関連を問うという観点から、優れた研究成果がもたらされている。[*5]本論は方法的にもこのような研究成果に大きな示唆を受けて構成されたものだが、そこに植民地における歴史記述の問題、つまり歴史記述と植民地主義との関連を問うという観点を持ち込むことによって、先に述べた研究動向に新たな地平を開こうと試みた試論でもある。

本論の立場を、「歴史の歴史化」という問題設定の有効性を提示した先駆的人物である酒井直樹の発言をかりて、より明確にしておきたい。酒井は歴史学における天皇制研究を題材として取り上げ、以下のように述べている。

「歴史を歴史化する」というと奇妙に聞こえるかもしれないが、それは天皇制が過去にどのような形態をとっていたかという陳述的な constative 問いとともに、歴史という語りは常に一種の言行為であり、歴史は何かを遂行し成し遂げる以上、「歴史は何をするのか」という言遂行的な performative 問いを忘れるわけにはゆかないからである。つまり歴史は過去に関する陳述の資格で語られた（もしくは騙られた）現在における実践であり、歴史化するというのは、この言遂行の側面を分析し開示することである……。[*6]

つまり伊能の「台湾史」記述をその陳述的な側面に着目し、客観的に対象化できる「出来事」の記述として取り扱うとすれば、そこから発せられる問いは、その記述の歴史的「真実性」の水準であり、実証の「確かさ」であろう。しかし本論では、伊能の台湾史記述が、現在の台湾史研究の水準に照らし合わせて妥当かどうかという点を問うわけではない。「正しい」かどうかを問うのではなく、客観的に対象化できる「出来事」の記述というスタイルを取りながらも、伊能がその歴史記述によって何を成し遂げようとしたのか、もしくは何を成し遂げたのかを問うていきたいと思う。つまり伊能の歴史記述の、言遂行的な側面に焦点をあてて論じていきたい。

そこには日本の帝国主義的な膨張を背景に、日本を「文明」として立ち上げていく段階、つまり学知の帝国主義的な展開の過程において、東アジアに君臨してきたもう一つの「文明」すなわち「中華文明」に、日本の知識人がどのように対峙したのかを考える一つの手がかりが伏在していると考えるからである。

第一節　世紀転換期の台湾

(1)　世紀転換期の台湾

第三代台湾総督府民政長官[*7]として、台湾統治の実質的な責任者の位置にあった後藤新平は、一九〇一年に次のような言葉を述べている。

……此旧慣制度調査の事が十分進まなければ、総ての永久統治の法律制度の確立は難かしいと云ふことの一端は、台湾に於ては数千年来の活歴史を同時に即ち現在に一島地内に蒐集して居るので、之を統治するの複雑なる事は思ひの外である、一方には野蛮未開の国土の人民と、一方には文明人の雑居に至り、而して島内狭しと雖も言語の種類甚だ多く彼是相通ぜざるものもあり。[*8]

「台湾経営上旧慣制度の調査を必要とする意見」と題されたこの文章は、題が示す通り台湾における体系的な旧慣調査活動の実施と、それに基づく独自の立法を行うことの有効性を訴える文章であり、その意味で、台湾を「同種同文」としてとらえ、それを根拠に台湾の同化を訴える勢力（いわゆる「内地延長主義」派）への対抗言説として存在したという点は十分、注意を払うべきであろう。[*9] しかし序章でも述べたように、この言葉の中から、当時の台湾統治の政策決定者層が、台湾統治の困難さの所在をどこに設定していたのかを、端的に読みとることができる。台湾統治の困難さ、それは「数千年の活歴史」、すなわち複数の歴史的段階の同時統治にあるとされたのだ。

複数の歴史的段階とは何か。それは一方では「野蛮未開の国土の人民」としての台湾原住民の存在であり、他方では「相当発達したる所の人民[*10]」としての漢民族系住民の存在、つまり無視しきってしまうことのできないある種の「文明」＝「中華文明」を身につけた住民の存在が念頭におかれていた。繰り返しになるが、この大別して二つの異なる段階にある「人民」が「一島地内」に同時に存在することを、後藤は台湾統治にかかわる大きな困難性として見出すのである。

台湾原住民と漢民族系住民をどのような関係性のなかで統治するのか。この問題は、五〇年におよぶ日本の台湾支配の歴史のなかで、一貫して大きな懸案事項だったといってよい。特に台湾住民の武力による抵抗が継続する中で、台湾支配の基盤の確立が急がれた領台前期[*11]において、両者の「分割統治」は、植民地政府にとって自己の植民地支配の「安定性」そのものにかかわる方針でもあった。

本章が主な対象とする後藤―児玉体制期（後藤新平民政長官、児玉源太郎総督による統治期　一八九八年〜一九〇六年）は、周知のように「台湾支配の基礎」がかためられたと評される時期である。しかし繰り返しになるが一九〇〇年前後の時期は、漢民族系住民の武力によるゲリラ的な抵抗がまだ継続していた時期であり、[*12]台湾総督府は「山地」と「平地」の両方を「敵」にまわした「両面戦争」を回避するために、主に「山地」に居住する台湾原住民に対しては、基本的には現状維持を前提とした「撫育」の方針を取らざるを得なかった。台湾原住民に対する本格的な「討伐」・服従化政策は、第六章で詳しく述べるように、漢民族系住民の抵抗が一応「鎮圧」され、「平地」に対する支配基盤がまがりなりにも築き上げられた後の時期、つまり佐久間左馬太総督期（一九〇六〜一九一五）に、特に「五箇年計画理蕃事業」として展開されることになるのである。[*13]

しかし後藤―児玉体制期において、植民地政府が台湾原住民の存在を無視して済んだ訳では決してない。特に後藤―児玉体制期の非常に大きな課題の一つであった、台湾の財政的独立という問題との関連でも、台湾原住民と彼らが居住する「山地」支配の確立は、避けて通ることのできない重要課題として認識されていた。当時の台湾の主要輸出品の一つとして樟脳が注目され、その原料・樟木の生育地である「山地」（特に北中部山岳地帯）の経営は、台湾統治の財政的基盤の確立という観点からも台湾統治の根幹にかかわるものとして意識されていたのである。[*14]

このような状況のなかで、台湾原住民調査に深くかかわり、また台湾原住民の表象を精力的に行った植民地官僚が、本章で取り上げる伊能嘉矩である。直接的な政策立案のポジションからではないにせよ（もしくはそのようなポジションではなかったからこそ）、台湾原住民にかかわる基礎的なデータと台湾原住民をとらえる知的枠組を「学問」というスタイルで提供した知識人・伊能嘉矩の営みを、次項以降論じていきたい。

(2) 伊能嘉矩の台湾原住民調査[*15]

東京帝国大学理科大学人類学教室の聴講生として、坪井正五郎のもとで人類学の素養を身につけた伊能嘉矩は、台湾原住民研究への従事という明確な目的を抱いて、一八九五年一一月に台湾へ渡ることとなる。[*16]彼が掲げた学問的目的とは、具体的にはそれまで台湾原住民に与えられてきた「生蕃」「熟蕃」という分類を、清朝政府への帰属の有無という観点からのみ行われた政治的な分類にすぎないとして退け、それにかわって人類学的な枠組に基づいた「科学的」な「種族」分類を行うということであった。

伊能のこの目的は、台湾原住民の現状を知り、教化の可能性を探るといった台湾総督府の意向と一面では合致していた。彼は一九〇六年までの約一〇年間におよぶ台湾滞在中に、精力的なフィールドワークを頻繁に行っているが、その中でも一八九七年に台湾総督府民政部学務課から命を受けての調査は、その日程が一九二日間におよぶというまさに台湾全島にわたるフィールドワークであった。そしてそれらの調査結果は、人類学の学会誌である『東京人類学会雑誌』への断続的な投稿という形で、日本「内地」の人類学界に還元されるとともに、台湾総督府民政部文書課より出された『台湾蕃人事情』(一九〇〇年刊行)の執筆という形で、植民地政府への支配のためのデータとしてまとめられている。ここで伊能は、フィールドワークで得た調査データをもとに、台湾原住民を八つの「種族」に分類し、その分類された「種族」ごとに、その地理的分布、戸数および人口統計、身体的特徴、土俗、慣習、生業といった多岐にわたる項目にそって、詳細な記述を行っている。

伊能は、この調査活動とそれに基づくデータの提供によって、台湾原住民に関するエキスパートとしての地位を獲得した。このことは『台湾蕃人事情』に与えられた次のような評価からもうかがうことができる。

此書[台湾旧慣調査一斑:引用者]ハ当時ニ於テ総督府民政部殖産課ノ編纂ニ係ル台北県下農家経済始末書及ヒ同文書課ノ編纂ニ係ル台湾蕃人事情等ノ書ト共ニ、本島ノ事情ヲ知ルニハ最好ノ資料タリシモノトス。[*17]

つまり台湾総督府内部において、『台湾蕃人事情』は、台湾の事情を知るための最高の資料の一つとして位置付けられているわけだが、このことは伊能の台湾原住民研究が「誰」に需要があったのかを知る上でも重要であろう。同時期に人類学的な観点から、蘭嶼島を中心に台湾原住民に関する調査活動を行った鳥居龍蔵の調査結果が、日本のアカデミズム内部で主に流通した[*18]のと比較すれば、対照的な位置を占めている。

事実、後藤—児玉体制下で精力的に展開された旧慣調査活動において、伊能嘉矩は、台湾原住民調査にかかわる部署には、必ずといってよいほど抜擢されている。旧慣調査活動を担った二大機関、臨時旧慣調査会[*19]、台湾慣習研究会[*20]の幹事を務めた後、一九〇三年には、当時の「山地」政策の最高決定機関であった蕃地事務委員会の実働組織であり、実際の調査を担当した部署・臨時蕃地事務調査掛の嘱託にも就任している。

また台湾原住民に関するエキスパートとしての伊能の呼び出しは、伊能が日本「内地」に帰郷した後も続き、一九〇六年には台湾総督府理蕃沿革志編纂事務嘱託に就任し、現在でも日本統治期の台湾原住民史研究の基礎的な資料とされる『理蕃誌稿』第一編、第二編の編纂に従事するなど、台湾原住民にかかわる領台前期の調査・研究の主要な場面に、伊能は登場しつづけたのである。

つまり伊能の台湾原住民調査は、学問的観点から言えば、まず言及せざるを得ない先行研究として、台湾原住民に関する議論の土台を提供した。事実、台湾原住民に関するその後の研究は、伊能が提起した八つの「種族」分類の妥当性をめぐって展開されていくことになる。また植民地統治の観点から言えば、フィールドワークによる具体性と、人類学という学知による「科学性」が担保された、台湾原住民に関する基礎的データを提供したのである。

このような調査活動の実施およびそれに基づく台湾原住民の人類学的な記述という営みとまさに同時並行的に、伊能は台湾を別のスタイルで、つまり「歴史」というスタイルで記述し、表象していくことになる。それは『台湾蕃人事情』の二年後に刊行された『台湾志』(一九〇二年刊行)、およびその続編として一九〇四年に刊行された『台湾蕃政志』に結実しているといってよい。[*21]次節では、この二つの著書を中心に、同時代に書かれた論文にも注意をはらいながら、伊能嘉矩の「台湾史」記述について論じていこう。

第二節　伊能嘉矩の「台湾史」記述

伊能は『台湾志』の冒頭で、執筆の目的を以下のように述べている。

惟ふに人類の研究を為さんと欲する、須臾も地を離るべからず。故に所謂る住民を実査し、これが将来の事宜を画せんとするに方り、単に目を一方の限域のみに注ぐに留め、人類を孤立せしめて、研究するに止むべからず。即ち台地一帯の方域が、世界趨勢の上に於て、果して如何なる影響を及ぼすべきかをも考覈せざるべからざるが故に、常に専ら全台の地理・歴史より、故制・旧慣の事情を探討し、以て其の研究の資料に供せり。[*22]

ここには、フィールドワークによる地に足のついた調査・研究を行ってきたという自負とともに、実査という手法に対して伊能が感じたある種の限界が表明されている。その限界とは、実査という手法は、個々の地域、それぞれの住民の現状把握には力を発揮するが、それらの関係性を十分、論じることができないというものであった。台湾原住民研究に際して、伊能に彼らを「孤立」させて研究すべきではないと言わせ、関係性の記述に向かわせたものは、台湾の住民の大部分を占める漢民族系住民の存在であり、それとの影響関係を念頭におかざるを得ない原住民＝「熟蕃」[*23]の存在であった。そこで伊能は、台湾原住民と漢民族系住民との関係性を記述するスタイルとして、「歴史」を選び取るのである。では、伊能はいかなる歴史記述を行おうとしたのであろうか。

啻に地理上の材料に於て然るのみならず、他の歴史等の諸科に於ても、皆然らざるはなし。故に其の関係の図書の数を以て言へば、比較的多きに居るも、内容の性質上、科学的の価値に乏しきを免かれず。殊に支那人の手に

> 成れる図書の如き、専ら意を文辞の修飾に注ぎて、事実の真相を滅却し、甚しきは、自国の尊大を後世に衒はんとして、筆を枉げ、虚を構へて、事実を抹殺せしものあり。[*24]

伊能はまず、主に清朝時代に編纂された歴史書を、修辞にのみ注意が向けられ、かつ事大主義に陥ったものとして、その「科学的価値」に疑問を呈する。そしてそれへのアンチテーゼとして、「事実に実歴を本とし、記述に直写を旨とせる」[*25]歴史記述を提起する。つまり「客観的」に対象化できる「出来事」として歴史事象を扱い、その「事実性」を審査し、「事実の真相」を「客観的」に記述することに、歴史記述の「科学性」を見出すのである。

しかしながら伊能の主観はどうであれ、伊能の歴史記述は決して無色透明な事実の羅列ではない。彼の歴史記述は、当時、生物学的な根拠にもとづくまさに「科学的」価値として称揚されていた一つの価値観に基づいて構成されている。社会進化論を背景とした生存競争史観とでもいうべき歴史観が、伊能の歴史記述には貫かれているのである。

> 独り支那人に至りては、流移開墾、日に増し、月に衆く、甚しきは、不逞の徒、往々見て逋逃の藪となしゝより、土蕃地域の侵佔となり、此に両者の間に、激烈なる生存の競争を始めたり。此の競争は、端を明の末代に起し、清の康熙を経て、乾隆・嘉慶の間に最盛を極め、咸豊の頃まで継続し、殆ど二百年に及べり。而して此の間に於ける競争は、支那人常に勝者の地に立ち、土蕃常に敗者の地に立てり。[*26]

伊能はまず「台湾史」を、一七世紀初頭のオランダによる台湾支配から描き出す。つまり台湾の歴史を「異族」による支配の歴史、そして「移殖異族」と台湾原住民との間の生存競争の歴史として把握し、記述を進めるのである。

伊能は『台湾志』の中で、「台湾沿革概論」[*27]と題した一章をもうけ、次のような時期区分を行っている。

第一期：「台湾をして、竟に世界に於ける局面の地位に立たしめし発芽」[*28]期もしくは「台湾のはじめて知られし時期」[*29]。

第二期：オランダによる統治期。
第三期：鄭成功による統治期。
第四期：清朝による統治期。
第五期：日本による統治期。

オランダ統治期以前は、混沌としていわば「歴史」化することができる以前の状態、つまり「前史」として扱われ、台湾の「歴史」は、台湾の「発見」から語られるのである。そしてその後の時間の分割線は、統治者である「異族」の変更によってきざまれていくことになる。

そして「移植異族」と原住民の生存競争が本格化した時代を、第三期つまり「明の遺臣」である鄭成功による台湾支配以降として捉える。すなわち伊能の言葉をかりて言えば「移殖支那人」[*30]と台湾原住民との間の生存競争の歴史こそが、台湾原住民の現状を規定しているものとして描かれていくのである。その歴史とは、伊能にとっては、台湾原住民が「常に敗者の地」に立たされた歴史であった。

では勝敗を決した要因として、伊能は何を見ているのであろうか。

蓋し此の土地的競争の失敗は今日現に熟蕃と称せらるゝ一群の土蕃をして其の支那化の度――換言すれば開化の度――の比較的高きを致せるに拘はらず、殆ど之れと逆比例して生歯減滅の状態に陥るを免かれざらしめつゝある所以の動機たり。[*31]

伊能はそこに、「開化の度」を見出す。すなわち「移殖支那人」対台湾原住民という競争のステージにおいては、勝つべき「優秀さ」、文明的価値として「中華文明」の力を設定しているのである。そしてこの図式で、台湾原住民同士の関係性の歴史も描こうとする。つまり生存競争とは、具体的には土地の争いに起因したとし、「移殖支那人」との競争に敗れ、土地を追われた「平地」居住の原住民すなわち「熟蕃」は、新天地として山岳地帯の盆地に移住する。そしてそこでもともと生活していた原住民（「生蕃」）との間で生存競争を惹起するが、「支那化」の度合い故に「熟蕃」が勝利したとし、その後、敗れた「生蕃」はより山奥に居住を移したとするのである。

この、より山奥に生活する人々こそが、より生存競争に敗れた存在であるとする視点は、伊能がフィールドワークの過程において得たものでもあった。彼の台湾全島調査旅行のフィールドノートには、一八九七年八月一六日付けで次のような記述がある。

嗚呼、嘗て台湾に於ける先住者として沃肥なる埔里社平原に居を占め山嶽四囲の要害は外来の刺衝を遠ざけ実に不朽の楽園として茲に子孫繁殖せしにも拘らず、他の移殖蕃族の為めに其の居処を佔略せられ終に之れと拮抗すること能はずして、或は深く内山に匿れて出でず或は東西に離散して他社に寄泊の身となり捜索数四して少かに遺裔を他の蕃族の間に見出だすに過ぎざるもの以て人類優勝劣敗の歴史を実証し、又た彼のタスマニヤ人族の滅亡史を再びマレー人種の間に見んとする乎の概あらしむるなり。[*32]

道無き道を踏みしめて原住民の集落に向かうというその経験から、そこは生存に適さない土地だという結論を伊能は導く。そして、そのような土地をあえて居住地として選択せざるを得なかった要因として、生存競争の勝敗をあげるのである。

しかし「支那人」との接触の度合いは、諸刃の剣であったと伊能はする。接触の機会が最も多かった「熟蕃」は、一方で「支那化の度――換言すれば開化の度――」、つまりある種の文明的価値を身につける可能性が高かった反面、漢民族系住民との激烈な生存競争に直面し、現在、絶滅の危機に瀕しているとするのだ。そして絶滅の危機という状況の論拠もまた、文献の記録とフィールドワークの結果の差異から導かれたものであった。

斯くの如くにして、土蕃は、終に支那人と拮抗するの力を失ひ、縦に其故土を侵され、其の富源を占められ、今は支那人の移植部落と接して、僅かに余喘を旧土の一隅に保ち、或は遠く故土を離れて、他の山岳峡谷の間に、新たに住区を開くに至れり。今日支那化せる土蕃、即ち熟蕃と称する一群は、其の余裔にして、一面には、少くも支那文明の受動者たるも、他の半面には、まさしく生存競争の失敗者たり。これが結果は、生歯日に衰へ、戸口月に減じて、嘗て埔里社の丘地に占居し、強勇を以て称せられたる眉社といへる熟蕃の如き、道光二十七年、時の支那の官吏の巡察せる記録によれば、人口百二十四と称せしも、今は全く部落を絶滅し、各所に離散漂泊するもの、合せて十一人（明治二十九年実査）に過ぎず。……以て人類の生存競争の勢力が、如何に優勝劣敗の動機を為すかを知るべきなり。*33

では「優勝劣敗」の法則に従って、より「優れた」文明的価値を身につけたものとの接触においては、より「劣った」存在は絶滅するのもやむを得ないと伊能は考えていたのであろうか。

此の如きもの自然の結果にあらざるなり、鬱蒼たる巨樹の下、常に軟草の生育を防ぐ、乃ち優勝なる地位に立つの文明人か其の劣敗の地位に在るの未開人と接するに際り、之を啓発□□［二文字分判読不能］といふよりは、之れを威圧し、之れを涵育するといふよりは、之を枯槁せしむるの結果、所謂る共存の力に耐へずして如上の滅亡を来たすに外ならざるべし。*34

このような状況になった原因を、伊能は「優勝なる地位に立つの文明人」の側に見出している。つまり台湾原住民に対して積極的な「啓発」、「涵育」を行って来なかった「支那人」のあり方、もしくはその「文明」のあり方を批判し、そしてその批判を前提として、目指すべき「日本人」のあり方、日本的「文明」のあり方を対置させるのである。

今や聖明の威徳八紘に震ひ、仁恩四表に被ふの秋に際し、嘗て清国旧政府の下に於て殆ど荒服の外に置かれし蕃黎も、将に来りて光天化日の澤に沐するに至らんとす。此の時に方り吾人母国の先進を以て任ずるもの、其の新附の土蕃をして剪髪鑿歯の俗を去りて、食黮懷音の化に向はしむるもの、豈に夫れ吾人の当然なる責務、寧ろ天職にあらずとせんや。*35

このような「支那人」のあり方、もしくはその「文明」のあり方に対する批判は、伊能の中では、国際情勢の変化という歴史の中で、清朝の台湾統治のあり方が国際的に通用しなくなったという認識に支えられていた。そして伊能は『台湾志』の中で、一九世紀中盤以降台湾をめぐって、清朝政府と西欧列強諸国との間で起こった紛争を詳細に記述している。その主なものは、海難事故で台湾沿岸に漂着した外国人を、台湾原住民が殺害した出来事であった。清朝政府は支配の十分及ばない「化外の地」で起こった出来事として責任を回避しようとする、列強諸国は責任追求と再発防止を求める、このような出来事が頻発していた時代として、伊能は日本の台湾領有直前の約五〇年の歴史を描くのだ。つまり生存競争を放置し、敗れた原住民が追われた「山地」を「化外の地」としてきた清朝の統治政策は、この数十年来、「台湾蕃地領域問題」という形で国際問題化してきたのであり、この統治政策の破綻を決定的に印象付けたのが、日本による一八七四年のいわゆる「台湾出兵」であったとするのである。

同治十三年（明治七年）に於ける我が琉球藩民の被害に対する膺懲の挙は、実に台湾蕃地領域問題に最後の決解を与ふるの一大動機と為れり。[*36]

そしてこのように時勢にかなわず、国際的にも通用しない「文明」のあり方、支配のあり方に対して、伊能が積極的に称揚したのが、先にみたような日本的「文明」のあり方である。その「文明」とは、台湾の全土にくまなく目を配り、「未開人」に対して、積極的に「教化」を行い、彼らを「文明」の域に引き揚げることを使命とした、いわば断続的に介入を行う「文明」である。つまり台湾全土に支配の網をはりめぐらし、台湾全土を常に監視下におき、そのもとで徹底的に「文明化」を押し進める「文明」のあり方を、「化外の地」を生み出してきたいわば超然とした「文明」すなわち「中華文明」のあり方に対比させたのだ。そしてそこには、「狡猾なる支那人」から危機に瀕した台湾原住民を「保護」するといった、ある種のヒューマニステックな観点が、少なくとも伊能の主観の中には存在していた。[*37]

この伊能の「文明」観が、当時の西欧諸国での帝国意識の特徴として顕著に見られる「白人の責務」、「文明化の使命」[38]といったものと通底していることは、指摘するまでもないだろう。その意味で伊能は、まさに植民地主義の「文明」観でもって「中華文明」を批判し、原住民に対する「文明化」を「吾人の当然なる責務、寧ろ天職」とする新たな支配の視点で、台湾の歴史を書ききったのである。

第三節　伊能嘉矩の文明論的言説の歴史的位相

最後に、伊能の「中華文明」との距離の取り方に言及しておきたい。[39]伊能は「中華文明」の「内容」そのものを具体的に批判しているわけではない。伊能は「中華文明」の研究者というよりは、逆にそれが及んでいないとされた台湾原住民の研究者であった。そしてそのポジションから、台湾原住民を「化外の民」として放置してきた「中華文明」のいわば「運用」のあり方を問題化し、それを「文明」そのもののあり方の問題として批判したのである。だからこそ伊能は、台湾原住民の「教化」において、とりあえず目指すべき目標として「支那化」を掲げるのだ。伊能が台湾原住民の「開化の度」を測定する際、もちだす基準として「支那化の度」があった点は先にみてきたが、実はそれにとどまらず、彼は、「開化」の一つの段階として「支那化」を設定している。

この点は、台湾原住民への徹底的な武力弾圧と強制的な服従化政策というべき「五箇年計画理蕃事業」が遂行された後に、台湾原住民教化策として、「文明化」とはすなわち「日本化」であり「支那化」はかえって「開化」の阻害要因とする論説が登場する事態を念頭におけば、伊能の「中華文明」との距離の取り方は、その歴史的文脈において考察すべき問題をはらんでいるといえるだろう。ここで念頭においているのは、一九一四年に台湾総督に意見書として提出された、丸井圭治郎による『蕃童教育意見書』の以下のような記述である。[40]

更ニ一事ノ注意ヲ要スルモノアリ。开ハ蕃人ヲ教育スルニ当リテハ、是非トモ土人教育ト劃然タル区別ヲナスノ必要アルコトナリ。而モ其ノ理由ハ極テ簡単ナリ。夫レ蕃人ハ直接ニ我ガ国風ニ同化セシムルヲ要ス。然ルニ元来本島人ナルモノモ亦タ之ヲ我ガ国風ニ同化セシムベキ点ニ就テハ、蕃人ト其ノ事情ヲ同ウスルモノタルヲ以テ、今若シ蕃人ニ対シテ本島人的教化ヲ施シテ、之ヲ本島人化セシムルコトアラバ、他日更ニ又改メテ之ヲ国風ニ化導セザルベカラズ。殊ニ又タ蕃人ハ其ノ智識ノ暗愚ナルハ勿論、風俗・習慣・言語・歴史ミナ本島人ト全然其趣ヲ異ニセリ。之ヲ実際ニ徴スルモ、本島人教育ノ為ニ設ケラレタル公学校ノ下ニ蕃人ヲ収容スベキニアラズ。[*41]

一九一〇年から約五年間にわたって、主に「北蕃」（樟脳の原料・樟木の一大生育地である北中部山岳地帯に居住する原住民）に対して徹底した「討伐」・服従化政策が、「山地」の国有化を目指す林野調査事業とともに実行されていくことになる。これがいわゆる佐久間左馬太総督下での「五箇年計画理蕃事業」と呼ばれるものである。第六章で詳述するように、「五箇年計画理蕃事業」とは、「北蕃」とされた台湾原住民にいわば「絶対服従」か「死」かの選択を迫るようなものであった。

佐久間総督下での「討伐」は、一般に次のような順序で展開されていった。[*42] まず官庁の命令に対する絶対遵守、隘勇線という防御ライン内への侵入禁止などを内容として帰順勧告が出される。帰順勧告に従わない場合は、一方で塩や銃、弾薬の流入を防ぐという「兵糧責め」を行いながら、他方で鉄条網で囲った隘勇線という包囲網を徐々に「前進」させていく。そして物資の窮乏によって抵抗力の弱った「山地」に、近代的兵器で武装した軍隊や警察隊を投入し、最終的には武力「討伐」により徹底した服従を強制していったのである。

徹底服従の強要とは、端的には、狩猟生活を行う原住民にとってまさしく生活必需品であった銃器を押収することであり、彼らの土地を「無主の地」として国有化することであった。伊能によって「文明化の使命」の名のもとで語られた「化外の地」をなくすということは、一面ではこのような形で、つまり武力「討伐」による原住民の生活基盤の破壊という形で実行されたのである。

先に言及した丸井の政策提案、すなわち原住民の「文明化」とは「日本化」であり、「支那化」はかえって「開化」の阻害要因とする見解は、「五箇年計画理蕃事業」が一応完了し、いわば抵抗の力を徹底的に奪われ、それとともに生活基盤も破壊された台湾原住民に対して、その後にどのような統治を行うのかという文脈で意味をもつものである。単純な歴史状況還元論に対する批判の重要性は踏まえた上で、それでもやはり植民地主義の思想的考察に向けては、テクストを歴史的コンテクストとの緊張関係の中におくことの重要性は看過することができないと考える。文明論的言説をめぐる丸井と伊能の発言の対照性は、「山地」に対する支配が十分およんでいない段階と、「討伐」・服従化政策が一応完了した段階という、それぞれのコンテクストとの関連性の中で考察されるべきものであろう。

だがもちろん伊能においても、「開化」の最終目標として「支那化」が言われているわけではない。すなわちそこには、「其の文明人に益あるの故により、強て未開の蕃人に適用せんとするあらば、即ち哺乳の嬰兒に食はするに、肉類を以てするの類なるのみ、寧ろ害あるも決し利あるを知らさるなり」[*43]とし、台湾原住民の現状に合わせた目標としての「支那化」という、ある種、非常に機会主義的な目標設定があったのであり、目の前の植民地統治に役立つ、いわば一つの道具としての「中華文明」観があったのである。

言葉をかえて言えば、伊能においては「化外の地」が現前と存在する状況で、「化外の地」から「文明」の「光」のもとに、台湾原住民を導き出す一つの「開化」の段階として、「支那化」が設定されているのだ。「化外の地」を生み出してきた「文明」のあり方＝「中華文明」のあり方を批判した上で、伊能が称揚した「文明」のあり方とは、台湾原住民を「文明」の域に引き上げることを使命とした断続的に介入を行う「文明」であると先ほど述べてきたが、「文明」の域への引き上げ方として、漸進的な方法が伊能の中では想定されていたのだとすることもできるだろう。伊能の記述の中には、台湾原住民に対するある種のヒューマニステックな視点＝「文明化の使命」が常に含まれていることは、先に述べたとおりであるからだ。

しかし、次の点を指摘しておかねばならない。後藤―児玉体制期において、台湾原住民政策に関する具体的な政策立案のポジションにあった持地六三郎（一九〇三年三月より臨時蕃地事務調査掛・掛長[*44]）は、伊能の「台湾史」記述が行われたのとほぼ同時期の一九〇二年一二月、台湾総督からの命を受けて、「蕃政問題に関する意見書」をまとめている。「威シテ而ル後撫スル」[*45]という方針を打ち出し、後の「五箇年計画理蕃事業」の基礎となったと評されるこ[*46]の意見書には、持地の歴史観を端的にうかがわせる次のような一節がある。

沃野千里本島今日ノ開発ヲ致シタルモノハ、是レ豈生存競争ノ結果優等ナル支那人種ガ劣等ナル蕃族ヲ駆逐シテ其占領セル蕃地ヲ開拓シタルノ偉績ニアラズヤ。今ニシテ教化方針ヲ主張シ消極政策ヲ絶叫スルハ、猶ホ壮者ヲシテ青春ニ復ラシメントスルガ如シ。[*47]

台湾の歴史を台湾原住民と「支那人」の生存競争の歴史ととらえる歴史観が、ここでも語られるのである。ただ持地においては、その「生存競争ノ結果」は台湾の「開発」を促したものとして高く評価され、その上で「山地」に対する「積極」政策が訴えられるのである。そしてその「積極」政策の内容とは、「威シテ而ル後撫スル」という武力による「討伐」、徹底服従化政策なのだ。

現前に存在する「化外の地」をいかに「文明化」するか。その方策として念頭に置かれているあり方は、伊能と持地では大きな隔たりがあるといえるだろう。繰り返すが、伊能の議論の中には「文明化の使命」を基軸として、「開化」の一つの段階として「支那化」を想定した、「化外の地」の住民＝台湾原住民に対する漸進的な「文明化」の道筋がうかがわれるのに対し、持地の議論の主眼は「化外の地」そのものの「文明化」にあり、しかも後の「五箇年計画理蕃事業」の青写真を提供したと評されるように、台湾原住民は「討伐」とそれに基づく徹底服従化の対象として位置付けられているのである。

しかしながら両者の議論は、その発想の根本で共通の基盤に立つものだといえるだろう。つまり台湾原住民に歴史的な主体性を見出さず、彼らを生存競争に敗れた存在として位置付け、彼らに対する断続的な介入を行うことに価値を見出す点で、その発想の基底において親和性をもつものであったのだ。

おわりに

伊能嘉矩の「台湾史」記述を振り返ってみれば、一九世紀から二〇世紀への世紀転換期に、社会進化論とそれに基づく生存競争という視点が、いかに日本の知識人の発想のあり方を規定していたかを、垣間見ることができるだろう。このことは一人、伊能の問題ではなく、同時代の人文・社会科学全体にかかわる問題、つまり知的な発話のあり方を規定する言説空間の問題としてとらえるべきである。[*48] 言葉を換えていえば、日本「帝国」の内部において、宗主国の知的空間で蓄積されていった社会進化論、生存競争史観が、植民地においていかに発揮されるのかという問題でもある。[*49]

その点を伊能に即して整理すれば、渡台以前に獲得された人類学的な素養に基づきながらも、社会的状況を生存競争という観点から把握するという視点は、台湾原住民に対する具体的な調査活動の過程において、強化されていったものであるといえる。主観的には「実査」において「証明」されたその視点により、伊能は生存競争史観に基づいた「台湾史」を構築したのである。

そして生存競争という問題が、「中華文明」への批判的視点との関連で語られることにこそ、伊能の歴史記述の特徴があるといえるだろう。すでに繰り返し述べてきたように、生存競争を放置し、「化外の民」「化外の地」を生み出してきた「中華文明」のあり方を批判し、断続的に介入を行う「文明」、徹底的に「文明化」を押し進める「文明」

を伊能は称揚する。その意味で植民地主義の「文明」観で「中華文明」と対峙し、「中華文明」を構成する様々な具体的事象を批判するというよりは、むしろその「運用」のあり方を批判したといえる。そしてそこでは、生存競争に「敗れた」存在とされた台湾原住民は、「文明化の使命」を担った新たな支配者によって、「救済」されるべき存在として措定されているのである。

確かに伊能は、台湾原住民の居住する「山地」に対して、植民地政府の支配が未だ十分確立していないという状況の中で、開化の一つの段階として「支那化」を設定するような、いわば漸進的な「文明化」という未来図を描いていたともいえる。しかし繰り返しになるが、台湾原住民に歴史的な主体性を見出さず、彼らに対する断続的な介入—支配の網の目の中で、彼らを「教化」すること—に価値を置く点で、台湾原住民の「討伐」と徹底服従化を基調とした持地六三郎の発想と、伊能の歴史記述の中にある発想は、その基底において親和性をもつものだったのである。

生存競争史観と植民地主義的「文明」観に特徴付けられた「台湾史」、伊能嘉矩が世紀転換期に表象した「台湾史」とは、まさにこのような「歴史」として存在したのであり、そのような歴史記述は同時代の言説空間の中で構成されたものであると同時に[*50]、その後、植民地統治下で展開される様々な「台湾史」記述を、(伊能の「台湾史」に沿うものであれ、それに反対する立場から記述されるものであれ)その枠組において規定するフレームワークとなっていったのではないかという見通しを持っている。この点については、稿を改めて論じていきたい[*51]。

注

*1　例えば、山路勝彦「〈無主の野蛮人〉と人類学」(『関西学院大学　社会学部紀要』六四号、一九九一年)、同「植民地台湾と〈子ども〉のレトリック—〈無主の野蛮人〉と人類学2—」(『社会人類学年報』二〇号、一九九四年)、笠原政治「伊能嘉矩の時代—台湾原住民初期研究史への測鉛—」(『台湾原住民研究』第三号、一九九八年)、小林岳二「伊能嘉矩の台湾原住民研究の人類学的価値」(日本順益台湾原住民研究会編『伊能嘉矩所蔵台湾原住民影像』、南天書局〈台北〉、一九九九年)など。特に山路の論考は、伊能嘉

矩の台湾原住民研究を、植民地政策の展開の中で論じる重要性を喚起している。

＊2　荻野馨編著『伊能嘉矩—年譜・資料・書誌—』（遠野物語研究所、一九九八年）など。

＊3　例えば一九九二年に台湾で刊行された伊能の日記『伊能嘉矩の台湾踏査日記』（森口雄稔編、台湾風物雑誌社〈板橋〉）には、歴史学者・曹永和による次のような序文が記させている。「勿論伊能の台湾史研究の立場は台湾人としてあながち全面的に賛意を表しかねるが、その台湾史研究におけるパイオニアとしての栄誉と重要性は毫も損する所がない。伊能の断簡零墨は正に台湾研究史上の貴重な遺産である」（序、二六頁）。

＊4　例えば一九九六年には、先述の『伊能嘉矩の台湾踏査日記』が中文に訳され『台湾踏査日記（上・下）』（楊南郡訳註、遠流出版〈台北〉）として、また『東京人類学会雑誌』に掲載された伊能の論文の一部が中文に訳され『平埔蕃調査旅行—伊能嘉矩〈台湾通信〉選集—』（楊南郡訳註、遠流出版〈台北〉）として刊行されている。さらに最近のものとしては、伊能嘉矩の大著『台湾文化志　上・中・下』（刀江書院、一九二八年）が、国史館台湾文献館によって編集・翻訳され、『臺灣文化志（修訂版）』（臺灣書房〈台北〉、二〇一一年）として中文訳版が刊行されている。

＊5　例えば、大隅和雄「一国歴史学の成立」（『日本思想史学』二八号、一九九六年）、江戸の思想編集委員会編『江戸の思想8　歴史の表象』（ぺりかん社、一九九八年）、ひろたまさき他監修・酒井直樹編『歴史の描き方1　ナショナル・ヒストリーを学び捨てる』（東京大学出版会、二〇〇六年）など。

＊6　酒井直樹『死産される日本語・日本人—「日本」の歴史‐地政的配置—』（新曜社、一九九六年）、一二七頁〜一二八頁。

＊7　後藤新平は一八九八年三月、台湾総督府民政局長として着任するが、同年六月の台湾総督府官制改革により、民政局長の官職名は民政長官に変更される。ここでは混乱を避けるため後藤の官職名は「民政長官」で統一した。

＊8　後藤新平「台湾経営上旧慣制度の調査を必要とする意見」（『台湾慣習記事』第一巻第五号、一九〇一年）、三四頁。なお以下、引用資料の旧字体は新字体に改め、適宜、句読点を付けた。

＊9　台湾統治をめぐる「特別統治主義」派と「内地延長主義」派の政策論争の位相については、春山明哲「明治憲法体制と台湾統治」（『近代日本社会と植民地4　統合と支配の論理』、岩波書店、一九九三年）を参照。また特に世紀転換期における台湾統治の方針をめぐる議論の幅と関連性については駒込武『植民地帝国日本の文化統合』（岩波書店、一九九六年、特に第一章）、および小熊英二『〈日本人〉の境界—沖縄、アイヌ、台湾、朝鮮、植民地支配から復帰運動まで—』（新曜社、一九九八年、特に第四章、第五章）などを参照。

＊10　後藤、前掲論文「台湾経営上旧慣制度の調査を必要とする意見」、三三頁。

＊11　本論において「領台前期」とは、一八九五年から一九一五年を指す用語として使用している。このような時期区分を行ったのは、台湾植民地戦争は一八九五年で終結したのではなく、大きく三期に分けられるものの、一九一五年まで継続したという大江志乃夫の見解（「植民地戦争と総督府の成立」『近代日本と植民地２　帝国統治の構造』、岩波書店、一九九二年）を重視するからである。

＊12　漢民族系住民の抵抗は、一八九八年の「匪徒刑罰令」の制定、一九〇二年の「土匪招降策」の実施によって、一方で「招降策」による内部分裂の誘導と他方で徹底弾圧が行われ、一九〇三年段階で一応「鎮圧」されている。

＊13　大江、前掲論文「植民地戦争と総督府の成立」。

＊14　藤井志津枝『日治時期台湾総督府理蕃政策』（文映堂〈台北〉、一九九六年）。

＊15　詳しくは拙稿「領台初期の台湾先住民調査─伊能嘉矩を中心に─」（『台湾史研究』十四号、一九九七年）および拙著『帝国の視線─博覧会と異文化表象─』（吉川弘文館、二〇〇三年）を参照。

＊16　当該期の日本の人類学の学知のあり方については、冨山一郎「国民の誕生と「日本人種」」（『思想』第八四五号、一九九四年）、拙稿「世紀転換期における「人種」を語る知─人類学者・坪井正五郎の人種概念をめぐって─」（『日本思想史研究会会報』一六号、一九九八年）および前掲拙著『帝国の視線』を参照。

＊17　『台湾旧慣調査事業報告』（臨時台湾旧慣調査会、一九一七年）、四八頁。

＊18　田畑久夫『民族学者　鳥居龍蔵─アジア調査の軌跡─』（古今書院、一九九七年）、二一～四二頁。

＊19　一九〇一年一〇月に台湾総督府内に設けられた政府機関。会長は歴代の民政長官が務め、法制度調査と経済調査をその中心的な課題とし、一九一九年まで活動を続けた。

＊20　一八九九年一〇月、会費制で運営される民間の研究団体として発足。しかしその会頭には台湾総督、副会頭には民政長官が就任しており、台湾総督府の強力なバックアップを受けた準政府機関とでも称すべき団体。会員の大部分は台湾総督府の中央・地方官僚であり、最盛期には二三〇〇人（『台湾慣習記事』第三巻第二号、一九〇三年、八八頁）を数えた。会誌『台湾慣習記事』を通じて、「最上級から末端の政策担当者に対し、台湾慣習事情を提供する機能」（小島麗逸「日本帝国主義の台湾山地支配─対高山族調査史─その２」『台湾近現代史研究』三号、一九八一年、九頁）を有する団体であったといえる。一九〇七年八月の会の休止にともなう会誌の休刊まで、伊能は『台湾慣習記事』に多数の論文を断続的に寄稿している。

＊21　伊能は『台湾志』『台湾蕃政志』以外にも台湾の歴史に関する多数の著作を残している。その中でも彼の死後、刊行された『台

湾文化志　上・中・下』（刀江書院、一九二八年）は彼の台湾史研究の集大成と評されるものである。この著書には福田徳三の序、柳田國男の小序が付されており、台湾から帰郷後の伊能がどのような知的ネットワークの中に存在したのか、およびそのような知的環境の中で、どのような形で「台湾史」を再構成し完成させようとしたのかを考える上で重要な著作である。しかしながら本論では、世紀転換期の台湾において、一方では台湾原住民に対する人類学的な調査をすすめながら、他方でそのような営みとの緊張関係の中で、伊能がいかなる「台湾史」を創り上げていったのか、その創出の場面を問題としたいと考え、伊能の在台中の著作に焦点を絞った。『台湾文化志　上・中・下』については、「台湾人」のよる初の本格的な「台湾史」記述と評される連雅堂『台湾通史　上・中・下』（一九二〇年～一九二一年刊行）との影響関係をも念頭においた上で、一九二〇年代以降の「台湾史」研究の展開の問題として、稿を改めて論じたい。

＊22　伊能嘉矩『台湾志』（文学社、一九〇二年）、巻一、小引三則、五頁。

＊23　「熟蕃」「生蕃」とは、主に清朝統治下で使用された台湾原住民を指す用語。「中華文明」の文明的価値の摂取の度合い、特に清朝政府への帰順の有無という観点から、帰順の意思を表した原住民を指す用語として「熟蕃」が、それ以外の原住民を指す用語として「生蕃」があった。

＊24　伊能、前掲書『台湾志』巻一、附言五則、一八頁。

＊25　同右、巻一、小引三則、九頁。

＊26　同右、巻二、二三九～二四〇頁。

＊27　同右、巻二、二七三～二九八頁。

＊28　同右、巻二、二七六頁。

＊29　同右、巻一、一三頁。

＊30　繰り返しになるが、日本による台湾領有当時においても、台湾の人口の大多数を占めたのは漢民族系住民である。伊能は彼らの祖先として「移植支那人」を措定しているといえる。

＊31　伊能嘉矩『台湾蕃政志』（台湾総督府民政部殖産局、一九〇四年）、三一二頁。

＊32　前掲『伊能嘉矩の台湾踏査日記』、六六頁。

＊33　伊能、前掲書『台湾志』巻二、二四〇～二四一頁。

＊34　伊能嘉矩「台湾に於ける土蕃の分類及び其の現在通有する開化発生の度」（『台湾蕃情研究会誌』第一号、一八九八年）、一四～

一五頁。

＊35　同右、一五頁。

＊36　伊能、前掲書『台湾蕃政志』、二三一頁。

＊37　山路勝彦は、前掲「植民地台湾と〈子ども〉のレトリック―〈無主の野蛮人〉と人類学2―」において、台湾総督府の末端機構の植民地官僚の心情解読を試みているが、その中で「『純真無垢』という考え方は、それなくしては原住台湾人に対する同化政策は成り立たなかったと言える程、内側から植民地主義を支えるイデオロギーとして働いた」（六四頁）という興味深い指摘を行っている。そして山路は、その「純真無垢」という台湾原住民認識を抱いた最も初期の人物として伊能嘉矩を位置付けており、本論執筆にあたり大いに示唆を得た。

＊38　当該期の西洋帝国主義諸国の帝国意識については、木畑洋一編著『大英帝国と帝国意識』（ミネルヴァ書房、一九九八年）、木畑洋一『支配の代償―英帝国の崩壊と「帝国意識」―』（東京大学出版会、一九八七年）、北川勝彦・平田雅博編著『帝国意識の解剖学』（世界思想社、一九九九年）などを参照。また特に「文明化の使命」という観点から西洋帝国主義諸国の帝国意識を論じたものとしては、杉本淑彦『文明の帝国―ジュール・ヴェンヌとフランス帝国主義文化―』（山川出版社、一九九五年）、東田雅博『大英帝国のアジア・イメージ』（ミネルヴァ書房、一九九六年）などがある。杉本はその著書の中で、フランスにおける「文明化の使命」論について「人種主義をも包摂し、人種主義などの差別性と政治的・心理的・経済的衝動の利己性が胸中に引き起こしかねない躊躇の気持ちを払拭し嫌悪感を中和させるヒューマンな植民地拡張論理」（一九八頁）と述べており、帝国意識とヒューマニズムが「文明化の使命」という論理の中で両立可能となる仕組みについて、説得的に論じている。

＊39　日清戦後の「中国文化」に対する、日本「内地」および植民地・台湾における錯綜した知的状況については、長志珠絵が当該期の「漢字問題」に焦点をあてて詳細な分析を行っている（『近代日本と国語ナショナリズム』吉川弘文館、一九九八年、参照）。

＊40　当該期の台湾原住民に関する政策提案の内容については、藤井志津枝がその著書の中で詳細な分析を行っている。藤井、前掲書『日治時期台湾総督府理蕃政策』、特に一五一～一六四頁、二六九～二七四頁参照。

＊41　丸井圭治郎『蕃童教育意見書（未定稿）』（台湾総督府民政部蕃務本署、一九一四年、国立台湾図書館所蔵）、一〇頁。

＊42　猪口安喜編『理蕃誌稿　第三編』（台湾総督府警務局、一九二一年）。なお「五箇年計画理蕃事業」の具体像については、藤井、前掲書『日治時期台湾総督府理蕃政策』および近藤正己「台湾総督府の「理蕃」体制と霧社事件」（『近代日本と植民地2　帝国統合の構造』、岩波書店、一九九二年）などでも詳述されている。

＊43　伊能、前掲論文「台湾に於ける土蕃の分類及びその現在通有する開化発生の度」、一三頁。

＊44　臨時蕃地事務調査掛とは、一九〇三年三月に組織された蕃地事務委員会の実働組織である。蕃地事務委員会は「総督ノ諮詢ニ応ジ蕃地開発ノ方法及計画竝蕃地事務ニ関スル諸般ノ事項ヲ審議セシムル為」めに台湾総督府内に設置されたのであるが、その組織は、委員長に民政長官、委員に陸軍幕僚参謀長、参事官長、警察総長、財務局長、殖産局長、専売局長、参事官、陸軍幕僚参謀をおくといった、総督府の首脳官僚を集結させた委員会であった。つまり当該期の「山地」政策・台湾原住民政策に関する最高の意思決定機関であったといえる。この委員会と臨時蕃地事務調査掛の設置自身、持地が提出した意見書の提言を採用したものである。また臨時蕃地事務調査掛は、蕃地事務委員会によって「緊急決定ヲ要スル事項」とされた問題を実際に調査する機関であり、掛長には、蕃地事務委員会の委員の一人でもある持地六三郎がその任にあたった。掛員二名、技師一名、嘱託三名、計七名の少数精鋭の機関であったが、第一節で述べたように、伊能嘉矩もその嘱託の一人に任命されている。（伊能嘉矩編『理蕃誌稿　第二編』台湾総督府警察本署、一九一八年、二七九～二九四頁）。

＊45　持地六三郎「蕃政問題に関する意見書」（伊能嘉矩編著『理蕃誌稿』第一編、台湾総督府民政部蕃務本署、一九一一年）、三一九頁。

＊46　近藤、前掲論文「台湾総督府の「理蕃」体制と霧社事件」。

＊47　持地、前掲論文「蕃政問題に関する意見書」、二九八頁。

＊48　近代日本における社会進化論の受容と展開については、すでに政治思想史、社会学史、科学史など様々な分野において、優れた研究成果が蓄積されている。例えば鵜浦裕「近代日本における社会ダーウィニズムの受容と展開」（柴田篤弘他編『講座進化２　進化思想と社会』東京大学出版会、一九九一年）など。また、特に世紀転換期の日本の人類学と社会進化論の関係については、冨山、前掲論文「国民の誕生と「日本人種」」、拙稿「パビリオン学術人類館―世紀転換期における「他者」表象をめぐる知―」（『日本学報（大阪大学文学部日本学研究室）』一五号、一九九六年）および前掲、拙著『帝国の視線』などを参照。

＊49　鵜浦は前掲論文において、「近代日本における集団的社会ダーウィニズムの受容には、「弱者としての受容」という視点から捉えなければならない必然性がある」（一三三頁）という興味深い指摘を行っている。この点を本論の問題意識に引きつけて言えば、「白人を「適者」とみなし有色人種を劣等視する人種主義と不可分に融合」（一三三頁）した集団的社会ダーウィニズムの受容に際し、「弱者」の切り返しの論理として受容せざるを得なかった日本の知識人が、植民地を領有した段階において、社会ダーウィニズムを具体的に植民地に適用する際に、どのように「弱者の論理」から「強者の論理」に転換していったのかという問題が、未解決のままで残されているといえるだろう。本書は、この第三章にて、植民地における社会進化論の適用の具体像について述べてき

た。そして「弱者の論理」が「強者の論理」に転換する、そのあり方については、第六章にて詳述を試みている。

＊50　野家啓一は論文「歴史哲学の可能性と不可能性」（新田義弘他編『講座現代思想1　思想としての20世紀』、岩波書店、一九九三年）のなかで、「ある物語文が真実であるか虚構であるかは、それが「証拠」に基づいた「主張可能性」を有し、歴史叙述のネットワークの中に「整合的に」組み入れられるか否かにかかっている」（三三三頁）という興味深い主張を行っているが、この議論を本論に引きつけていえば、少なくとも伊能嘉矩の領台初期の「台湾史」記述において、その「主張可能性」を保障した歴史記述のネットワークは、台湾の住民、特に台湾原住民の「沈黙」を前提に成り立っていたといえるだろう。その後の植民地統治下において、歴史記述のネットワークがどのように変遷していくのか、またそれとの関連で、「台湾史」がどのように構造転換を遂げていくのかについては、今後の課題としたい。

＊51　本章の最後に現在の台湾史の研究状況との関連で、伊能の「台湾史」記述の持つ意味を考えておきたい。伊能が書き残した『理蕃誌稿』という著作を、どのように「思考」の上にのせるかは、現在における植民地主義と歴史学の関連性を問う上で、一つの試金石になると考えるからである。

『理蕃誌稿』とは、すでに若干述べたように、台湾総督府による台湾原住民政策の推移を書き残すことを目的として編纂されたものであり、台湾総督府の内部資料をふんだんに盛り込み、編年史のスタイルで、「日本語」でまとめられている。伊能が編纂に携わった第一編は一八九五年から一九〇二年を、第二編は一九〇三年から一九一〇年を記述の対象として扱い、前者は一九一一年に台湾総督府民政部蕃務本署より、後者は一九一八年に、台湾総督府警察本署より刊行されている。

この書の今日的な問題は、日本統治下の台湾原住民史の研究において、特に初期の原住民政策史の解明においては、ほぼ唯一の「体系的」資料として存在し続けているという問題である。近年、国史館台湾文献館所蔵の台湾総督府文書の整理と公開の進展にともない、台湾原住民政策に関する他の重要資料が注目されつつあるものの、基本的には、領台初期の台湾原住民史研究に携わる場合には、まずこの書を開くことから始まるというのが、研究の現状だといえるだろう。

その意味で参照引用体系としてのオリエンタリズムそのものとして、伊能の歴史記述は、現在の台湾原住民史研究のなかに流れ込んでいるといえる。ここでは新たな資料の発掘という作業の進展とともに、資料批判の方法論的模索の必要性を感じざるを得ない。

また『理蕃誌稿』にとどまらず、日本統治下の「台湾史」研究に関する資料の存在のあり方は、現在における植民地主義と歴史学の問題を突きつけているといえる。周知のように、日本統治下の台湾での行政文書の類はほぼすべて「日本語」で書かれているという問題である。つまり台湾近代史研究に携わる場合には、資料を読解できるだけの「日本語」の能力が、いわば必修条件となってしまいがちな構造が存在するのである。台湾における台湾近代史の研究者にとって、旧宗主国の言語習得が義務づけられてしまいがちなこの構造との関連で、日本の大学への留学という回路が存在するともいえる。文書資料とりわけ行政資料に高い資料的価値をおく、歴史学という学問のあり方そのものが、学問の「植民地主義」的構造とでもいうべきものを、政治的な意味での植民地支配が終わって六〇年以上たった今日において、再生産し続けているといってもよいだろう（駒込武は「「帝国史」研究の射程」『日本史研究』四五二号（二〇〇〇年）の中で、この問題を「研究の再生産の過程における、非対称的な関係の存在」と指摘している。卓見であろう）。歴史記述と植民地主義の関連性に解体的に関わろうとすれば、このような今日的問題も念頭においた上で、歴史学そのものの「学知」のあり方を問い直すことが必要なのかもしれない。

第四章

「帝国臣民」の外縁と「帝国」の学知
――領台前期の台湾原住民をめぐる法学的言説の位相――

はじめに

前章で述べてきたように、領台直後から台湾原住民は「帝国」の学知の対象として、植民地官僚らによって人類学的な調査の対象とされ、また歴史学的な手法でも描かれていった。そして、このような学知の発動と軌を一にしながら、同時期に台湾原住民は、法学的な論争の対象ともなっていた。このような論争は、どのように起こり、どのような結論に至り、また台湾原住民政策にどのような影響を与えていったのであろうか。本章では、台湾原住民をめぐる法学的言説に焦点をあてて、これらの問題を論じていきたい。

周知のように、一八九五年、日本は台湾島および澎湖諸島を領有することになる。この日本帝国初の本格的な海外植民地の領有は、第一章で述べたように台湾住民と日本軍の激しい戦闘を引き起こしつつも、国際法上は、日清講和条約の締結により清国から日本国への「割与」という形で行われることとなるが、このことは「日本人」もしくは「帝国臣民」をめぐる思想と実践の空間に、新たな問題を顕在化させることになった。国境線の移動に伴い、つまり境界線の側が移動してしまうことによって、割譲地の住民にとっては、図らずも「越境」してしまったという事態が出現したといえる。しかし台湾の植民地支配開始の段階においては、国際法上の台湾の日本領土への編入は、そのままアプリオリに台湾住民の日本国籍への移行を意味したわけではない。このことは日本「帝国」史の観点からいえば、一九一〇年の韓国併合に際し、大韓帝国籍の住民が強制的に日本国籍に組み込まれた事態とは鮮やかな対照をなしているといえる。

日清講和条約には第五条で、割譲地に対する次のような条項が存在する。

日清媾和条約　第五条（一八九五年四月一七日条約調印、五月八日批准書交換）

日本国へ割与セラレタル地方ノ住民ニシテ、右割与セラレタル地方ノ外ニ住居セムト欲スル者ハ、自由ニ其ノ所有不動産ヲ売却シテ退去スルコトヲ得ヘシ。其ノ為メ、本約批准交換ノ日ヨリ二個年間ヲ猶予スヘシ。但、右年限ノ満チタルトキハ未タ該地方ヲ去ラサル住民ヲ、日本国ノ都合ニ因リ、日本国臣民ト視為スコトアルヘシ。

この条項の解釈をめぐって、そして一八九九年に日本の治外法権の撤廃とそれに伴う内地雑居の実現という事態に対応して制定された国籍法の「帰化」条項をめぐって、「誰」を「日本帝国臣民」とするのか——つまり日本国籍への移行——という問題が、植民地住民の国籍の扱いという具体的な政治的課題を伴いながら、差し迫った問題として世紀転換期に顕在化するのである。

これまで領台直後の台湾住民の国籍問題をめぐっては、主に漢民族系住民の問題を中心に研究が進展してきた。[*1] これらの先行研究に多くを学びながらも本章では、植民地台湾において人口数的にもまた社会的にも、圧倒的なマイノリティとして存在した台湾原住民に焦点をしぼって、世紀転換期に顕在化したこの問題領域の意味を考えてみたい。具体的には、領台直後からの台湾原住民の法的位置をめぐる言説と実践のあり方を、まずは台湾原住民を取り巻く法制度および具体的な政策課題、政策実現の様相を概観した上で、主に法文解釈——特に先に述べた国籍選択条項——をめぐる論争という形で顕在化した台湾原住民をめぐる言説空間のあり方に、焦点を絞って論じていきたいと考える。

結論を先取りして言えば、台湾原住民は領台直後からかなり長期間にわたって、具体的な法制度上も政策対象としても、また法文解釈といった学知の発動の場面においても、「臣民ト視為ス」のか「視為」さないのか、その境界線上に置かれ続けたといってよいだろう。このように領土割譲に伴う国境線の移動によって強制的に「越境」させられながらも、「日本帝国臣民」のまさに外縁に位置付けられた存在から、もしくは外縁に位置付けるそのあり方を探ることによって、植民地支配と人種主義の関連性、植民地支配と学知の関連性、そして近代日本におけるおそらく最も暴力的な「越境」の一つのあり方を、具体的に提示できればと考える。

第一節　領台直後における台湾原住民政策と原住民をめぐる法制度

本節では、台湾領有直後の時期における台湾原住民政策の概要と原住民をめぐる法制度を、当該テーマに関する藤井志津枝氏の体系的な論考[*2]に依拠しながら、かつ日本統治期に植民地官僚によってまとめられた原住民統治政策史である『理蕃誌稿』[*3]を分析することによって、ごく簡単に概観していきたい。

(1)　台湾原住民政策の概要（一八九六〜一九〇三年）

第一章で詳述したように、日清講和条約締結直後から、日本軍は「台湾民主国」および台湾住民との間で、約一年間におよぶ植民地領有戦争を展開することとなった。組織的な戦闘が一応「終結」し、台湾の行政組織上も軍政から民政への移行が完了した一八九六年四月、台湾総督府による台湾原住民政策も本格的な開始をみることになる。

開始当初は、台湾総督府民政部殖産局の監督の下、原住民施策の専従機関として、全島に一一の撫墾署を設置するという体制が敷かれた。この撫墾署体制とは、台湾原住民の居住地区「蕃地」を「普通行政区域」と切り離し、「特別行政区域」として統治する体制だったといえる。そしてこの体制下では、原住民統治政策として、基本的には「綏撫」主義政策、つまり宥和政策を基調とした現状維持方針がとられた。[*4] このことは、繰り返しになるが、漢民族系住民のゲリラ的な抵抗活動が継続する中で、台湾原住民と漢民族系住民の両方を「敵」にまわすことを避けるという台湾総督府の選択の結果であったと評されている。[*5] そのため漢民族系住民の武力抵抗を、何とか押さえ込むことができたと判断された段階で、原住民政策は大きな転換期を向かえることになる。

一九〇〇年から一九〇二年にかけて、一方では清朝時代からの防蕃組織であった「隘勇」が整備され、要所への砲台の設置が進められるとともに、他方では、台湾原住民の集落に対する武力による「討伐」作戦が展開され始めていった。このような状況の中で、原住民政策の今後に関する実地調査命令が総督府参事官・持地六三郎に下され、後の「五箇年計画理蕃事業」の青写真を提供したと評される[*6]「蕃政問題に関する意見書」が、一九〇三年初頭に復命書として提出されることとなる。そしてこの意見書を受けて、同年三月、民政長官はじめ総督府の最高幹部を結集した蕃地事務委員会が、総督直属の機関として設置され、そこでの討議の結果、「蕃人」「蕃地」に関する事務を警察本署長の専属とすることが決定された。[*7] つまり「取締」を基調とした原住民政策＝警察本署主導体制が、確立することになるのである。

(2) 台湾原住民をめぐる法制度

このような政策の推移の中で、台湾原住民をめぐる法制度はどのように確立していったのであろうか。その詳細は第五章で論じていくが、ここでその特徴を簡単にまとめれば、台湾原住民をめぐる法制度は計画的に整備され法制化されたというよりはむしろ、実際に起こってくる事態への対応——つまり管轄部署からの上申に対する総督府からの回答――が積み重なる中で既成事実化し、ちょうど警察本署主導体制が確立する時期に実態化して認知されたといえるだろう。

例えば、「首狩」(「馘首」)慣行をはじめとした原住民の犯罪行為を、懲罰の対象として普通法規で裁くのか否かという問題は、領台初期の段階では対応が錯綜していた。撫墾署を中心として、原住民の犯罪は行政処分で対処すべきだという見解が一方で強く唱えられつつも、他方で主に総督府民政局内務部を中心に、「生蕃」[*8]のみに適応される特別法令の制定を強く求める主張も存在していた。このような見解の相違、対応の揺れが端的にあらわれ、かつ総督府の基本方針が明確に示されたものとして、一九〇〇年一月に出された総督より各検察官長宛の内訓「蕃人ノ犯罪事件起訴ノ件」があるといえる。この内訓の出された背景と目的は、これまで法院において「蕃人ノ犯罪」を普通法規によって裁いた例が複数あり、このことをやむを得ずとしつつも、今後の方針としてなるべく普通法規は適用せず行政処分で対応すべしとの指針を提示し、その上で普通法規に基づいた起訴への歯止め策として、総督への具申と指揮を義務化する点にあった。[*9] 以上のような紆余曲折を経て、この内訓によって、普通法規ではなく、恣意的な運用が可能な「行政処分」による処罰を主軸とすべき旨が明示された段階で、台湾原住民を普通法規の適応範囲外とするといった規定は、基本的には確立したと理解すべきだろう。

また台湾原住民は権利主体たりえるのか否かという問題についても、領台初期においては明確な規定がなされず、原住民をめぐる法制度の整備が取り沙汰されるたびに問題化する領域であった。例えば、土地所有権の認定という問題を取り上げてみても、領台初期には撫墾署内部においても、幅広く認定すべきという意見から土地所有権の認定というよりは恩恵的措置として考えるべきという意見まであり、錯綜した状態であった。そして一九〇〇年二月律令第七号「蕃地占有ニ関スル法令」が発布され、「蕃人ニアラサル者」はどのような名義でも、「蕃地」において土地の占有・使用など、権利問題が発生する行為を行うことが基本的には禁止された。しかしこの律令において、「蕃人」の土地所有権が認められたわけではなく、逆に「国法ヲ以テ彼等ノ土地所有ヲ認ムベキヤ否ヤハ暫ク未定ノ問題」であるが故に、「蕃人」を相手とした土地に関する契約を禁止することで、「権利利益ノ紛ヲ予防スル」ことが、この律令制定の主眼であった。[*10]

さらに一九〇二年五月に新竹庁長から民政長官宛に出された「普通行政区域内における蕃人の業主権」に関する伺出とそれに対する回答から、「蕃人」の土地所有権に関する議論が、所有権の発生する土地の位置をめぐる議論に移行していることがうかがえる。つまり伺出の骨子は、「普通行政区域」における「蕃人」占有の土地に、「蕃人」の業主権を認めるべきか、それとも所在の如何を問わず、「蕃人」の占有する土地はすべて国有とみなすべきかを問うものであった。そしてこの伺出に対する回答では、「普通行政区域」における「蕃人」の業主権を認可するといった判断が下されている。[*11]つまり「普通行政区域」内という限定の下に、台湾原住民を権利主体として認めているわけだが、ここで権利主体の認定にかかわって決定的に重要なはずの、「蕃地」か「普通行政区域」かといった境界線の設定もまた、「蕃地」とは「蕃界ノ接近地ニ居住セル本島人ノ蕃地ト称呼シ来レル慣習」[*12]によるとされ、その意味で流動的な要素を多分に含むものであった。

以上のように、「普通行政区域」居住の原住民―多くの場合、「熟蕃」と称されていた人々―と切り離した形で、「蕃地」居住の原住民―多くの場合、「生蕃」と称されていた人々―は、権利の対象外とされていったわけであるが、そのプロセスは、紆余曲折を繰り返しながらも、権利問題が発生するたびに、「臣民権」の対象外ということがその都度確認され、先に述べた警察本署主導体制が確立する段階で、既成事実として実態化し認知されていったといえる。

このように武力「討伐」も念頭においた「積極的」介入体制つまり警察本署主導体制が整備され、また原住民を普通法規および権利の対象外とする解釈が、政策実行の中で確定する時期において、台湾原住民の国法上の位置が―つまり原住民の国籍が―、法原理をめぐる議論の対象―つまり法学的な知の対象―として浮上するのである。

第二節　「生蕃」の国法上の地位をめぐって

(1)　「内地」の法学界における国籍選択条項をめぐる議論の展開――前史として――

植民地住民の国籍上の位置については、台湾原住民に焦点化して展開される前に、全台湾住民を対象とした論争が存在した。ここでは本題に至る前史として、また「内地」の法学界と植民地台湾における論争を切り離して思考するといった轍を踏まないためにも、その前史部分について簡単に触れることからはじめよう。

この前史にあたる論争は、日清講和条約締結直後の一八九五年八月から、日本「内地」の知的空間、特に『国家学会雑誌』誌上で展開されることになる。この論争は、後に国際法学界の権威となっていく二人の人物、山田三良と山口弘一の間で戦わされた。*13

そして、この論争の性質そのものが、宗主国側の論理として、植民地住民を「日本人」とすること――つまり日本国籍への移行――にいかなる法的正当性を与えるかという問題をめぐって戦わされているため、「日本人」であること、もしくは「帝国臣民」であることとは、法的にはいかなる性質の問題であるのかという論点を、必然的にはらむ形で展開されていくことになる。

まずいわゆる「解除条件説」の立場にたつ山田三良は、領地割譲にともなう主権の移行は、その領域に対する国家主権の割譲、すなわち主権の客体である国土及び国民の処分権、総体の割譲であるとし、その上で日清講和条約第五条を次のように解釈する。

……条約第五条ニ依リ、住民カ二ヶ年以内ニ清国又ハ其他ノ地ニ退去スルコトヲ得ルハ、清国カ住民ニ対シテ主権ヲ有スルニ非ラスシテ、我国家カ主権ノ客体タル臣民ニ退去ノ条件ヲ以テ我臣民籍ヲ脱スルノ自由ヲ特許シ、兼テ将来締結スル通商条約ニ依ルノ外、清国臣民トシテ我台湾ニ居住スルヲ許サヽルノ精神ヲ明ニスルモノナリ、故ニ台湾住民ハ二ヶ年以内ト雖モ苟モ退去セサル以上ハ我臣民ナリ。[*14]

つまり、植民地住民の国籍の移行は、条約交換の瞬間に無条件に行われたのであり、猶予期間の植民地住民の国籍は、当然「日本帝国臣民」であり、二年間に限り植民地住民の割譲地からの退去により、「日本帝国臣民」籍を脱して旧来の国籍へ復帰する自由を認めたにすぎないとするのである。

それに対して、いわゆる「停止条件説」の立場にたつ山口弘一は、領地割譲にともなう主権の移行は、基本的には土地に対する主権の譲与つまり領地処分権の移譲が主軸であり、住民に対する主権の譲与はそれに付随して起こるものだとした上で、日清講和条約第五条を特にその但し書きに注目して、次のように解釈する。

……割譲地ノ住民ハ日本ノ国民分限ヲ取得スル意思ヲ宣言シ、而シテ日本政府ガ之ヲ許可シタルトキニ於テ始メテ日本人トナルモノナリ。蓋シ割譲地ノ住民ハ講和条約批準《ママ》交換後二箇年ヲ経過スルモ、日本政府ノ許可ヲ得ルニ非サレハ、日本臣民トナスコトヲ得ス。然ラハ二箇年以内ニ於テモ意思ノ宣言ノミニ由テ、日本ノ国民分限ヲ取得スルコトヲ得ス。特ニ政府ノ許可ヲ経ルヲ要ス。[*15]

つまり、猶予期間の二年間は、割譲地の住民は清国の国籍を保有したままであり、日本国籍の享有は停止状態におかれていると主張するのである。この植民地住民の国籍選択権を厳格に解釈し重視する議論は、一面では、国籍選択を植民地住民の意思表示とそれに対する宗主国政府の許可という形で、国籍の移行を契約関係としてとらえる思考をはらむものであった。そして、植民地住民のなかで「誰」を「日本人」とするのか、つまり「誰」に日本国籍への移行を許可するのかという選択権は、日本政府の側に権利として担保されているという主張でもあった。この山口の立論は、すでに先行研究で指摘のあるように、大日本帝国憲法で規定されている「臣民」の権利および義務を、そのまま植民地住民に適応するかどうかは留保するとしても、何らかの形で植民地住民が享受する「日本帝国臣民」としての権利・義務を規定せざるを得ず、そのための新たな立法措置が必要不可欠であるとする考えに支えられたものであった。[16]

このように山口弘一は、国籍の移行を、市民権の付与の問題と切り離して論ずることはできないとする立場から議論を展開していた。では「解除条件説」に立つ山田三良は、この植民地住民が享受すべき「日本帝国臣民」としての義務・権利という問題を、どのように考えていたのであろうか。

> ……臣民タルノ資格特質ハ法律以前ニ確定セルモノニシテ、国家主権ニ対シ絶対的服従者タルノ位地ニ存スルヤ明ナリ。[17]

> ……臣民ノ権利義務ハ臣民タル資格ノ要素ニアラズシテ、既ニ日本臣民タルノ資格ヲ備フル者カ通常享有スヘキ利益若クハ通常負担スヘキ義務ヲ規定セルノミ。[18]

すなわち、臣民の権利・義務は「日本帝国臣民」である資格の根本要素ではないという形で、植民地住民に「日本帝国臣民」としてどのような権利・義務を与えるのかという問題を回避し、「日本帝国臣民」であることとは国家主権に対して絶対的服従者であることだと定義することで、「誰」を「日本人」とするのか、という問題を不問に付したと言える。だからこそ、国籍の移行は宗主国と植民地住民の契約関係とする「停止条件説」を批判し、条約交換と同時に、植民地住民は無条件に日本の国家主権に対する絶対的な服従者としての「日本帝国臣民」になったのであり、「日本帝国臣民」としての植民地住民にどのような権利・義務を与えるかは、宗主国の自由な裁量の問題であるとするのである。

つまり植民地住民に与える権利・義務に対して、帝国議会での議論が必要な立法措置を経ずに、国籍の移行のみは無条件に完了しているとすることで、新たな統治対象である植民地住民=「日本帝国臣民」に対し、どのような統治を行うかという部分で、宗主国政府に自由な裁量権を付与する議論を、山田三良は展開したといえるだろう。

事実、この論争は、法文解釈の正当性に判断が下されるといったレベルで解決が図られるのではなく、どちらの議論にそった政策が行われたかというレベルで終結を向かえることになる。国籍選択の期限が近づいた一八九七年三月、台湾総督府は新たな立法措置をとることなく、植民地官僚への訓示という形で「台湾住民分限取扱手続」を発し、この内訓が事実上、植民地住民の国籍移行という問題の取り扱いについて、その後の手続き上の論拠となっていくことになった。[*19] つまり植民地住民は、日本の国家主権に対する絶対的な服従者としての「日本帝国臣民」に、条約交換と同時に、無条件になったものとされたのである。

(2)「生蕃」の国法上の位置をめぐる議論の位相

このように一八九七年段階で、少なくとも政治上は、すべての植民地住民＝「日本帝国臣民」という形で解決が図られた問題が、それから約六年を経た一九〇二年、もう一度論点として浮上することになる。なぜ再び浮上するのであろうか。結論を先取りして言えば、対象とする植民地住民を台湾原住民、そのなかでも特に「生蕃」という形で絞り込んだ上で、議論の次元が移行するのである。

台湾原住民の国法上の位置をめぐる論争において、争点は日清講和条約第五条の規定する「台湾住民」とは「誰」を指すのかという点、より端的にいえば、「台湾住民」に「生蕃」は含まれるのか否かといった点が争われることになる。言葉をかえて言えば、山田三良の「解除条件説」の主張により、一旦不問に付されたはずの「誰」を「日本人」とするのかという論点が、再浮上するのである。

論争の口火は、一九〇二年一一月二〇日、台湾発行の日本語新聞『台湾民報』が、「生蕃問題」について「如何にして蕃地を開拓すべき乎」「蕃人は如何に之を処置すべき乎」という二テーマを掲げ、大々的に投稿を募集したことによって切られた（図1参照）。

同新聞の紙面の一方で、第一節で述べたようにこの時期から本格化し始める原住民に対する武力「討伐」—具体的には新竹庁下の南庄蕃「討伐」、苗栗庁下の馬那邦社「討伐」等—に関する記事が踊るなかで、そのような状況を踏まえて、もしくはそのような状況に呼応する形で「生蕃問題」がテーマとして設定されるのである。そして『台湾民報』は、寄せられた投稿を掲載するだけでなく、台湾の各界有識者に当該テーマに関する談話を求めるといった積極的な取材を行う。この取材に対して、岡松参太郎が寄せた談話が論争の一方の主軸となった。当時、京都帝国大学の教授であった岡松は、台湾総督府から台湾慣習法に関する調査の依頼を受けて台湾に赴いたのであるが、彼は台湾原住民の法的位置について次のような論陣を張った。

……本島は二十七八年戦役の結果、日本帝国の領土と化したる者なれば、普天の下王土にあらざるなきも、彼等は一匱の生蕃と云ふ名の下に葬られて、未だ帝国の臣民たる資格なきものなれば、国法上本島統治の物体と為ることが出来ない人類である、馬関条約によれば、現に本島に住居する臣民とあれども、茲に居住するとは支那政府の支配の下に住せし臣民と謂ふものにして、支那政府に嘗て服従したることなき蕃人の如きは、此条約によりて割譲されたる臣民と謂ふことは出来ぬのである。[*20]

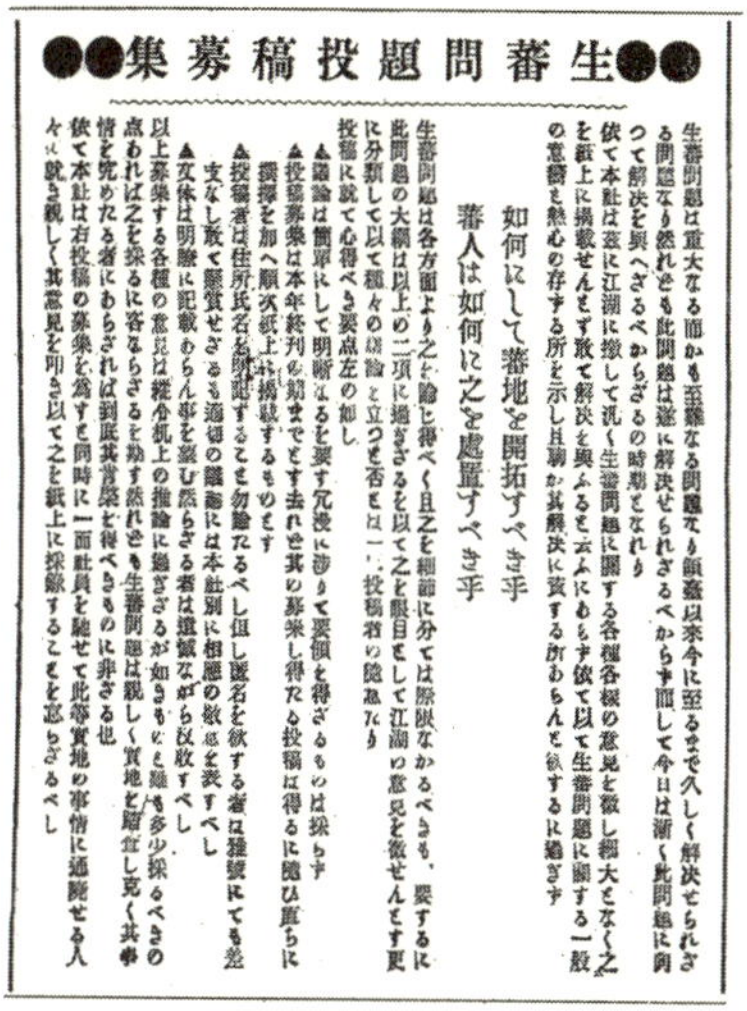
●●生蕃問題投稿募集●●

生蕃問題は重大なる而かも至難なる問題なり領臺以來今に至るまで久しく解決せられざる問題なり然れども此問題は遂に解決せられざるべからず而して今日は漸く此問題に向つて解決を與へざるべからざるの時期となれり

依て本社は茲に江湖に愬して汎く生蕃問題に關する各種各樣の意見を徵し細大となく之を紙上に掲載せんとす敢て解決を與ふると云ふにあらず依て以て生蕃問題に關する一般の意嚮と熱心の存する所を示し且聊か其解決に資する所あらんと欲するに過ぎず

如何にして蕃地を開拓すべき乎

蕃人は如何に之を處置すべき乎

生蕃問題は各方面より之を論じ得べく且之を細節に分ては際限なかるべきも、要するに此問題の大綱は以上の二項に過ぎざるを以て之を眼目として江湖の意見を徵せんとす更に分類して以て種々の議論を立つると否とは一に投稿者の隨意たり

投稿に就て心得べき要点左の如し

▲議論は簡單にして明晰なるを要す冗漫に渉りて要領を得ざるものは採らず

▲投稿募集は本年終刊の期までとす去れど其の募集し得たる投稿は得るに隨ひ直ちに選擇を加へ順次紙上に掲載するものとす

▲投稿者は住所氏名を明記すること勿論たるべし但し匿名を欲する者は雅號にても差支なし敢て懸賞せざるも適切の議論には本社別に相應の敬意を表すべし

▲文体は明瞭に記載あらん事を望む然らざる者は遺憾ながら没收すべし

以上募集する各種の意見は縦令机上の推論に過ぎざるが如きものと雖も多少採るべきの点あれば之を採るに吝ならざるを勉む然れども生蕃問題は親しく實地を踏査し克く其事情を究めたる者にあらざれば到底其肯綮を得べきものに非ざる也

依て本社は右投稿の募集を爲すと同時に一面社員を馳せて此等實地の事情に通暁せる人々に就き親しく其意見を叩き以て之を紙上に採錄することを怠らざるべし

図1「生蕃問題投稿募集」

（出典：『台湾民報』1902年11月20日）

岡松は、「停止条件説」に付随していた「日本帝国臣民」としての権利・義務問題を棚上げにした上で、国籍移行の点のみ「停止条件説」の立場に立ち、国籍選択の猶予期間終了後にも、割譲地に留まる人民に対して、日本政府は「日本帝国臣民」とみなし得る権利を持つが、条約の言う「住民」とは、清国の主権に服従していた住民であるとする。その上

で、清国の統治下で「化外の民」すなわち統治の外にあった「生蕃」は、条約で言うところの「住民」の範疇には含まれず、日本統治下でも「化外の民」であり続けており、「生蕃」と日本政府の関係は、国内法の上の関係ではなく、国際法上の関係であるとするのだ。

この岡松参太郎の議論に対し反対の主張を展開したのは、先に紹介した持地六三郎つまり当時台湾総督府参事官であり、台湾原住民政策の直接的な政策立案のポジションにあった人物であった。持地は、第三章でも言及した復命書「蕃政問題に関する意見書」のなかで、清国による「生蕃」すなわち「化外の民」論は、外交上の便法にすぎないと批判し、台湾原住民の法的地位について次のように主張している。

生蕃ガ旧主権者ノ下ニ於テ化外ノ民タリシト否トヲ問ハズ、新主権者ハ割譲土地ノ取得ト猶予期間ノ満了トニ依リテ、之ヲ臣民トシテ取扱フノ自由ヲ有スルモノトス。由之観之、生蕃ノ帝国ニ対スルハ国際法上ノ関係ニ在ルモノニ非ズシテ、全然国法上ノ関係ニ在ルモノト謂ハザルベカラズ。[*21]

つまり「解除条件説」の立場に立ち、宗主国はすべての植民地住民を「臣民」とみなす権利を有しており、「生蕃」と日本政府の関係は、国際法上ではなく、国法上の関係にあるというのである。

この論争に対し、植民地台湾において宗主国の法学的知を体現した台湾法曹界は、法曹界としての判断を下すべく、一九〇六年に、植民地官僚向けに発刊されていた雑誌『台湾慣習記事』誌上において、「生蕃人の国法上の地位について」というテーマで懸賞論文を募集する。この懸賞は結局、第一等＝該当者なしという結果となり、改めて審査委員でもあり台湾覆審法院判官であった安井勝次が、[*22]論文を寄せることになる。この安井の議論のなかに、当該テーマに対する審査委員会の審査方針、ならびに台湾法曹界の主流見解をうかがうことができるだろう。

安井は、「生蕃」の法律上の位置をいかなるものとして主張するのだろうか。結論を先取りして言えば、安井は岡松参太郎に非常に近い議論を展開することになる。つまり、国籍の移行については「停止条件説」を取り、その上で

「生蕃」は「化外の民」であり、「当事国に於いて何等約定する所」のない存在とするのである。

そしてさらに議論を進めて、次のように言う。

……生蕃は講和条約の住民中に包含せらる丶ことなく、又其国籍取得に関し別に法令あることなければ、国籍法に依りて、国籍を取得するの一途あるのみ、然るに国籍法は固より生蕃に適用せらる丶ことなきを以て、生蕃が現に日本臣民にあらざるは勿論、将来に於ても日本国籍を取得するの方法あることなし、唯将来に於て政令に服従し、全く教化を受け、今の熟蕃と異ることなきに至らば、格段の法令を以て国籍を付与すべきのみ。[*23]

つまり「停止条件説」を逆手にとり、「停止条件説」の論者・山口弘一が主張した植民地住民の日本国籍への移行に関する法令が、結果として立法化されなかった現状を踏まえ、さらにその後制定された国籍法が、領地割譲に伴う国籍移行の問題を取り扱ってない状況の中では、「生蕃」が将来においても「日本帝国臣民」となることは法解釈上ありえず、この後の教化の状況により恩恵的な特別措置があり得るだけだとするのである。

その上で、「生蕃」に権利主体としての「人格」を認めるのかという点においても、一方で「生蕃」が生物学的には「自然人」であることは認めつつも、他方で天賦人権説を痛烈に批判しながら、「権利を享有する能力又は資格」としての「人格」の認定は、「法規の下に立ちたること」を前提とした法の認定と保護が絶対要件であり、「生蕃」の「人格」は認められないとする。[*24]そしてその際、第一節で述べてきたような台湾原住民をめぐる政策実施の状況をいわば逆手にとり、台湾領有以後この論文が書かれた一九〇六年段階まで、「生蕃」に適用された法令が基本的にはないという点を自己の立論の有力な論拠として挙げ、「生蕃」は法の認定と保護を受けた「人格」を有する存在と見なすことはできないと主張するのである。[*25]

そして安井勝次は、法解釈上の論理の問題として次のような結論に行き着く。「畢竟生蕃は化外の民のみ、我領土を横行する野獣のみ[*26]」と。

(3) 台湾原住民をめぐる言説空間

しかし、このような結論に行き着いたのは安井勝次のみではなかった。実は一見、大きく立場を異にするように見受けられる安井と持地六三郎の議論は、この結論部分では全く同じ見解に達するのである。持地が「解除条件説」に立ち、宗主国はすべての植民地住民に対して「日本帝国臣民」とみなす権利を有しており、「生蕃」と日本政府の関係は、国際法上の関係ではなく、純粋に国法上の関係であると主張した点は先に述べたとおりであるが、持地は「生蕃」すなわち「日本帝国臣民」であると論じるわけではない。では、どのような論理展開で、そのような主張が成り立ちうるのであろうか。

持地はまず「進化服従ノ程度」によって、台湾原住民を「熟蕃」「化蕃」「生蕃」に分け、その中で「熟蕃」のみを事実上「帝国臣民ノ状態」にあるものとし、それ以外の「化蕃」「生蕃」は「帝国臣民」ではないとする。その上で「帝国臣民」でない「化蕃」や「生蕃」は、「立法及適法ト云フノ事実アルベキ筈ナキ」存在とし、法律上の「人格」として認めない立場に立つ。[*27] そして彼は、「生蕃」を「帝国臣民」から排除する論拠として、次のように主張する。

彼等ハ帝国臣民ニアラズ、何トナレバ彼等ハ未タ曾テ帝国主権ニ服従セズ、国家ハ之ニ対シテ、臣民籍ヲ与ヘタルモノニアラザレバナリ。又彼等ハ我国家ト国際法上ノ関係ニ在ルモノニアラズ。何トナレバ彼等ハ我取得セル割譲土地ノ上ニ生息スル人類ニシテ、我国家ハ之ヲ承認シテ帝国臣民ト為シ得ルノ権利ヲ有スルモノナレバナリ。彼等ハ社会学上ヨリ見レバ人類ナルモ、国法上ヨリ見ルトキハ全ク人格ヲ有セザルモノナリトス。[*28]

つまり、同じく「解除条件説」の立場に立つ山田三良が唱えたもう一つの重要な主張、すなわち「日本帝国臣民」であることとは日本の国家主権に対する絶対的な服従者であることだという主張を援用して、帝国主権に服従しない「生蕃」に対して、日本政府は「臣民籍」を与えない権利を有しているとする。その上で、そのような法文解釈に立てば、「生蕃」は法律上、全く「人格」を有しない存在であると結論付けるのである。

議論を振り返ってみれば、持地六三郎と安井勝次の主張の差異は、「生蕃」を法律上「人格」を有しない存在であると認定するに際して、その筋道の付け方が異なるに過ぎないと言うことができるだろう。持地の場合は、「臣民籍」を与えないという政府の選択の結果として、「生蕃」は国法上、「人格」を有しない存在であるとするのに対し、安井はさらに議論をすすめて、政府の選択如何にかかわらず、「生蕃」の存在を保障する法律は、現行法規のままでは、国際法上も、国法上も一切ありえず、随って将来においても「生蕃」は、法解釈上「野獣」に等しい存在であり続けるとしたのである。言葉をかえて言えば、安井の論理は、選択や判断といった要素は一切入り込まず、厳格な法文解釈上の問題として展開されているだけに、より学問的純粋性を担保された法学的言説としての様相を纏っていたということもできるだろう。

そして持地、安井を問わず、「生蕃」すなわち法律上「人格」を有しない存在という主張は、次のような議論に行き着くことになる。

持地六三郎の言葉を借りて言えば、

……生蕃ナルモノハ我国家ガ台湾ノ割譲土地ヲ取得シタル当時ヨリ、未タ曾テ帝国主権ニ服従セズ。帝国主権ニ対シテハ叛逆ノ継続セル状態ニ在ルモノニシテ、我国家ノ叛徒ナリ。……故ニ国家ハ此叛徒ノ状態ニ在ル生蕃ニ対シテ討伐権ヲ有シ、其生殺与奪ハ一ニ我国家ノ処分権内ニ在ルモノトス。[*29]

安井勝次の言葉を借りて言えば、

生蕃は我臣民にあらず、又其人格を認むべからざれば、形状に於ては自然人たること争ふべからざるも、国法上に於ては野獣と異なる所なし、故に之を討伐し、之を剿滅するは固より国家の権内に属し、殊に生蕃の如く馘首の常習ある人類の公敵に対しては之を保護するの理あるべからず。[*30]

すなわち「生蕃」に対する「討伐」は、この言説空間の中では、国家の権利として正当化されるのである。[*31]

おわりにかえて――「五箇年計画理蕃事業」実行へ――

ここまでの論点を振り返れば、第二節第一項で言及したいわば第一期の議論は、日本「内地」の法学的な知の空間で、新たな統治対象としての植民地住民について、彼等の「日本帝国臣民」への移行を、いかなる法的正当性を担保しながら行うかという点で議論が交わされたため、統治体制に組み込むべき植民地住民に、どのような権利・義務を与えるべきかという論点を、まがりなりにも含み込んでいた点にその特徴があったといえるだろう。それに対して台湾原住民に焦点化しての第二期の議論は、台湾という植民地支配が展開するその「場」に築かれた宗主国の知の空間において、もしくは植民地の現状に直面する環境におかれた宗主国の知の空間において、法的正当性を担保しながら、ある一部の植民地住民をいかにして法治の対象から除外するか――もしくは超法規的な統治対象とするか――という点をめぐって議論が交わされたといえる。そしてこの議論は、その性質上、法治対象から除外した住民に対する植民地政府の武力による対応、すなわち「討伐」について、法的正当性を保証しながら容認する議論ともなっていったのである。

このような台湾原住民をめぐる言説空間のあり方は、第一節で述べた警察本署主導体制といった原住民政策の確立および「蕃地」居住の原住民に対する「臣民籍」の否認といった政治的対応を、共時的にもしくは事後的に、学知の形態を取りながら追認し保証していったものだともいえるだろう。そしてこのような議論のあり方は、次の政策展開を正当化し容認する性質のものであったと思われる。

繰り返しになるが、言説分析という方法がもつ単純な歴史状況還元論に対する批判の重要性は踏まえた上で、それでもやはり植民地主義の思想的考察に向けては、テクストを歴史的コンテクストとの緊張関係の中におくことの重要性は、看過することができないという立場に本書は立つ。本章のおわりにかえて、ここでは台湾原住民の国法上の位置が法学的な知の対象として議論された時期もしくはその後に、台湾原住民政策はどのように展開するのかをごく簡単に触れておきたい。「帝国臣民」の外縁に位置付けられるということ、もしくは外縁の「外」に位置付けられるということが当該期にもった意味を考える上で、この後の展開は、見過ごすことができない重要性をもつと考えるからである。

安井勝次の論文が『台湾慣習記事』誌上に掲載された一九〇七年一月、台湾総督府は第一次「五箇年計画理蕃事業」の実行を決定する。第六章で詳述するように、表面上の「甘諾」政策という装いを保ちながら、一方では以前から設置されてきた地雷や高圧電流線を増備して「蕃地」を囲い込むとともに、他方では蕃地横断道路の建設および蕃地土地調査事業を開始し、「蕃地」の完全国有化・官有地化に乗り出すことになる。[*32] そして一九〇九年一〇月には勅令第二七〇号の発布によって、総督府民政部に原住民政策の専従機関である蕃務本署を設置し体制を強化するとともに、総督の管轄区域内での兵力使用権を確認することによって、大規模「討伐」実施への法的準備を整えた。[*33] そして翌一九一〇年には第二次「五箇年計画理蕃事業」が開始される。この第二次「五箇年計画理蕃事業」とは、宗主国の国庫より直接歳出として提供された巨額の「理蕃」予算に裏支えられた、大規模な「討伐」服従化作戦であった。[*34] 第二次「五箇年計画理蕃事業」開始から一年後の一九一一年四月、「蕃匪討伐従軍者」の「武勲」に対して、日清戦争時の基準と同等の論功行賞を行うことが宣布され、[*35] 文字通り「蕃地」に居住する原住民は、戦争状態同等の軍事作戦の対象として、取り扱われていったといえるだろう。そして一九一四年の「太魯閣蕃討伐」終結により、同年九月台湾総督が「理蕃」事業の完了を天皇に上奏することによって、第二次「五箇年計画理蕃事業」は終結することになる。[*36]

以上のような形で、持地六三郎によって、そして岡松参太郎、安井勝次によって、国家の権利として正当化された台湾原住民に対する「討伐」は、遂行されたのである。[*37]

注

＊1　例えば先駆的な研究としては、梁華璜（近藤正己訳）「台湾総督府の対岸制作と「台湾籍民」」（『近代日本と植民地5　膨張する帝国の人流』岩波書店、一九九三年）が、また台湾総督府文書などを駆使した新たな研究動向としては、川島真「装置としての「台湾」と日本人の外縁―在暹「台湾人」国籍問題―」（『日本台湾学会報』第一号、一九九九年）、栗原純「『台湾総督府公文類纂』にみる台湾籍民と旅券問題」（『東京女子大学比較文化研究所紀要』第六三巻、二〇〇二年）などがある。

＊2　藤井志津枝『日治時期台湾総督府理蕃政策』（文映堂〈台北〉、一九九六年）。

＊3　『理蕃誌稿』の資料的「限界」とその植民地主義的性格については、第三章注51で詳述した。ただし様々な資料的「限界」を持ちつつも『理蕃誌稿』は、当時の原住民統治政策の推移および支配する側の論理を考察する上では、今なお高い資料的価値を有しているといえよう。

＊4　伊能嘉矩編『理蕃誌稿　第一編』（台湾総督府民政部蕃務本署、一九一一年）、一五～三九頁。

＊5　大江志乃夫「植民地領有戦争と総督府の成立」（『近代日本と植民地2　帝国統治の構造』岩波書店、一九九二年）。

＊6　近藤正己「台湾総督府の「理蕃」体制と霧社事件」（前掲『近代日本と植民地2　帝国統治の構造』）。

＊7　伊能嘉矩編『理蕃誌稿　第二編』（台湾総督府警察本署、一九一八年）、二七九～二九七頁。なお本章では、第一編との合本版を使用している。以下、同様。

＊8　第三章で詳述したように、「生蕃」「熟蕃」とは、主に清国統治下で使用されてきた台湾原住民を指す用語であるが、本章が対象する領台前期は、人類学的知に基づいた「種族」分類が、伊能嘉矩や鳥居龍蔵らによって試みられる一方、清国政府からの「生蕃」「熟蕃」といった分類に政策実行上の一定の有効性が認められ、台湾原住民を指す用語として「生蕃」「熟蕃」も、様々な場面で使用された時期であったといえる。

＊9　「内訓第一号蕃人ノ犯罪事件起訴ノ件」（『台湾総督府公文類纂』第三六二冊第五文書）。

＊10　前掲『理蕃誌稿　第一編』、二四〇～二四三頁。

＊11　同右、二七八～二七九頁。

＊12　一九〇三年五月に出された、「蕃地」の解釈について民政長官より専売局長への回答（前掲『理蕃誌稿　第二編』、三〇二～

三〇四頁)。

＊13　山田三良は、当時、東京帝国大学で法学者の穂積陳重のもと、改正条約の実施、領事裁判制度の撤廃に備えて国際私法を専攻し、研究を始めたばかりの大学院生であった。この論争の渦中にあった一八九六年一月から外務省嘱託に就任。一八九七年からの欧米留学を経て、一九〇〇年東京帝国大学法科大学助教授、まもなく同教授となり国際私法講座を担当した。そしてその後、一九三一年〜三六年に京城帝国大学総長、一九四三年〜四六年に貴族院議員などを歴任した(山田三良『回顧録』山田三良先生米寿祝賀会、一九五七年)。まさに日本「帝国」の法学界において、その「王道」を歩んだ人物だといえるだろう。一方、『日本国際私法論』の著者として知られる山口弘一は、陸軍士官学校教官・東京外国語学校教授を経て、一九〇〇年学習院教授に就任。その後、欧米留学を経て、一九〇四年高等商業学校に転任、同校が大学に昇格するとともに東京商科大学教授となり、国際私法および民法を担当した(国際法学会編『国際法辞典』鹿島出版会、一九七五年)。

＊14　山田三良「新領地ニ関スル法律関係ヲ論ス」(『国家学会雑誌』第九巻第一〇二号号、一八九五年)、六四八〜六四九頁。なお以下、引用資料の旧字体は新字体に改め、適宜、句読点を付けた。

＊15　山口弘一「新領地住民ノ国民分限及其所有不動産ニ就テ」(『国家学会雑誌』第九巻第一〇六号、一八九五年)、一〇一四〜一〇一五頁。

＊16　浅野豊美「日本帝国における台湾「本島人」と「清国人」の狭間―国籍選択権と台湾法制」(『台湾史研究』第一九号、二〇〇〇年)、参照。

＊17　山田、前掲論文「新領地ニ関スル法律関係ヲ論ス」、六五二頁。

＊18　山田三良「新領地臣民地位」(『国家学会雑誌』第一〇巻第一一三号、一八九六年)、七七九〜七八〇頁。

＊19　浅野、前掲論文「日本帝国における台湾「本島人」と「清国人」の狭間」参照。

＊20　『台湾民報』一九〇三年一月二八日付。

＊21　持地六三郎「蕃政問題に関する意見書」(前掲『理蕃誌稿　第一編』に収録)、二九〇〜二九一頁。

＊22　高等裁判所裁判官。当時、植民地台湾では二審制が採られていたため、実質的には最高(結審)裁判所裁判官。

＊23　安井勝次「生蕃人の国法上の地位に就て」(『台湾慣習記事』第七巻第一号、一九〇七年)、一六頁。

＊24　同右、一八〜一九頁。

＊25　同右、二二〜二五頁

＊26　同右、一八頁。

＊27　持地、前掲論文「蕃政問題に関する意見書」、二八六～二八九頁。

＊28　同右、二九一～二九二頁。なお持地は「化蕃」について、「蕃人ニシテ其進化稍々進ミ、幾分帝国主権ニ服従スル事実アルモ（例へバ納税ノ如シ）、普通行政区域外ニ在リテ、事実上未タ全ク帝国臣民タル能ハザルノ状態ニ在ルモノ」としており、彼のなかにあっては、「普通行政区域」居住か否かという点が、「帝国臣民」か否かの認定に際し、実質的には有力な判断材料であったと思われる（同上、二八九頁）。

＊29　同右、二九一頁。

＊30　安井、前掲論文「生蕃人の国法上の地位に就て」、二六頁。

＊31　だが国家の権利として「討伐」を正当化しつつも、それを実行すべきかどうかという点については、それぞれの主張に一定程度の温度差があったことも、また事実である。ともに経済上の理由から「絶滅」策を否定しつつも、一方で「生蕃討伐」を「虎狩猪狩ト云フガ如キモノニ過ギズ」とし、日本軍の人的被害を最小限にとどめるといった観点から、台湾住民の「討伐隊」への積極的編入を構想した持地六三郎と、他方で「文化の助長」も国家目的の一つであるとし、「人道上」の観点から「恩威併行」の重要性を唱えた安井勝次とでは、具体的な政策提言としての次元においては、明らかな相違があったといえるだろう（持地、前掲論文「蕃政問題に関する意見書」、三二〇～三二二頁、安井、前掲論文「生蕃人の国法上の地位に就て」、二六～二七頁）。

＊32　藤井、前掲書『日治時期台湾総督府理蕃政策』および前掲『理蕃誌稿　第二編』、四八一～五〇三頁。

＊33　猪口安喜編『理蕃誌稿　第三編』（台湾総督府警務局、一九二一年）、一八～二五頁。

＊34　同右、一～一八頁。

＊35　同右、一九四頁。

＊36　同右、五二一～五二二頁。

＊37　本章で述べてきたような台湾原住民統治政策の展開、およびそれと相互関連性を持ちながら交わされた台湾原住民の法的位置をめぐる議論は、宗主国内部にどのような形で跳ね返っていったのだろうか。このことは本章の残された課題の中で、最も重要なものの一つであると思われる。そのような課題を考える一つの手がかりとして、いくつかの論点を述べておきたい。
　愛知県の東三河地域に位置する新城市鳳来地区。その南部の井代公民館に保管されている資料の中に、「七郷村役場」からの引継書類が現存している。そしてその中の資料より、一九一一年から一九一四年の時期に、第二次「五箇年計画理蕃事業」にもとづく

「討伐隊」への慰問袋・「台湾対蕃隊慰問袋」が、愛国婦人会を通じて、この地域で五回にわたって募集され積極的な寄付が寄せられていたことが確認できる（『明治四十五年ヨリ大正二年迄　雑書綴』『大正三年　雑書綴』、新城市教育委員会所蔵）。このことは植民地台湾の北中部山岳地帯で展開されていた「五箇年計画理蕃事業」実施の情報は、地域差を伴いながらも、日本「内地」の村々まで行き渡り、慰問袋の募集という形で日常生活の場面にまで浸透していたことを物語っているといえるだろう。そしてそのことは、徴兵による地域住民の「討伐隊」への編入という状況を決定的な関心の基盤としつつ、慰問袋の募集に付随する情報から、台湾原住民を「獰猛ナル兇蕃」として認知し、彼等への「討伐」を当然のこととして受けとめ、慰問袋の募集に呼応していく人々が存在していたことも示しているといえる。

「五箇年計画理蕃事業」が遂行された時期すなわち日露戦後から第一次世界大戦開始前後の時期は、「日本史」の通史的記述において、しばしば「デモクラシー」の時代として語られてきた。この「デモクラシー」の特徴とは、「内に立憲主義、外に帝国主義」と評されているが、台湾原住民にとっての「越境」の問題を含めて考えてみれば、おそらく何が「内」で何が「外」なのか、何が「立憲主義」で何が「帝国主義」なのかが、改めて厳しく問われているといえるだろう。このような問題に迫る一つの方法として、日本「内地」で慰問袋を贈った人々のあり方も含めて「五箇年計画理蕃事業」を改めて考察すること、また逆に「五箇年計画理蕃事業」との関わりという視点も含めて日本「内地」の地域史を描くことの必要性を感じている。今後の課題としたい。

第五章　台湾原住民の法的位置からみた原住民政策の展開

はじめに

前章で詳述してきたように、日本による台湾支配開始から約一〇年が経過した一九〇五年、植民地官僚向けに台湾で発行されていた月刊誌『台湾慣習記事』誌上において、「生蕃人の国法上の地位について」というテーマで懸賞論文が募集された。[*1] そこでの主な論点は、一つは台湾原住民の国籍問題であり、もう一つは原住民を法的主体と認めるか否かという点にあった。このことは、台湾領有後約一〇年経過した段階においてもなお、原住民の法的地位について、植民地官僚の間においてさえ、未確定の領域もしくは解釈の分かれる領域が存在していたことを示しているといえよう。

そこで本章では、領台初期の台湾原住民統治政策の推移、その中でも特に法的主体としての認定という問題に焦点をあて、その歴史的経緯を論じていきたい。植民地台湾において、台湾原住民は人口数的にも社会的にも、圧倒的なマイノリティとして存在した。その意味で植民地統治の矛盾もしくは植民地主義の暴力性が、最も顕在化しやすい存在だったといえるだろう。植民地における少数民族に対して、植民地主義の暴力性はどのような形で発動されるのだろうか――その具体的な一つのあり方を、本章では、原住民統治政策の推移を論じることを通じて、浮かび上がらせることができればと考える。そこで以下では、まず第一節で領台直後から一九〇三年の警察本署主導体制の確立期までの原住民政策の概要を、主に統治機関と政策の根本方針の推移という点から整理し、第二節では統治政策の推移との関連で、原住民の法的位置がどのように論じられ、取り扱われていったのかについて述べていこう。

第一節　台湾原住民政策の概要（一八九五〜一九〇三年）

(1)「綏撫」主義期

台湾の植民地支配は、日清講和条約締結によって「平和裡」に開始されたものではない。第一章で詳述したように、条約締結直後から日本軍は約一年間におよぶ植民地領有戦争を、台湾の地で展開するのである。植民地台湾における中央統治機関・台湾総督府は、一八九五年六月に台北で始政式を開き台湾統治を開始するが、当初、実行支配が可能だった場所は台北周辺と澎湖島のみであり、その他の地域は日本軍の進行に伴い、「平定」した地域ごとに地方政務を段階的に行うといった状況であった。[*2] このような中で、台湾原住民の多くが居住する山岳地帯＝「蕃地」に対する政策実行も、当初はほとんど進まず、同年九月に総督府民政局殖産部長および台北県知事が、北部山岳地帯の大嵙崁を訪問し、同地に住む原住民と会見したのが、公式ルートでの原住民との最初の接見だとされている。[*3] その結果、原住民施策の実行機関として、大嵙崁に台北県の出張所が置かれることになるが、この出張所の設置をもって、組織的で具体的な原住民施策の開始とみることができるだろう。[*4] その後、「平定」地域が広がるとともに、各地方出張所による原住民施策の実行も段階的にすすんでいったと考えられるが、その内容は、付近「蕃地」に関する情報収集、牛や毛布などの物品授与による「帰順」促進が主なものだった。[*5] このような一連の施策は、原住民政策の基本方針として、「綏撫」主義を採る旨をうたった同年八月の樺山資紀総督の訓示を反映したものであると思われるが、[*6] 原住民に関する統治体系はまだ定まらず、各地方出張所で局所的な対応が行われていたというのが実情であろう。このような領台直後の状況は、台湾島における組織的な戦闘が一応「終結」し、戦争状態の継続を意味していた大本営体制が閉じられ、台湾の行政組織も軍政から民政への移行が完了した一八九六年四月に大きく変化し、総督府による原住民統治も本格的な開始をみることになる。

一八九六年三月三一日に公布され翌日より施行された勅令第九三号「台湾総督府撫墾署官制」によって、総督府民政局殖産部の監督のもと、台湾全島に一一の撫墾署が設置され、その所掌事項として①「蕃人ノ撫育授産取締ニ関スル事項」、②「蕃地ノ開墾ニ関スル事項」、③「山林樟脳製造ニ関スル事項」の三点とすることが定められた。[*7] つまりこの撫墾署体制とは、台湾原住民の住居地域「蕃地」を「普通行政区域」と切り離し、「特別行政区域」とした上で、撫墾署がその専従機関として施策を実行する体制だったといえるだろう。この体制下では領台直後の方針が引き継がれ、原住民統治にあたっては、基本的には「綏撫」主義、つまり宥和政策を基調とした現状維持方針がとられた。[*8] このことはいわゆる「普通行政区域」においても、漢民族系住民のゲリラ的な抵抗活動が継続する中で、台湾原住民と漢民族系住民の両方を「敵」にまわすこと、つまり両面戦争を避けるという総督府の選択の結果であったとも評されている。[*9] であるから漢民族系住民の武力抵抗を、徹底した弾圧と「親日派」形成という両面から何とか押さえ込むことが達成された段階で、原住民政策は転換期を向かえることになる。

(2)「積極的」介入政策への転換

原住民政策の転換が表明された早い時期のものとして、一九〇〇年二月に行われた児玉源太郎総督の訓示を紹介しておこう。

今ヤ平地ニ於ケル各般ノ事業漸ク緒ニ就キ、当ニ進ミテ蕃界ノ拓殖ニ歩武ヲ移サヽルベカラス。而シテ此等ノ蕃界ニ棲息スル蕃人ハ、頑蠢馭シ雑ク野性禽獣ニ斉シ。若シ夫レ之ニ酒食ヲ饗シテ慰撫ヲ加ヘ、乃チ依リテ誘導ヲ就サントスル如キ、長年月ノ間ニハ或ル程度マテ進化シ得ラルベキモ、刻下新領土経営ノ急要ハ決シテ斯カル緩慢ナル姑息手段ヲ准サス。宜シク速ニ鋭意シテ其ノ前途ノ障碍ヲ絶滅セシムルコトヲ期スベキナリ云々。[*10]

すなわちそれまでの「綏撫」主義を緩慢なる姑息手段と批判し、その上で国際的な競争力を持つ輸出品「樟脳」の原産地である「蕃地」(特に北中部山岳地帯)の開発のためには、その障害となるものの速やかな「絶滅」をも辞さないという方針が語られるのである。

実はこの時期、原住民施策の担当部署は縮小傾向にあった。まず、一八九七年五月、「地方官官制改正」の一環として、撫墾署の指揮・監督機関は、それまでの総督府民政局殖産部から各地方の知事庁長に移った。[*11]つまり中央統治機関である総督府の直接指揮下にあり、その意味で各県各庁同等の位置から、各県各庁の下部組織にその性質を変えたといえる。さらにその後、先に挙げた児玉総督就任直後の一八九八年六月、「台湾総督府官制改正」、および「地方官官制改正」が行われ、それによって撫墾署は廃止されることになる。[*12]そして「蕃地蕃人」に関する業務は、各県各庁におかれた弁務署の第三課が引き継ぐこととなるが、このことは各地方における原住民施策担当部署の大規模な縮小であった。それと同時に、「蕃地蕃人」業務は、各警察官吏派出所(弁務署第二課)と同一の指揮系統(弁務署長)に入ったこととなり、[*13]警察と連携した「取締」を主眼とする原住民施策実施にむけての萌芽的な体制整備だったといえるだろう。

このような状況の中で先に紹介した訓示は発せられるのであるが、その後の展開は、訓示に沿う形で、原住民に対する「取締」と「討伐」が強化されていく。一九〇〇年から一九〇二年にかけて、一方では清国時代からの防蕃組織であった「隘勇」が整備され、要所への砲台の設置が進められるとともに、他方では、第二章で述べた一九〇〇年初秋の大嵙崁方面の「アタイヤル族討伐」、一九〇二年七月からの新竹庁下の「南庄蕃討伐」、同年一〇月の苗栗庁下の

「馬那邦社討伐」といった、「武力」による大規模な「討伐」作戦が展開されていく。[*14] このような状況の中で、原住民政策の今後に関する実地調査命令が総督府参事官・持地六三郎に下され、後の「五箇年計画理蕃事業」の青写真を提供したと評される「蕃政問題に関する意見書」が、一九〇三年初頭に復命書として提出されるのである。[*15]

この意見書を受けて、同年三月、民政長官はじめ総督府の最高幹部を結集した蕃地事務委員会が総督直属の機関として設置され、そこでの討議の結果、「蕃人蕃地」に関する事務を警察本署長の専属とすることが決定された。[*16] 一九〇一年一一月の「台湾総督府官制改正」によって、中央統治機関内で「蕃人蕃地」業務の担当部署が殖産局と警察本署という二系統に分かれていたが、そのような事態を解消し警察本署に一本化することが確認されたのである。[*17] そして一九〇三年四月、中央統治機関たる総督府においては警察本署長直属の機関として「蕃務課」が設置され「蕃人蕃地」業務を掌握すると同時に、地方統治機関である各庁においては「警務課」の担当とすることが定められた。[*18] ここにおいて、「取締」を基調とした原住民政策＝警察本署主導体制が、確立することとなる。

第二節　台湾原住民の法的位置をめぐって

このような政策の推移の中で、台湾原住民の法的位置はどのように確立していったのであろうか。結論を先取りしてその特徴をまとめれば、第四章でも簡単に述べたように、原住民の法的位置は計画的に整備され法制化されたというよりはむしろ、実際に起こってくる事態への対応―つまり管轄機関からの上申に対する総督府からの回答―が積み重なる中で既成事実化し、ちょうど警察本署主導体制が確立する時期に実態化して認知されたといえる。

以下ではその経緯を、①懲罰対象としての規定、②権利主体としての規定、この二点にそくして具体的に検討していこう。

(1) 懲罰の対象として——普通法規の適応範囲外——

台湾原住民の犯罪行為にどのように対処するのか。このことは特に清国統治期から原住民の慣行と考えられてきた「馘首」(「首狩」)行為との関連で、植民地政府にとっては領台直後から、大きな懸案事項であった。撫墾署設置直後の一八九六年、殖産部長より各撫墾署長宛に出された「撫墾署長執務上ノ注意ニ就キ通牒」の中では、「首狩」慣行をはじめとした「蕃人」の犯罪行為は、当分の間刑罰の対象とせず、各撫墾署において「訓戒」や「聯隊ノ責任」など、再発防止に向けて有効な策を講じるべき旨が明記されていた。[*19] しかし同年六月に民政局内務部長より各地方長官宛に出された内訓「蕃人ノ兇行ノ取締方」においては、「蕃界」以外の地域における「蕃人」の犯罪に関しては、撫墾署の所掌事項には当てはまらず、守備隊や憲兵隊と協議しつつ警察によって対処すべき旨が通達されている。[*20] 事実、同年一〇月には「内地人殺害」を主な理由として、恒春撫墾署管内で台湾守備隊による初の「討伐」が実施され、「加害蕃人」が捕縛された。[*21] この際、捕縛された「蕃人」に対し、その後、どのような処罰が行われたのか、その一端をうかがえる資料が台湾総督府公文類纂の中に残されている。『明治三十年台湾総督府公文類纂乙種永久』(簿冊番号一七八)には「恒春監獄署ニ拘禁セシ生蕃破獄逃走詳説」(第二九文書)という文書が編綴されているが、この書類は、一八九六年一〇月の「討伐」の際、捕縛された「蕃人」の内七名が、収監先の恒春監獄署から脱獄した事件に関する報告である。この脱獄事件に関する書類から、一八九六年一二月の段階で、「電線切断」「内国人謀殺」等四件の罪状で「生蕃」一六名が恒春地方法院に起訴されており、その内一一名が恒春監獄署に収監されていたことが確認できる。また関連書類の中には、脱獄事件の責任を訴訟処理の遅れが原因として問われた恒春地方法院長から、法務部長宛の弁明書が含まれているが、その中には次のような一節がある。

当院カ該事件ノ起訴ヲ受ケタルハ客年十二月十四日ヨリ十九日迄ノ間四件ニシテ其人員十六人ニ有之、而シテ該事件ハ数個ノ犯罪ニ渉リ事情煩雑ニシテ書類モ大部ナルノミナラス、生蕃ノ犯罪取調ニ付テハ土人ノ取調ヨリ尚ホ一層困難ニシテ、副通訳弐名通訳一名都合三名アルニアラサレハ一言一句ノ審問ダモ為シ能ハサルヲ以テ、審問ノ進行又従テ敏捗ヲ見ル能ハス。[*22]

この書類が弁明のために書かれたものであることを考慮するとしても、言語等の関係から訴訟に関する手続きが、原住民を被告とした場合、困難を極めていた状況がうかがえる。

以上のような事例から、撫墾署体制開始当初は、台湾原住民を刑罰の対象とするのか否かについて、原則としても判断と対応が揺れており、かつ刑事事件として処理した場合、裁判手続きに多大な労力を裂かざるを得ないという実務上の問題も存在する状況だったといえる。

このような状況の中で一八九七年四月総督府において、「治蕃上一定ノ方針」を確認することを目的として、総督臨席のもと各撫墾署長が一同に会する諮問会議が開催された。[*23] この会議では総督府各部署提出の諮問案が検討されたが、その中の一つ、法務部提出の諮問案は、「生蕃人ノ犯罪」に対する刑法適用の適否、および刑法適用を否として場合、特別法令を作成すべきか否かを問うものであった。[*24] すでに先行研究によって指摘されているように、この諮問会議においては、近代刑法の範疇でとらえるならば確信犯に近い「蕃人」の「馘首」などの行為に対して、「日本刑法」の適用は難しいという意見でほぼ一致していた。[*25] さらに、撫墾署による原住民統治の円滑な遂行という観点から、「日本刑法ヲ適用セストノ明文ヲ制定セラレタシ」[*26] という意見も述べられている。

このように撫墾署を中心として、「蕃人」の犯罪＝行政処分で対処すべきという見解が、一方で強く唱えられつつも、他方で例えば同年九月に民政局内務部長より総督宛に出された「生蕃兇行取締ニ関スル建議」に端的に示されているように、[*27] 主に内務部を中心として「取締」を機軸とした特別法令の制定を強く求める主張も存在していた。

以上のような見解の相違、対応の揺れが端的にあらわれ、かつ総督府の基本方針が明確に示されたものとして、一九〇〇年一月に出された児玉源太郎総督より各検察官長宛の内訓「蕃人ノ犯罪事件起訴ノ件」があるといえる。この内訓は「蕃人ノ犯罪事件ヲ起訴セントスヘキトキハ、検察官長ハ台湾総督ニ具申シ其指揮ヲ受クヘシ」というものであるが、この内訓案には次のような添付書類がそえられている。

蕃人ハ現下尚治外ノ民タルノ観アルモ特ニ法規ニ於テ之ヲ除外セサルノ間ハ、若シ其犯罪アリタル場合ニ於テ同一ニ之ヲ律セサルヲ得サルナリ。頃者法院ニ於テ一二蕃人ノ犯罪ニ関シ、普通刑法ヲ適用セルハ是寔ニ止ヲ得サルノ結果ナリ。然リト雖未タ刑罰ノ何タルヲ解スル能ハサル蕃人ニ対シ、一般法律ヲ当行スルハ実際上理論上甚其可ナラサルヲ認ム。因テ蕃人ニ対スル一般取締方御制定相成候迄ハ、其犯罪ニ付テハ可成之ヲ行政処分ニ委スルノ方針ヲ執リ、検察官ヲシテ直ニ之ヲ起訴セサラシムルカ為、左ノ通御内訓相成可然哉御高裁。[*28]

つまり、これまで法院において「蕃人ノ犯罪」を「普通刑法」によって裁いた例が複数あり、このことをやむを得ずとしつつも、今後の方針としてはなるべく「一般法律」は適用せず「行政処分」で対応すべきとの指針が示され、そのために普通法規に基づいた起訴への歯止め策として、総督への具申と指揮を義務化しているのである。

以上のような紆余曲折を経て、この一九〇〇年一月の内訓「蕃人ノ犯罪事件起訴ノ件」によって、普通法規ではなく恣意的な運用が可能な「行政処分」による処罰を主軸とすべき旨が明示された段階で、台湾原住民を普通法規の適応範囲外とするといった方向性は、基本的には確立したと理解すべきだろう。

(2) 権利主体として① ——樟脳製造権をめぐって——

台湾原住民は権利主体たりえるのか否かという問題についても、領台初期においては明確な規定がなされず、原住民をめぐる法制度の整備が取りざたされるたびに問題化する領域であった。この経緯を、本項では樟脳製造権をめぐる推移、次項では土地所有権にかかわる動向を取り上げ、検討していこう。

当時の台湾において、国際的な競争力をもつ主要輸出品であった樟脳を、誰がいかに生産していくのかという問題は、台湾領有直後から植民地政府にとって懸案事項であった。例えば、台湾南部において日本軍と台湾住民との間で戦闘が継続されていた一八九五年一〇月の段階ですでに、台湾総督府は日令第二六号「官有林及樟脳製造業取締規則」を制定、所有権が確証できない「山林原野」を官有地とする大原則を定めた上で、官有地における樟脳製造を台湾受渡以前に清国政府の許可を受けていた者に限定するといった、樟脳製造を総督府の監督下に置くための布石作りを行っている。[*29] そして樟脳の原料・樟木の生育地が多くの場合「蕃地」(特に北中部山岳地帯)であったため、原住民政策は当初から、この樟脳製造の問題と密接に絡んで展開することとなる。

樟脳製造に関連して、台湾原住民がそれまで得ていた既得権を、どの範囲で認めるのか。その既得権とは大別すれば、原住民自身が樟脳の製造に携わるいわば樟脳製造権と、「蕃地」での樟脳製造従事者が当地の原住民に物品を支払ってきた慣行=「和約」慣行の二つということができるが、この既得権の取扱は撫墾署体制下でも、すでに大きな懸案事項だった。まず樟脳製造権については、撫墾署体制開始直後に、先に述べた日令第二六号「官有林及樟脳製造業取締規則」をめぐって、「蕃人ニシテ其ノ居住地内ニ於テ清国政府ノ許可ヲ得ズ製脳ニ従事セル者アリトセバ、之ヲ処分スルハ不可能ナルニ由リ、台湾受授前ニ於テ製脳業ニ従事セシ形跡分明ニシテ適当ト認ムル者ニ対シテハ、製脳業ヲ許可スルコト、スベシ」[*30]という解釈が示され、現状における原住民の樟脳製造を許可していこうという方針が出された。このようないわば現状追認的な見解は、「和約」慣行をめぐっても、撫墾署体制下では維持されたものだといってよいだろう。例えば、先に述べた撫墾署長諮問会議でも樟脳問題は、二つの諮問「樟脳製造者ト蕃人ノ関係如何」、「樟脳製造業ニ関スル将来ノ意見」として出され、前者の諮問に関しては「和約」慣行について議論が集中した。その中の一つの典型的な意見を紹介しよう。

……蕃人ニ関係アル地方ニ於テ製脳業ヲ営マントスルトキハ、先ツ樟脳釜百份ニ付凡ソ六拾円ニ価スル物品ヲ総土目ニ贈リタル物品ヲ関係アル各社ニ分配シテ其旨ヲ通知スルカ故ニ、敢テ危険ノ恐レナカリシト云フ。斯ル習慣ハ将来トテモ俄カニ之ヲ打破スヘカラサレハ、撫墾署ニ於テ之カ媒介者ト成リ物品ヲ与フルニモ撫墾署ヲ経由スルコト、シ、以テ漸次斯ル悪習ヲ洗除セント欲ス。[*31]

これは林圯埔撫墾署長・齋藤音作の発言であるが、ここでは管轄地域での「和約」慣行のあり方が紹介された上で、そのような慣行を「悪習」としつつも、急激な廃止は不可能という現状認識のもと、漸進的な解消を目指す必要性が主張されているといえる。「和約」慣行の現状追認という方針は、この会議での各撫墾署長の意見に共通するものであり、意見の相違は「和約」の成就にどの程度撫墾署が関与すべきかという点にあったが、その中には「蕃人化育」という観点から「蕃人ノ感情ヲ損シ撫蕃上ノ不利益ヲ来スニモ拘ハラス、製脳業ヲ進ムルノ必要ナシト信スルカ故ニ、蕃人ニ関係セル地方ノ製脳ハ撫育ノ充分行届タル後ニアラサレハ、之ヲ許サヽルコト、致シタシ[*32]」という意見も存在した。このように樟脳製造を中断してでも「撫蕃」を優先すべきとする見解が、少数意見としてでも示されたことは、「綏撫」主義を掲げた撫墾署体制期の特徴だといえるだろう。さらに「蕃人撫育」の観点から樟脳製造を捉えようとする意見は、次の議題「樟脳製造業ニ関スル将来ノ意見」に関しても散見され、例えば「先ツ蕃人ヲシテ斯業ニ従事セシメ、尚ホ余剰アラハ正当ナル実業者ニ許可スヘシ[*33]」というように樟脳製造を原住民に優先的に認めていこうという意見も出された。

しかしこのような台湾原住民の既得権追認という方針と状況は、権利主体としての原住民の認定を相即的に意味するものではなかった。むしろ樟脳製造に関して、法規が定めるところの権利主体としては、原住民を認めないという方針が、その後の政策展開の中で打ち出されていくこととなる。

撫墾署が廃止された一年後の一八九九年六月、律令第一五号「台湾樟脳及樟脳油専売規則」(以下、「専売規則」)、第一六号「台湾樟脳及樟脳油製造規則」(以下、「製造規則」)の制定によって、樟脳専売制が施行された。[*34] これは児玉源太郎総督―後藤新平民政長官の施政下における三大専売制実施の一環に位置するものであるが、これら律令によって樟脳・樟脳油をすべて政府に収納するよう定められただけではなく、樟脳製造は三ヶ年期限付きの特許制となった。[*35] そして「製造規則」が定める製脳特許人に原住民は認められるのか否かが、専売制施行直後に問題化することになった。

専売制が施行された二ヶ月後の一八九九年八月、「蕃人ノ製脳特許ニ関スル上申」が台北県知事より民政長官宛に出された。この上申の経緯は次の通りである。台北県下新竹弁務署管内上坪地方に居住する「蕃人」が新規に樟脳製造の許可を願っており、「蕃人授産」の見地から所轄弁務署も支持しているが適切かどうかの判断を総督府に求めるというものだ。言い換えればこの際の焦点は、「製造規則」の基づく特許人として、「蕃人」を認めるか否かという点だったといえる。この点に関する総督府の見解は次のものであった。

……樟脳及ビ樟脳油製造規則ニ依リ彼等ニ特許ヲ与ヘンカ、之ニ依リテ製脳権ハ得ラルベキモ、無智ノ蕃人ハ該規則ニ定メタル彼特許人ノ義務ヲ履行シ得ザルノミナラズ、規則所定ノ制裁ノ如キハ遂ニ実行スベカラザルモノ多カルベシ。要スルニ蕃人ハ元来一定ノ規則ヲ以テ律スベカラザル者ナルニ由リ、普通ノ人民ト異ナリ到底斯カル権利ヲ取得スベキ資格ナキモノト断定セザルベカラザルノミナラズ、製脳取締励行ノ時機ニ際シ之ヲ特許スルハ穏当ヲ欠クモノアリ。[*36]

つまり「蕃人」は規則の適応範囲外であり、その意味で法規が定めるところの権利すなわちこの場合は樟脳製造特許を享受することはできず、特許人となる資格がないとするのである。このような見解は、「製造規則」に基づく新規の認定に際して、権利主体としての製造特許人としては、なるべく「蕃人」を除外していこうとする方針が示されたといえるだろう。[*37]

さらに同年一一月、それまでの既得権として樟脳製造が認められてきた「蕃人」に対しても、「専売規則」「製造規則」が認める製造特許人と同一ではないという見解が示された。すなわち「専売規則」第一一条では樟脳及樟脳油に異物を混和した場合、罰金刑を課すことを定めているが、この違反を「蕃人」が犯した場合、特別の行政処分とした い旨、台北県知事から総督宛の上申が出されたが[*38]、この上申に対して総督府内では次のような議論がされたという。

……蕃人ハ概シテ之ヲ普通行政ノ区域外ニ置キ努メテ権利義務ヲ負ハシメルヲ避クルノ方針ナルニ、彼等ニ製脳ノ特権ヲ与ヘタルハ其ノ義務者タルコトヲ普通人ト同視セルモノ、如クナレドモ、是レ旧政府時代ニ得タル権利ヲ継続セシメタルニ外ナラス。[*39]

つまり現在、樟脳製造が認めている「蕃人」は清国政府時代からの権利を継続したにすぎず、日本「帝国」の統治下ではなるべく「権利義務」の対象外とすべき方針が示されており、その権利を「専売規則」「製造規則」などの法が定める権利として、積極的に認定したわけではないとするのである。であるから、台北県知事からの上申に対する回答も、「専売規則」の規程外の処分であるということを充分認識した上で、「蕃人ノ懲戒」に限っては、特別の行政処分を認めるというものとなった。[*40]

以上のように、樟脳製造に関する台湾原住民の既得権は、とりあえず消極的には容認しつつも、法規が定める権利主体としては原住民を認定しないという方針が、樟脳専売制度の確立期に明確化していったといえる。そしてまた原住民の既得権全体が、漸次、「解消」すべき対象として、その後の樟脳政策の中で位置付けられていくこととなるのである。[*41]

(3) 権利主体にして②——土地所有権をめぐって——

前項では樟脳製造権にそくして、台湾原住民の法的主体としての認定問題の経緯を検討してきたが、本項では領台初期の原住民政策において、もう一つ重要な論点であった土地所有権問題にそくして考察していこう。

先に述べたように一八九五年一〇月発布の日令第二六号「官有林及樟脳製造業取締規則」によって、所有権が確証できない「山林原野」を官有地とする方針が示されたが、しかし原住民の土地所有権の認定は、当初の撫墾署体制下ではいくつかの選択肢の中で解釈が揺れた問題であった。既出の一八九七年四月開催の撫墾署長諮問会議において、「蕃人」の土地所有権をめぐる問題も主要な議題の一つとして取り上げられ、議論が展開された。議題一二「将来蕃人ニ土地ノ所有権ヲ与フル方法如何」という形で諮問された議題については、その諮問提出理由書より、次のような目的が諮問提出機関である民政局殖産部にあったことがわかる。つまり、従来「蕃地」の土地を開墾した者が当地の原住民に収穫物の一部を支払ってきた「蕃租」慣行の基盤、および「蕃地」開発の遅延の原因を、原住民の土地観念に求めた上で、そのような観念の払拭を、土地所有権の否認もしくは非常に限定的な認定という形で推進しようという目的である。[42] しかし原住民施策の直接的な実行機関の責任者である撫墾署長の間では、原住民の土地所有権のとらえ方に意見の相違がみられ、議論は紛糾した。例えば「本項ノ理由書ニ蕃人ニ所有権ナキモノ、如ク記セルモ、元来彼等ノ占領ニ係ルモノナルハ純然タル彼等所有ノ下ニアルモノナリ」と、「蕃人」の土地所有権を狩猟地も含めて幅広く認定しようとする意見から、「宅地、耕地、附近ノ山林」は与えるが「彼等ニ就テハ其所有権ヲ与フルコトヲ暫ク秘密ニ附シ置」くことを提案するといったように、土地所有権の認定というよりはむしろ恩恵的施策としての実施を主張する意見まで、議論は分かれた。[43] 結局、この議題に対しては、議長であった民政局殖産部長によって「本問題ハ即決スルコト六ヶ敷カルヘケレハ、尚ホ充分ニ考案ヲ図ラン。蕃地開発ノ事ニ付キテハ始終怠ラサランコトヲ期スヘシ」[44]という形で締めくくられて終わることとなる。つまり土地所有権に関する問題は、一層の調査が必要ということで、ここでは積極的な諮問案が出されないまま、先送りされたのである。

そして撫墾署体制が廃止され、先に述べた児玉総督による原住民政策転換の宣言とでも言うべき訓示が行われる直前の一九〇〇年二月、律令第七号「蕃地占有ニ関スル法令」が発布されることになる。この律令によって「蕃人ニアラサル者」はどのような名義でも、「蕃地」において土地の占有・使用など、権利問題が発生する行為を行うことが基本的には禁止された。[*45] しかしこの律令において、「蕃人」の土地所有権が認められたわけではなく、逆に「国法ヲ以テ彼等ノ土地所有ヲ認ムベキヤ否ヤハ暫ク未定ノ問題」であるが故に、「蕃人」を相手とした土地に関する契約を禁止することで、「権利利益ノ紛ヲ予防スル」ことが、この律令制定の主眼であった。[*46]

このように「蕃人」の土地所有権＝「未定ノ問題」という見解が、総督府の基本方針として採られていくことになるが、しかし、すべての事態にこの方針が貫かれていったわけではない。一九〇二年五月に新竹庁長から民政長官宛に出された「普通行政区域内における蕃人の業主権」に関する伺出とそれに対する回答から、「蕃人」の土地所有権に関する議論が、所有権の発生する土地の位置をめぐる議論にスライドしていることがうかがえる。つまり新竹庁長からの伺出の骨子は、「蕃界」に属する土地はすべて国有地であるという基本認識の下、では「普通行政区域」における「蕃人」占有の土地に、「蕃人」の業主権を認めるべきか、それとも所在の如何を問わず、「蕃人」の占有する土地はすべて国有とみなすべきかを問うものであった。[*47] そして同年九月に通達されたこの伺出に対する民政長官からの回答では、「蕃人ニシテ普通行政区域内ニ於テ一定ノ住所ヲ有シ、且ツ租税ヲ負担シ其ノ状態本島人ト異ナル所ナキモノニ在リテハ、総ベテ土地調査査定ノ結果ニ依リ之ガ業主権ヲ認ムベキ[*48]」であるという見解が示された。この背景には、一八九八年から開始された臨時台湾土地調査局による調査事業の中で、「普通行政区域」において納税の義務を果たしてきた土地に関しては、「占有者ノ如何ヲ問ハズ」業主権を認めていこうという方針が出され、実際にその方針にそって、調査が進められているという状況があった。[*49] その意味で今回の回答は、いわば政策上の矛盾を避けるためにも、「普通行政区域」内の「蕃人」の「業主権」を認可するといった方針を、総督府の民政長官名で確認するものであったといえるだろう。

つまり「普通行政区域」内という限定の下に、台湾原住民を権利主体として認めているわけだが、ここで権利主体の認定にかかわって重要なはずの、「蕃地」か「普通行政区域」かといった境界線の設定もまた、「蕃地」とは「蕃界ノ接近地ニ居住セル本島人ノ蕃地ト称呼シ来レル慣習」[*50]（一九〇三年五月：「蕃地」の解釈について民政長官より専売局長への回答）によるとされ、その意味で流動的な要素を多分に含むものであった。

以上のように、「普通行政区域」居住の原住民と切り離した形で、「蕃地」居住の原住民は、権利の対象外とされていったわけであるが、そのプロセスは、紆余曲折を繰り返しながらも、権利問題が発生するたびに、「臣民権」の対象外ということがその都度確認され、先に述べた警察本署主導体制が確立する段階で、既成事実として実態化し認知されていったといいえる。

おわりに

これまで検討してきたように、領台初期の台湾原住民政策の中で、原住民を法的主体として認めるか否かという問題は、当初の撫墾署体制下では多様な意見を孕みつつも、最終的に武力「討伐」も念頭においた「積極的」介入体制つまり警察本署主導体制が整備される段階では、原住民——特に「蕃地」居住の原住民——を法的主体として認めないという方向性が、既成事実の積み重ねの中で実態化し、認知されていったといいえるだろう。

次章で詳述するように、この後の台湾原住民政策は、佐久間左馬太総督の下、「蕃地」の完全国有化と原住民に対する武力「討伐」・絶対服従化が目指され、その地均しとして一九〇七年から第一次「五箇年計画理蕃事業」が実施され、その後一九一〇年から大規模な軍事力の投入による第二次「五箇年計画理蕃事業」が展開されることになる。その意味で、原住民を法的主体として認めない——つまり法治の外に置く——といった政策の方向性が、一九〇三年前後に確定してくる状況は、いわばこのような原住民に対する徹底的な武力「討伐」を、準備するものだったともいえるのではないだろうか。そして冒頭にのべたように一九〇五年段階で、「生蕃の国法上の地位について」という懸賞論文が募集されたこともまた、第四章で述べたように、台湾原住民を法治の対象外とする政策に、法学的な学知によっていかなる正当性が与えられ得るのかを占うものだったともいえよう。

注

＊1　「第一回懸賞文募集結果」（『台湾慣習記事』第六巻第一一号、一九〇六年一一月）。

＊2　檜山幸夫『日清戦争―秘蔵写真が明かす真実』（講談社、一九九七年）、二三五〜二五八頁。

＊3　伊能嘉矩編『理蕃誌稿　第一編』（台湾総督府民政部蕃務本署、一九一一年）、五〜八頁。および「大嵙崁生蕃会見台北県知事報告」（『台湾総督府公文類纂』第三五冊第七文書）、「大嵙崁生蕃会見殖産部長報告」（『台湾総督府公文類纂』第三五冊第八文書）。

＊4　前掲『理蕃誌稿　第一編』、八頁。

＊5　「台湾総督府民政事務報告」第五号、「明治二十九年二月分台湾総督府民政事務報告」第七号（『台湾総督府民政事務報告雑纂』、外務省外交史料館蔵）。なお、当該期の「帰順」の様相については、小林岳二が「清末・日本統治直後、政権交代期の台湾原住民―文書から見た「帰順」―」『東洋学報』第八〇巻第四号（一九九九年）の中で、台湾南端地域に焦点を絞り、詳細に検討している。

＊6　前掲『理蕃誌稿　第一編』、二一〜二三頁。

＊7　同右、一七〜二〇頁。

＊8　同右、二〇〜三一頁、および中村勝「日本資本主義の「恩撫」政策と台湾高地先住民―総督府『理蕃』初期における撫墾署制を中心に―」（『名古屋学院大学論集　社会科学篇』第三五巻第四号、一九九九年）を参照。

＊9　大江志乃夫「植民地戦争と総督府の成立」（『近代日本と植民地2　帝国統治の構造』岩波書店、一九九二年）。

＊10　前掲『理蕃誌稿　第一編』、二四五頁。なお以下、引用資料の旧字体は新字体に改め、適宜、句読点を付けた。

＊11　同右、七二〜七七頁。

＊12　同右、一五一〜一五四頁。

＊13　同右、および藤井志津枝『日治時期台湾総督府理蕃政策』（文映堂〈台北〉一九九六年）、七九〜九八頁。

＊14　前掲『理蕃誌稿　第一編』、二五一〜二六一、二七五〜二七六、二七九〜二八〇頁。

＊15　近藤正己「台湾総督府の『理蕃』体制と霧社事件」（前掲『近代日本と植民地2　帝国統治の構造』）。

＊16　『理蕃誌稿　第二編』（台湾総督府警察本署、一九一八年）、二七九〜二八八頁。なお、本章では第一編との合本版を使用している。以下、同様。

＊17　前掲『理蕃誌稿　第一編』、二六八〜二六九頁。なお、一九〇一年一一月の改正によって殖産局に拓務課が設けられ、そこが「蕃地」開発など主に経済面を掌握、また警察本署においては警務課が主に「隘勇」に関する事項を、保安課が「山林及蕃人取締」に関する事項を掌握することとなった。また同時期に行われた「地方官官制改正」によって弁務署は廃止され、「蕃地蕃人」業務は各庁の総務課の主管となり、一般行政の一部として扱われることとなった（前掲『理蕃誌稿　第一編』、二六九頁）。

＊18　前掲『理蕃誌稿　第二編』、二九四〜二九五頁。

＊19　前掲『理蕃誌稿　第一編』、三八頁。

＊20　同右、四〇頁。

＊21　同右、五〇頁。

＊22　「蕃人訊問渋滞ノ義ニ関シ軍務局へ回答」（『台湾総督府公文類纂』第一七八冊第三一文書）。

＊23　前掲『理蕃誌稿　第一編』、五五〜六四頁、および「撫墾署長諮問会議々事要録」（『台湾総督府公文類纂』第一八〇冊第二文書）。

＊24　前掲「撫墾署長諮問会議々事要録」。なおこの諮問会議が開催された一八九七年当時の台湾における刑事事件に関しては、一八九六年八月公布の律令第四号によって「台湾ニ於ケル犯罪ハ帝国刑法ニ依リ之ヲ処断ス。但其条項中台湾住民ニ適用シ難キモノハ別ニ定ムル処ニ依ル」とされていた（台湾総督府警察局編『台湾総督府警察沿革誌（四）』、影印版、南天書局〈台北〉、一九九五年、六六頁。なお初版は一九四二年発行）。この会議において「日本刑法」の適用如何が一つの問題とされているのは、この律令を意識してのものと思われる。その後、周知のように一八九九年七月の律令第八号「民事商事及刑事ニ関スル律令」によって、台湾に民法、商法、刑法、民事訴訟法、刑事訴訟法、その他付属法律が延長施行されたが、「本島人及清国人ノ外ニ関係ナキ民事及商事ニ関スル事項」「本島人及清国人ノ刑事ニ関スル事項」は「別ニ定ムル現行ノ例」によることとなった（前掲『台湾総督府警察沿革誌（四）』、六六〜六七頁）。しかしこの律令が規定する対象に台湾原住民が含まれるか否かは依然曖昧であり、後述のような議論を誘発していくこととなる。

＊25　上野史朗「植民地統治初期における撫墾署と台湾原住民との関わりについて―台湾総督府文書の分析を中心として―」（『マイノリティの孤立性と孤高性』中京大学社会科学研究所、二〇〇二年）。

＊26　前掲「撫墾署長諮問会議々事要録」（恒春撫墾署長心得・安積五郎の発言）。
＊27　前掲『理蕃誌稿　第一編』、一一一～一一八頁。
＊28　「内訓第一号蕃人ノ犯罪事件起訴ノ件」（『台湾総督府公文類纂』第三六二冊第五文書）。
＊29　前掲『理蕃誌稿　第一編』、二七～二九頁、四六頁。なお台湾における樟脳業の展開と原住民政策の関連については、李文良や中村勝が経済史の立場から、清朝後期の状況も視野に入れつつ詳細に論じている（李文良「帝國的山林―日治時期臺灣山林政策史研究―」、国立台湾大学歴史学研究所博士論文、二〇〇一年。中村勝「日本資本主義の脳業政策と台湾高地先住民―専売政策史にみる山元粗製脳業の家内労働様式を中心に―」、『名古屋学院大学論集　社会科学篇』第三四巻第四号、一九九八年）。また台湾総督府の財政政策と樟脳業の関連については、平井廣一『日本植民地財政史研究』（ミネルヴァ書房、一九九七年、特に第二章第三節）などを参照。
＊30　前掲『理蕃誌稿　第一編』、四六頁。
＊31　前掲「撫墾署長諮問会議々事要録」。
＊32　同右（台東撫墾署長心得・相良長綱の発言）。
＊33　同右（五指山撫墾署長・山口義耀の発言）。
＊34　前掲『理蕃誌稿　第一編』、二三八頁。
＊35　『台湾樟脳専売志』（台湾総督府専売局、一九二四年）、六四～六六頁。
＊36　前掲『理蕃誌稿　第一編』、二三五～二三六頁。
＊37　ただしこの件に関しては、「蕃人授産」と「専売制施行」という観点から、新竹樟脳局長が掌握のもと上坪に樟脳試験所を設け、そこで「蕃人」に樟脳製造に従事させる旨の通達が出された。これが台湾総督府初の樟脳試験所、上坪樟脳試験所として同年十一月より操業を開始することになる（前掲『理蕃誌稿　第一編』、二三六頁、および中村、前掲論文「日本資本主義の脳業政策と台湾高地先住民」参照）。
＊38　前掲『理蕃誌稿　第一編』、二三七頁。
＊39　同右。
＊40　同右、二三八頁。
＊41　なお藤井志津枝はその著書の中で、一九〇二年に新竹庁下で起こった「南庄蕃」による抗日運動とそれへの「討伐」について、

既存の樟脳製造権を剝奪しようとする植民地政府の経済的侵略行為に対する台湾原住民の主体的抵抗と、それへの総督府による徹底弾圧と位置づけており、本章執筆に際し大きな示唆を受けた（藤井、前掲書『日治時期台湾総督府理蕃政策』、特に一三一～一四九頁）。

＊42 「撫墾署長諮問会筆記」（『台湾総督府公文類纂』第一八〇冊第五文書）。なお「蕃租」については『台湾旧慣調査一斑』（臨時台湾土地調査局、一九〇一年）、七四～八四頁も参照した。

＊43 前掲「撫墾署長諮問会議々事要録」。なお前者は埔里社撫墾署長心得・檜山鐵三郎の意見、後者は林圯埔撫墾署長・齋藤音作の意見として記録されている。

＊44 前掲「撫墾署長諮問会議々事要録」。

＊45 前掲『理蕃誌稿　第一編』、二四〇頁。

＊46 同右、二四一～二四三頁。

＊47 同右、二七八頁。

＊48 同右。

＊49 同右、二七九頁。

＊50 前掲『理蕃誌稿　第二編』、三〇二～三〇四頁。

第六章

「五箇年計画理蕃事業」という暴力
——「境界線」としての隘勇線——

はじめに

不思議議々々奇怪々々多分幕内ニハ多数人ノ動作セルナルヘシ、然ラサレハ神ノ働キナルヘシト。就中愉快ヲ感セシハ陸海軍ノ戦争、最モ不愉快ナリシハ蕃人ノ鉄条網震死ナリシカ如シ。[*1]

ここに掲げた資料は、台湾北東の山間部に居住する台湾原住民の一つの「部族」が、台湾総督府および地方庁からの断続的な「討伐」・服従化施策の結果として一九〇九年に植民地政府に帰順し、その直後に実施された「島内観光」の際に台北で見せられた「活動写真」についての、原住民自身の感想として植民地官僚によって書き残されたものである。「島内観光」とは、都市部の「文明化」の度合いを台湾原住民に示すことで、抵抗の意思を削ぐ有効な手段と目されたものであったが、その際に、原住民が見ることを強いられた活動写真の一場面は、「蕃人ノ鉄条網震死」であったことがわかる。つまり抵抗の意思を持つとみなされた台湾原住民を囲い込むために、植民地政府によって設置された高圧電流貫流の鉄条網に、原住民が触れて感電死する場面が、原住民「教化」の一環として示されたのである。高圧電流が通った鉄条網で居住地を囲い込むという事態、そしてそれに触れて感電死する場面を彼ら自身に見せるという事態、ここにみられる「分類」の思考とは一体どのようなものだったのだろうか。

本章は、植民地支配が、被植民者の間にどのような「分類」を持ち込むのか、またそのことによって逆に植民者はどのような存在として照射されるのか、さらに「分類」はどのような「暴力性」を帯びるのかといった、植民地支配と「分類」の思考に孕まれる政治性の問題を、台湾原住民をめぐる諸動向に焦点をあてて論じていく。その際、一八九五年から一九一〇年代中頃までの植民地統治前期を主な対象とするが、行論の中で明らかになるように、台湾原住民をめぐる「分類」は、身体的特徴にのみ基づいて行われるというよりは、それを基盤にして漢民族系住民や日本人との人種的差異化をはかる動きと、統治の目的にそって原住民の内部に「分類」を持ち込む動きが、同時並行的に存在したことに特徴があるといえよう。[*2] 日本から台湾に渡った知識人や植民地官僚が生み出していく台湾原住民をめぐる「分類」が、それぞれどのような思惑とズレを孕みながら、具体的な統治が進められていくのかを、以下では考察していきたい。

第一節 「生蕃」「熟蕃」から「科学的分類」へ

清朝政府下の台湾原住民に対する「分類」は、「政治的」・「文化的」な分類であったといえるだろう。これまで述べてきたように、台湾原住民は、「生蕃」「熟蕃」として大きく二つに大別されて分類把握されていたが、「熟蕃」とは清朝政府に服役納課するなど帰属の意を表し、漢民族系住民の文化的影響を比較的強く受けているとされた原住民であり、「生蕃」とは清朝政府に帰属の意を表していない原住民とされていた。そして、このような分類のあり方に、植民地統治開始直後から異議申し立てが行われることとなる。

日本による植民地支配下で、台湾原住民研究の第一人者と目された伊能嘉矩は、人類学者・坪井正五郎に師事し、人類学的素養を身につけた植民地官僚でもあった。第三章でも述べたように、伊能は「生蕃」「熟蕃」という「分類」を批判し、人類学的な観点からの調査に基づく「科学的分類」の必要性を主張して、一八九五年秋の渡台直後から台湾原住民に関する調査を開始した。[*3] そのような調査において、伊能の「分類」の思考は、次の二つの問題に向けられたといえよう。一つは総体としての台湾原住民は、どのような「人種」に分類できるのかという問題であり、もう一つは、台湾原住民の内部はどのようなサブ・カテゴリーに分類できるかという問題である。

まず、総体としての台湾原住民については、伊能によって断定されることはないものの、常に「Malayic Race」という可能性が想起され、言及されたことが特徴だといえよう。当該期において「Malayic」という位置づけは、「Asian Race」との差異化という思考を孕むと同時に、価値判断と序列化を伴うものであった。[*4] 例えば、一八九六年二月に台湾原住民女性に対して行われた調査報告である伊能の論稿「大嵙崁（Toa ko ham）の蕃婦」[*5] に端的に示されているように、調査開始当初は、台湾原住民の身体的特徴の個別の項目について「日本人」との類似性を読み取り、そこから「Malayic Race」と「Asian Race」両方の可能性を指摘していた伊能であったが、調査が進むにつれて「Malayic Race」としての規定を促す要素を次々と指摘していくことになる。なかでも、「或る人類間に Head-hanting の行はる丶ことは決して台湾に於ける東部人類乃ち所謂る生蕃のみに限られた訳ではなく、現に地理上台湾に近き Malayic Race の占居する地方に於て時に之れを見られます」[*6] というように、台湾原住民統治政策の展開の中で、彼らの「野蛮性」の象徴として取り上げられていくことになる「首狩り」「馘首」（Head-hanting）の習俗の共通性から、「Malayic Race」の可能性が主張されていくのである。

その一方で、伊能嘉矩は、台湾原住民内部を八つの種族に分類した（図1参照）。そして第三章で詳述したように、伊能は、台湾原住民と漢民族系住民との関係を、歴史的な観点から考察することを通じて、次のような結論を導き出すことになる。すなわち人類学的な知の対象として、また歴史学的な知の対象として構成される台湾原住民像は、世

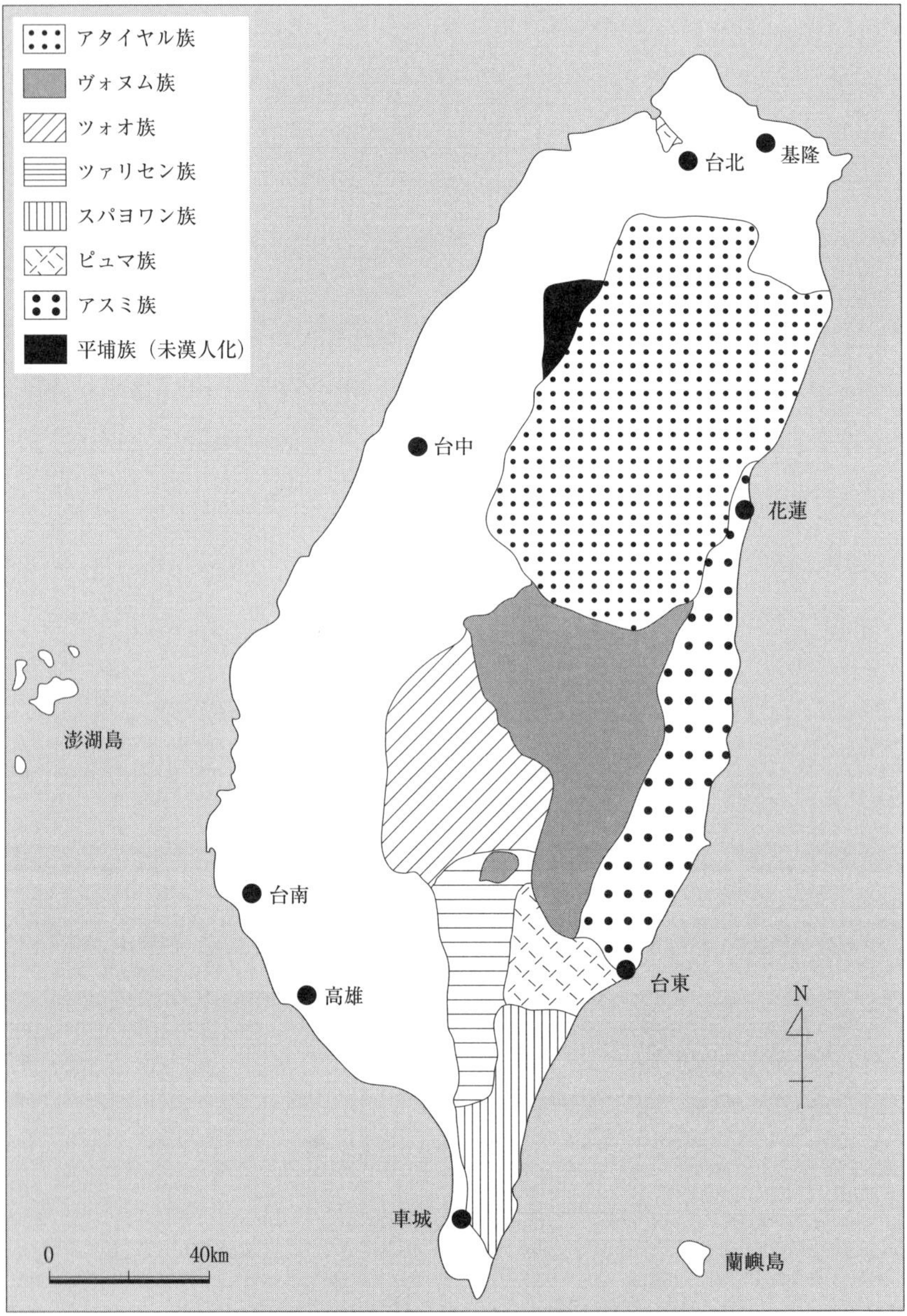

図1　伊能嘉矩らによる台湾原住民の居住地分布地図

※地名を現在の地名に修正するなど，若干調整した.
（出典：『台湾蕃人事情』台湾総督府民政部文書課，1900年，2頁）

紀転換期に世界的な知の趨勢として存在した社会進化論と生存競争史観に基づき、生存競争に「敗北」しつづけた存在として定置され表象されていくのである。

このような形で伊能嘉矩によって「創出」された台湾原住民内部の分類すなわち八つの「種族」分類は、統治実践の中で活用され、しだいに実体化していったといえる。しかし統治実践の場面においては、「生蕃」「熟蕃」という分類も併用されていた。現実的な原住民政策の立案・実行にあたっては、むしろ漢民族系住民同様の普通行政の対象とみなせる「熟蕃」と、そうではない、いわば特別行政の対象とされた「生蕃」という分類が重視されたともいえる。

第二節 「分類」と統治実践——台湾原住民の法的位置——

(1) 国籍選択条項をめぐる論争と台湾原住民

日本による台湾領有直後から展開された伊能嘉矩をはじめとする人類学的な調査を背景として、台湾原住民内部に下位集団を「創出」していく動きと同時並行的に、植民地住民の国籍をどのように定めるのか、つまり「日本帝国臣民とは誰か」という問題と関連しながら、台湾原住民について、とくに「生蕃」と分類された人々に対して、法主体としては「人」であることを否定する思考が登場してくる。第四章で詳述したように、具体的には、日清講和条約第五条のいわゆる「国籍選択条項」をめぐって議論が展開することになるが、当初は、日本「内地」の法学界において、台湾領有直後から国籍選択期限とされた一八九七年五月までの時期に、主に国籍選択期間の植民地住民の国籍の状態と、日本国籍への移行の法的手続きの問題をめぐって論争が行われた。

そしてその後、一九〇二年から一九〇七年にかけて、台湾原住民、特に「生蕃」の法律上の位置に絞り込んだ形で、議論が再燃することになる。具体的には京都帝国大学法科大学教授であった岡松参太郎の唱えた説に対して、「生蕃」

と日本政府との関係について解釈が異なる立場に立つ台湾総督府参事官・持地六三郎と、岡松参太郎の説を引き継ぎつつ論を展開した台湾履審法院判官・安井勝次との対立ということになるが、しかしながら「生蕃」の法的地位をめぐっては、両者とも同じ結論に至るのである。持地の言葉を借りれば、「彼等ハ社会学上ヨリ見レバ人類ナルモ国法上ヨリ見ルトキハ全ク人格ヲ有セザルモノナリトス」[*7]。安井の言葉によれば「畢竟生蕃は化外の民のみ我領土を横行する野獣のみ」[*8]と。つまり、「生蕃」は法律上、全く「人格」を有さない存在、国法上においては「野獣」に等しい存在とされ、法律上、「人」ではないと分類されていくことになったのである。

そして持地、安井を問わず、「生蕃」は法律上「人格」を有さない存在という主張は、両者ともさらに同旨の議論を展開させていくことになる。すなわち「生蕃」に対する「討伐」は、「国家ノ処分権内ニ在ルモノ」「国家の権内に属」すものとして、正当化されるのであった[*9]。

(2) 台湾原住民をめぐる法制度

先に述べたような「国籍選択条項」をめぐる議論が展開されていた時期は、同時に、植民地政府による統治実践が進行していく中で、台湾原住民をめぐる具体的な法的取り扱いが確定していく時期でもあった。すなわち台湾原住民をめぐる法制度は、整備されて法制化されたというよりも、統治実践の中で次々と起こってくる事態への対応が積み重なることによって、既成事実化していったといえる。第五章で詳述したように、そのような積み重なりの中で、台湾原住民は、現実的な場面でも、法主体ではないとされていくこととなる。すなわち①懲罰の対象としては、普通法規の適応範囲外とされ、また②「蕃地」居住の「生蕃」は、権利主体とはみなされず、権利義務の対象外とされていったのである。

それはまさに、「属人法」と「属地法」の使い分けによる分類だったともいえよう。周知のように台湾全島は日本

「内地」とは異なる法域とされたが、実は台湾内部もさらに区分されていた。すなわち地理的区分としては、普通法規が適用される「普通行政区域」と、そうではない「特別行政区域」(=「蕃地」)に区分されており、「特別行政区域」は一九〇五年段階で台湾全島の約半分を占める広大な領域であった。

そしてその上で、さらに「属人法」的思考によって、「生蕃」/「熟蕃」/漢民族系住民/「内地人」は区分されていたといえる。例えば、植民地支配開始当初に「生蕃」と分類された人々は、のちにその居住地の取り扱いが「特別行政区域」から「普通行政区域」に移行したとしても、即時的に法主体になる訳ではない。一九一〇年に台湾総督府民政長官より「蕃地」関係各庁長宛に出された通牒(「民内第二七七六号」)では、次のように述べられている。

……単ニ普通行政区域内ニ居住スルノ故ヲ以テ蕃人ト雖普通行政ノ支配ヲ受ケシメ、又ハ蕃人ナル故ヲ以テ普通行政ノ区域内ニ居住スルニモ拘ラス、一律ニ蕃務行政ノ支配ヲ受ケシムヘシト云フカ如シ単純ナル理論ニ依リテ決定シ得ヘキ事項ニ無之、要スルニ各蕃人蕃社ノ帰順状態等ニ鑑ミ特別ナル理蕃的統治ノ下ニ立タシムルノ必要ナキニ至リ、又其ノ智力及生活ノ程度ヨリ観察シテ一般土人ト共ニ普通行政ノ下ニ権利ヲ得、義務ヲ負担セシムルモ支障ナキニ至リタル蕃人ノミヲ普通行政ノ下ニ支配スヘキモノト被存候……。*10

つまり「蕃人蕃社」の帰順状態、知力、生活の程度による判断、すなわち「文化的」指標で、分類の境界線を越えられるか否かは計られたのである。

第三節　「討伐」・服従化施策と「分類」——五箇年計画理蕃事業——

(1)「北蕃」「南蕃」という分類

それでは、「生蕃」を法的には「人」ではないとする議論が正当化することとなった「生蕃」に対する「討伐」とは、一体どのようなものであったのだろうか。

台湾原住民政策史研究において、一九〇三年の警察本署主導体制の確立を一つの画期とすることは通説になっているといえよう。すなわち「取締」を基調とする原住民政策が、これ以降急激に展開されるのである。これまでの章でたびたび言及してきたように、このような警察本署体制の成立に大きな影響を与えたものとして、持地六三郎によって書かれ、台湾総督に提出された意見書がある。ここで持地はのちに警察本署体制として確立する「蕃人蕃地に関する事務」の統一を主張するとともに、先に述べたように「生蕃討伐」の正当性を主張するのであるが、さらに「討伐」の方法についても具体的な主張を展開している。

……生蕃討伐ニ就テ帝国ノ軍隊ヲ煩ハスコトハ事体甚ダ穏当ナラザルノミナラズ、兵ヲ損シ資ヲ糜ス、策ノ得タルモノニアラズ。生蕃討伐ト云フハ其実、虎狩猪狩ト云フガ如キモノニ過ギズ。故ニ先ヅ地理ニ熟シ蕃情ニ通ゼル壮丁ヲ傭募シテ隘勇隊ヲ組織シ、之ヲ訓練シテ以テ一種ノ討蕃兵法ヲ案出シ専ラ之ヲシテ生蕃討伐ノ任ニ当ラシメ、其力ノ及バザル場合ニ方リテ軍隊ノ幇助掩護ヲ煩ハスヲ得策ナリト信ズ。*11

ここでは「生蕃討伐」の方法として、帝国軍隊を主要兵力として煩わす価値はなく、漢民族系住民や「熟蕃」を動員して「隘勇隊」を組織し、それを中心に行うという方針が示されているが、この方針は、台湾原住民への大規模な「討伐」・服従化施策である「五箇年計画理蕃事業」に結実することになる。そして、その具体的な実施の手順を勘案する過程で、新たな分類が行われた。すなわち「蕃人ヲ処分スルノ順序如何、曰ク南守北進ニ在リ……南蕃ニ対シテハ主トシテ撫育ヲ以テ之ニ蒞ミ、北蕃ニ対シテハ専ラ威圧ヲ以テ之ニ蒞ミ、主力ヲ北蕃ニ用井ザルベカラズ*12」と。つまり大規模「討伐」の対象は「北蕃」とされたわけだが、「北蕃」とは、統治者の観点からみて、最も「帝国の威力が及ばない存在」であり、抵抗の可能性をもつ大きな脅威とみなされ台湾原住民であった。政治的な観点からの分類である「生蕃」の中に、統治への抵抗の可能性という基準からさらに「北蕃」「南蕃」という分類が持ち込まれたのである。そして、そのような中で「兇蕃アタイヤル族ハ最モ劣等ニシテ最モ済度シ得ザルノ蕃族ナリ。従来帝国ノ威力尚未ダ之ニ加ハラズ」[*13]と主張された。つまり持地が唱える「北蕃」とは、伊能嘉矩によって「科学的分類」の結果として「創出」された八つの「種族」の一つ、「アタイヤル族」を主に指すものであったのだ。

以上のように、根底には「同時代性」を否定するような「人種的相違」という観念を滲ませながらも、具体的な統治実践の場面においては、その目的に対応する形で、台湾原住民の内部に種々の分類が行われていったといえよう。そして、このような分類は、「五箇年計画理蕃事業」という、特に「北蕃」とされた人々に対する直接的な暴力の行使に帰結していくことになる。

(2) 五箇年計画理蕃事業

安井勝次の論文が『台湾慣習記事』誌上に掲載された一九〇七年一月、台湾総督府は第一次「五箇年計画理蕃事業」の実行を決定した。そして、次節で詳述する隘勇線に、さらに地雷や高圧電流線を増備して「蕃地」を囲い込むとともに、「蕃地」横断道路の建設および「蕃地」土地調査事業を開始し「蕃地」の完全国有化・官有地化に乗り出すことになる。[*14]

加えて、第四章でも言及したように、一九〇九年十月には、勅令第二七〇号によって、台湾総督府民政部に原住民政策の専従機関である蕃務本署を設置し体制を強化するとともに、総督の管轄区域内での兵力使用権を確認し、大規模「討伐」実施への法的準備を整えた。そして翌一九一〇年には第二次「五箇年計画理蕃事業」が開始されたが、この第二次「五箇年計画理蕃事業」とは、巨額の「理蕃」予算に裏支えられた大規模な「討伐」服従化作戦であった。さらに一九一一年四月には、「蕃匪討伐従軍者」の「武勲」に対して、日清戦争時の基準と同等の論功行賞を行うことが宣布され、文字通り「蕃地」に居住する原住民は、戦争状態同等の軍事作戦の対象として、取り扱われていったといえるだろう。そして一九一四年の「太魯閣蕃討伐」終結により、台湾総督・佐久間左馬太が「理蕃」事業の完了を天皇に上奏することによって、第二次「五箇年計画理蕃事業」は終結することになる。それでは、このような暴力の行使の現場において、どのような分類が、さらに発動されていったのだろうか。

第四節　隘勇線の「内」と「外」

(1)　隘勇線の整備と「前進」

「五箇年計画理蕃事業」で実行された「生蕃討伐」もしくは「北蕃討伐」は、隘勇線「前進」とも称された。では、隘勇線「前進」は、一体どのような事態だったのであろうか。

まず隘勇線とは、清朝時代に設置された対原住民防備策である「隘」に由来するものであり、[*15]清朝時代の設備を継承しつつ再編成したものだともいえる。そして植民地支配下において、一九〇二年頃から本格的に整備された隘勇線の姿は、次のようなものであった。[*16]すなわち「隘路」と呼ばれる防御柵をつくり、その要所に「隘寮」と呼ばれる歩哨を設置する。そしてそこに、多くの場合、漢民族系住民から雇傭された警備員である「隘勇」を配置し、その指揮は日本人警察官があたった（表1参照）。さらに「隘路」すなわち防御柵の必要箇所には、高圧電流が流れる鉄条網を設け、地雷を設置し、「生蕃」が隘勇線の「内部」に入り込んでくることを防いだ。このような隘勇線の総延長距離は、最長時には約五九〇㎞におよんだという（表2参照）。そして隘勇線「前進」とは、武力を背景に、この境界線としての隘勇線を、台湾原住民の居住地を狭める形で移動させることを意味する。このような隘勇線「前進」に対して、台湾原住民の抵抗は激しく、その様相はまさに「戦争」であった。台湾総督府警務局より刊行された『理蕃誌稿　第三編』の後半部分には、主な「討伐」作戦の様相が詳細に記されているが、それによると、例えば一九一〇

表1　隘勇線の構造と人員配置

	隘勇監督所	隘勇分遣所	隘寮
「一等」	約8km毎に1ヶ所	約4km毎に6ヶ所	約4km毎に12ヶ所
「二等」	〃　1ヶ所	〃　4ヶ所	〃　8ヶ所
「三等」	約8km乃至16km毎に1ヶ所	〃　4ヶ所	なし
人員配置	警部補4名，巡査1名，隘勇18名	巡査1名，隘勇6名	隘勇4名

※「一等」，「二等」，「三等」は警戒程度を表す．「一等」は，最重要警備地帯．
※人員配置は，標準配置の場合．
（出典：伊能嘉矩編『理蕃誌稿　第一編・第二編』［台湾総督府警察本署，1918年］および『理蕃概要』［台湾総督府民政部蕃務本署，1913年］より作成）

表2　隘勇線総延長距離の推移

（年／km）

領台当時	1895年	1896	1897	1898	1899	1900	1901	1902	1903
54.4km	94.3	94.3	133.5	196.4	200.3	349.5	392.7	463.4	475.2
1904年	1905	1906	1907	1908	1909	1910	1911	1912	
581.2	494.8	483.1	467.3	487.0	545.9	467.3	384.9	361.3	

※里はkmに換算し少数第二位を四捨五入した．
（出典：『理蕃概要』［台湾総督府民政部蕃務本署，1913年］第九附表より作成）

年の「ガオガン蕃方面隘勇線前進」については、この作戦は同年五月から一一月までの約半年に及び、警察官・「隘勇」・人夫等で構成される行動部隊として、のべ六四三四人を動員し、さらに軍隊の援護を受けて「討伐」作戦を展開したという（五四七〜六八〇頁）。

そして植民地政府は、このような隘勇線の「前進」について、植民地政府と漢民族系住民との共同作業という語りを喧伝していった。台湾総督府は、功績のあった警察官、「隘勇」を顕彰し、「賞与」（警察官）と「有功徽章」（「隘勇」）を付与するとともに、その褒賞を認可する手続きの過程で収集された「美談」を、例えば『治蕃紀功　初集』（台湾総督府民政部蕃務本署、一九一一年）の刊行として宣伝していくことになる。[*17] それに加えて、この時期には、台湾住民内部の人種的差異を強調する語りも常態化していった。例えば台湾総督府民政部蕃務本署が、台湾原住民政策の推移をまとめた書物である『理蕃概要』（一九一三年刊行）には、次のような記述がある。「是等土著《ママ》の蕃族は、何れも馬来の系統に属し、支那大陸より移住せし支那人とは、全然人種上の系統を異にせり。彼の生蕃と称し、又は熟蕃と称するは、唯進化の差にして、人種の上より観れは、全く同系のものなり。」（一～二頁）。つまり伊能嘉矩らによってその可能性は常に示唆されたものの、断言は避けられた台湾原住民の「人種」は、ここでは「馬来人種」であると断言され、それは「蒙古人種」とされた漢民族系住民および日本人との差異化の指向性を孕む形で展開されたのである。

⑵ 隘勇線「前進」の前提

また、隘勇線「前進」の前提として、隘勇線の「線外」とされた未帰順の原住民居住地域に対して、物資の流入を統制することが必要不可欠であると植民地官僚は認識していた。そこで一九〇五年には、原住民との物品の売買交換を許可制とし、違反者への罰則を定めた「換蕃取締令」（府令第五六号）が出され、「蕃産物」交易は厳格な統制下におかれることになる。*18 そしてこのような過程の中で、もともと「蕃産物」交易に携わるなど「山地」と「平地」をつなぐ「仲介者」であった通事、その妻である「蕃婦」は植民地政府の厳しい管理下におかれ、「成ルヘク至急ニ官吏ヲシテ蕃語ヲ習熟シ蕃情ニ通セシメ、蕃人ヲシテ我ニ信頼セシムルコトヲ努メ、漸次彼等ノ勢力範囲ニ進入シテ我勢力範囲ヲ拡大シ、不正ナル通事ヲ駆逐スルヲ以テ要訣トス」*19 と、その「駆逐」をも念頭においた施策が大津麒平蕃務総長の指揮の下で実行されていった。

このような施策の実施は、清朝時代から存在した漢民族系住民と台湾原住民のネットワークに大きな変容を強いるとともに、「蕃婦」と呼ばれた原住民女性の役割を大きく変化させることになる。彼女らは、植民地支配開始当初は、植民地官僚と台湾原住民社会を結ぶ「仲介者」として、具体的には「蕃社」の情報を植民地官僚にもたらし、植民地政府の意向を「蕃社」に伝える「仲介者」として、重要な役割を果す存在とみなされていた。それに対し「五箇年計画理蕃事業」が終了する頃には、日本人警察官が原住民女性と妄りに接触することは「不測ノ禍害ヲ招致」する恐れがあるため「最モ慎ムヘキノ一事」とされる一方で、[20]原住民共同体の有力者の娘と日本人警察官の婚姻は「宥和策」の一環として奨励されていくことになる。すなわち台湾原住民女性は、一方では植民地政府と台湾原住民の間のトラブルを惹起させる遠因とされるとともに、「婚姻政策」の対象として客体化されていったのである。

(3) 隘勇線の「内」と「外」

ここまで述べてきたように、植民地政府にとって、隘勇線とは、まさに軍事境界線であった。しかし、象徴的には、被植民者を、「ヒト」として取り扱うか、そうでないかを分ける線だったといえるのではないだろうか。このことは第一項で言及した「ガオガン方面隘勇線前進」（一九一〇年）作戦の最中に、発せられたとされる命に関する次の記述を、どのように考えるかという問題でもある。

> 午後十一時民政長官、総指揮官ニ電報シテ曰ク「総督閣下ヨリ下ノ如キ電報アリ〇小泉少将ニ宜蘭方面ノ軍隊指揮官ヲ命シ併セテ糧食ノ闕乏ヲ告ケタルトキハ軍人ハ、ガオガン蕃人ノ肉ヲ以テ之ヲ補充スヘキヲ命シタリ此旨大津総長ニ伝達シ軍隊ト協同一致シテ討伐ノ目的ヲ達スヘシト」ト。[21]

すなわちここでは、「生蕃討伐」作戦中に食料不足という状況が生じた際は、「敵」である「ガオガン蕃」の「肉」で購えという趣旨の命が出されたとされているのである。

当時の人類学的言説だけにとどまらず、様々なレベルでの発言においても、「人肉食」は、「野蛮未開」の象徴であった。最も野蛮な「人種」を指し示す徴でもあった。第一章で述べたように、日清戦争および台湾領有戦争においては、戦闘行為の中で「人肉食」が行われたという表象を「敵」に与えることは、「敵」の「野蛮性」を最も端的に強調する手段でもあり、逆に日本軍がそのような行為を行ったと報道される事態は、国際的な信頼を揺るがしかねない状況を招くものでもあった。

一方で、奮起を促すための比喩的表現という可能性を大いに孕みながらも、他方で右記のようなタブーに抵触しかねない発言が、台湾原住民に対して発せられたとされる事態をどのように考えればよいのだろうか。そこにあるのは、台湾原住民に関して、生物学的に同じ「種」であることを自明とはしないような発想なのではないだろうか。

このような発想は、発言者とされる台湾総督一人の問題ではない。右記の記述は、台湾原住民統治政策に関するいわば「正史」として、台湾総督府より刊行された『理蕃誌稿』に掲載されたものである。すなわち先の記述は、「正史」の中で記録すべきものとして選択された、もしくは少なくとも隠蔽する必要はないものとされたといえよう。つまり当該期の宗主国の言説空間の中で容認され得る発言だと判断されたのであり、その意味で問題は当該期の社会意識のあり方全般に及ぶものだと思われる。

当該期の日本の人類学界は、世界的影響力をもったブルーメンバッハの議論に大きな影響を受けており、例えば坪井正五郎の主張に代表されるように、「人種」とは生物学的な意味での「種」の同一性を否定するものではなく、「ヒト」という同一の「種」の中での「変種」の問題とする説が主流であった。[*22] それに対して右記の発言には、そのような「人種」概念を超えていく強烈な人種主義の発動の可能性を、見ることができるのではないだろうか。[*23]

それとともに日本社会内部において、内なる「野蛮性」を指し示すメタファーとして「生蕃」が機能していく事態もあわせて考える必要があるだろう。例えば、黒川みどりが指摘するように、台湾で「五箇年計画理蕃事業」が進行しつつあった時期に、日本「内地」で発行された書物『特種部落改善の梗概』（三重県、一九〇七年）の中では、被差別部落民の行動と「生蕃」の行動の類似性が論じられているが、[*24] このことは「生蕃」というメタファーが、日本社会の内部でどのような強度の人種主義と関連して発せられているのかを考える必要性を喚起してくれるともいえよう。

(4) 台湾原住民にとっての隘勇線

では分類線としての隘勇線とは、台湾原住民にとって一体どのようなものだったのか。序章で述べたように、「固有の文字」をもたなかった台湾原住民にとって、基本的には文字史料に重きを置く歴史学的な手法そのものが、歴史主体としての彼ら・彼女らの立ち現れを困難にしているという可能性を念頭におく時、「台湾原住民にとって」という問題を語ることには、その問題の重要性を痛感すればするほど、大きな困難と躊躇を覚える。その意味で、序章でも述べたように、本書は台湾原住民統治政策史という観点からのものであり、それが本書の限界でもある。しかし植民地官僚が残した記述の中にも、台湾原住民が直面した状況とそれへの対応を微かにうかがうことができる断片的な痕跡が、確かに残されている。ここではそれらを導きの糸として、台湾原住民にとっての隘勇線とはいかなるものだったのかという問題に向き合うための、初歩的な試論を少し述べてみたい。

中間警部即チ巡査ヲ遣ハシ之ヲ訊ハシムレハ一蕃童過リテ鉄条網ニ触レ死セルヲ見ル、急ニ之ヲ救治スレトモ終ニ起タス、ユーミン等進ミテ中間警部ニ謂テ曰ク「貴官之ヲ看ヨ、無辜ノ児童バロン社頭目ノ子ハ非命ニ死セリ、是レ我等ノ往キニ隘線ノ前進ヲ拒ミシ所以、今果シテ是事有リ我カ蕃社ノ内、此クノ若キ鉄線ヲ張ルハ断シテ従フ能ハサル所、且投降ノ初ニ当リ斯ノ不祥ノ事有ルニ値フ蕃丁ノ出役ハ敢テ命ヲ承ケス」ト……。[*25]

右記の史料は、隘勇線の鉄条網に原住民の子供が触れて感電死した事態を受けて、帰順交渉に来ていた日本人警察官に対して、原住民が語った言葉として残されているものである。日本人警察官に、子供の「死」を直視することを促し、これこそが隘勇線「前進」が引き起こす事態だとするその言葉からは、台湾原住民にとって、隘勇線はまさに日常生活の安全性を脅かし、生活環境を破壊していく分断線であったということができよう。だからこそ「断シテ従フ能ハサル所」であり、激しい抵抗が続けられていったといえるだろう。

そして本章の冒頭に掲げた史料の一節「最モ不愉快ナリシハ蕃人ノ鉄条網震死ナリ」という言葉もまた、このような分断線を引き続ける植民地支配の暴力、そしてその分断線に触れて感電死する場面を、「教化」の一環として原住民自身に見ることを強いる植民地支配の暴力に、植民地政府への帰順を受け入れた後も「不愉快ナリ」という言葉で表され続けた、台湾原住民による異議申し立てであったといえるのではないだろうか。

おわりにかえて

以上のように、本章では、植民地支配下の台湾において、圧倒的なマイノリティであった台湾原住民に即して、彼らをめぐって展開された「分類」が、いかに人種主義と深く関連しながら、直接的な暴力の行使に繋がっていったかを述べてきた。最後に、これ以降の台湾原住民政策の推移と人種主義の関連についての見通しを簡単に述べることで、本章のおわりにかえたい。

「五箇年計画理蕃事業」終結後の台湾原住民社会は、一九一五〜一九二〇年代には、台湾原住民の「農民化」、集団移住政策の展開、「蕃童教育所」教育の段階的普及が進み、さらに一九三〇年に起こった霧社事件の衝撃を受けて、一九三〇年代には台湾原住民政策の根本目標として、「蕃地」の「内地化」が目指されることになる。第八章で詳述するように、「蕃地」の「内地化」とは、すなわち「生活改善」という施策を通じて、台湾原住民の日常生活の細部にわたる介入を、植民地政府が断続的に行っていくことでもあった。そして、このような施策の結果として、日常生活の様々な側面での「内地化」が進行する事態と軌を一にしながら、植民地官僚や知識人の中から「改善の行き過ぎ」を批判する発言や、台湾原住民文化の一部を「原始芸術」として位置付け、その保護を訴える言説が登場することになる。

しかし、このように台湾原住民の文化を一面で称揚し、その保護を主張していく言説は、実は「差異」を再構成する言説としてあったともいえるのではないだろうか。すなわち台湾原住民を規定する人種主義的な言説は、常に身体的・生物学的な「差異」を強調する古典的な人種主義を内包しながらも、この段階では、むしろ「文化的」な「差異」を強調するいわゆる文化的人種主義へと力点を移動させていったのであり、「原始芸術」という言説は、そのような動向をまさに象徴的に表すものだったのではないかという見通しをもっている。この点については、第八章以降の章で詳しく論じていきたい。

注

＊1　松室謙太郎『台北州理蕃誌　下巻』（台北州警務部、一九二三年）、六四頁。なお引用資料の旧字体は新字体に改め、適宜、句読点を補った。以下同様。

＊2　人種主義の問題を「帝国」日本の広がりの中で考察しようとする研究は、主に一九九〇年代後半以降、活発に行われるようになった。とりわけ「人種」を語る知としての人類学の日本における確立過程を、国民意識の創出との関連で論じた冨山一郎の論稿「国民の誕生と「日本人種」」（『思想』八四五号、一九九四年）は、のちの研究の展開に大きな影響を与えたといえよう。事実、その後、近代日本における人種主義という問題は、坂野徹『帝国日本と人類学者　1884 ― 1952 年』（勁草書房、二〇〇五年）に代表されるように、人類学の学説史の問い直しとして深化してきたともいえる。本章は、このような研究の流れに立つものであるが、「科学的言説」として構成されていく「人種」概念に基づく「分類」が、植民地における統治実践の中で、他の「分類」基準とどのような関係を結びながら機能するのかを問う点に、その独自性があると考えている。

＊3　陳偉智「知識与権力―伊能嘉矩与台湾原住民研究―」（『當代』第一三五期、聯経出版事業、一九九八年）、拙著『帝国の視線―博覧会と異文化表象―』（吉川弘文館、二〇〇三年）。

＊4　坂元ひろ子『中国民族主義の神話―人種・身体・ジェンダー―』（岩波書店、二〇〇四年）。

＊5　伊能嘉矩「台湾通信（第四回）」（『東京人類学会雑誌』第一一巻第一二〇号、一八九六年）。

＊6　伊能嘉矩「台湾通信（第七回）」（『東京人類学会雑誌』第一一巻第一二三号、一八九六年）、三四六頁。

＊7　持地六三郎「蕃政問題に関する意見書」（伊能嘉矩編『理蕃誌稿』第一編、台湾総督府民政部蕃務本署、一九一一年。なお意見書

の提出時期は一九〇三年)、二九二頁。

＊8　安井勝次「生蕃人の国法上の地位に就て」(『台湾慣習記事』第七巻第一号、一九〇七年)、一八頁。

＊9　持地、前掲論文「蕃政問題に関する意見書」、二九一頁。安井、前掲論文「生蕃人の国法上の地位に就て」、二六頁。

＊10　猪口安喜編『理蕃誌稿　第三編』(台湾総督府警務局、一九二一年)、八九〜九〇頁。

＊11　持地、前掲論文「蕃政問題に関する意見書」、三二〇頁。

＊12　同右、三二二頁。

＊13　同右、三二二頁。

＊14　藤井志津枝『日治時期台湾総督府理蕃政策』(文映堂〈台北〉、一九九六年)。

＊15　林一宏・王恵君「従隘勇線到駐在所：日治時期李崠山地区理蕃施設之変遷」(『台湾史研究』第十四巻第一期、中央研究院台湾史研究所、二〇〇七年)。

＊16　小島麗逸「日本帝国主義の台湾山地支配―霧社蜂起事件まで―」(戴国煇編著『台湾霧社蜂起事件―研究と資料―』社会思想社、一九八一年)。

＊17　「隘勇有功徽章付与ニ関スル件」(『台湾総督府公文類纂』第一〇六二冊第一七文書)。

＊18　ポール・バークレー「蕃産交易所に於ける「蕃地」の商業化と秩序化」(『台湾原住民研究』第九号、二〇〇五年)。

＊19　大津麒平『理蕃策原義』(非売品、一九一四年、国立台湾図書館所蔵)、二一頁。

＊20　前掲『台北州理蕃誌　下巻』、三九七頁。

＊21　前掲『理蕃誌稿　第三編』、五九〇頁。なお、同様の記述は、佐久間左馬太の事績の顕彰を主な目的として、彼の死後刊行された伝記の中にも、収録されている。以下に、その箇所を紹介しておこう。

此の夜十一時、東京へ出張の途の佐久間総督が神戸より発せられたる電報に曰く『小泉少将に宜蘭方面の軍隊指揮官を命じ併せて糧食の欠乏を告げたる時は軍人はガオガン蕃人の肉を以て之を補充すべきを命じたり。此旨大津総長に伝達し軍隊と協同一致して討伐の目的を達すべし』と(台湾救済団編『佐久間左馬太』台湾救済団、一九三三年、五七七頁)。

＊22　前掲拙著『帝国の視線』。

＊23　なお、王學新の研究によれば、清朝統治下の台湾においては、特に「隘勇」の任にあたった漢民族系住民の間で、「蕃人」の「肉」を食べた者は「蕃害」を避けることができるという考えが広がっていたという(王學新「「殺蕃賞」之研究―以竹苗地區為例―」『第

三回台湾総督府公文類纂學術研討會論文集』、台湾省文献委員會、二〇〇一年)。たしかに、日本による台湾統治が開始された早い段階でも、この「食蕃肉」の習俗が、植民地官僚によって報告されている(例えば、一八九九年一月の状況として台湾総督府に提出された景尾弁務署からの報告［「三十二年一月中景尾外二弁務署蕃人蕃地ニ関スル事務及情況報告」、『台湾総督府公文類纂』第四五九四冊第七文書］など)。

だが王學新が指摘するように、漢民族系住民の間の「食蕃肉」は、台湾原住民との長年にわたる闘争の中で、いわば「蕃害」の被害者になり首を取られるかもしれないという恐怖心を背景として、それを避けるための行為として言い伝えられてきたものだといえるだろう。それに対して、『理蕃誌稿』に記載された発言は、近代的な武器を装備した軍隊に対して発せられたとされるものであり、その背後にある思想的前提は大きく異なると思われる。しかし、清朝統治期からの「食蕃肉」習俗との関連性と思考的断絶という問題は、植民地主義と人種主義が植民地支配の具体的な実践場面において、どのように絡み合いながら発動するのかを考察する上で、大変重要な問題であると考えるが、ここでは十分、検討することができなかった。今後の課題としたい。

＊24 黒川みどり「人種主義と部落差別」(竹沢泰子編『人種概念の普遍性を問う』人文書院、二〇〇五年)。

＊25 前掲『理蕃誌稿 第三編』、六二四頁。

第七章

人間の「展示」と植民地表象
——一九一二年拓殖博覧会を中心に——

はじめに

これまでの章で述べてきたように、日本による台湾の植民地支配は、特にその前半期において、台湾住民による武力を伴った抵抗運動が継続しており、植民地政府はその抑圧に多くの力を割いてきたといえるだろう。では、このような植民地支配の様相は、日本「内地」では、どのように伝えられたのであろうか。とりわけ前章で述べたような武力「討伐」の対象となった台湾原住民の経験は、どのように伝えられたのだろうか。本章では、「五箇年計画理蕃事業」が台湾の北中部山岳地帯で展開されていた時期に、宗主国の中枢で開催された植民地博覧会に焦点をあてて、展示による植民地表象がもつ政治性について論じていきたい。

文化表象にまつわる政治性の問題は、すでに議論されて久しい。とりわけ一八世紀末以降、本格的に展開していく西洋列強諸国のアフリカやアジアに対する植民地化の動向を背景として、西洋社会で実践されていくそれらの地域を対象とした表象行為が、いかに政治的・経済的・軍事的な権力関係と密接に結びついていたか。この点を包括的に論じたエドワード・W・サイードの問題提起により[*1]、異文化表象の政治性という問題は、すでに「自明化」しつつある論点だといってもよいだろう。展示という技法による文化表象もまた、この傾向を抜きがたくもつといえる。さらに言えば展示という技法は、「物」を通じて、単純で明快なメッセージを、ある種のリアリティをもって伝える技法であるだけに、展示の歴史を振り返ってみると、展示技法による異文化表象は、表象の「場」を支配する権力関係を、より直截的に伝えるものでもあった。

一八五一年開催のロンドン万国博覧会を皮切りに、一九世紀後半以降、ヨーロッパやアメリカでは、万国博覧会の開催ブームが起こるが、この博覧会という「場」は、オリエンタリズムという「知」のあり方が最も典型的に表れた「場」の一つであったと考えられる。そこで好んで取り上げられたのは、植民地の展示であった。西欧諸国の大都市で行われた植民地の展示は、まさに植民地主義と人種主義が絡み合って行われた展示実践だったのである。そしてそこで「展示」されたのは、「物」だけに止まらず、「生身」の人間も対象となった。植民地住民を主な対象とする人間の「展示」は、一九世紀から二〇世紀への世紀転換期――いわゆる「帝国の時代」[*2]――における、異文化展示の技法の一つだったのである。

一九世紀後半以降、国民国家形成を比較的速い速度で進め、世紀転換期に植民地支配を行う「帝国」へと変貌を遂げていく日本もまた、このような動向と無関係ではない。台湾をはじめとして、近隣のアジア諸地域に対して植民地支配を行っていった日本は、国内の少数民族をはじめアジアの人々を「展示」の対象として見いだし、「生身」の人間の「展示」による異文化表象を、博覧会の「場」で実践していったのである。

本章では、人間の「展示」による植民地表象の問題を、世紀転換期以降の日本で開催された博覧会に焦点をあてて論じていく。そこから、人間の「展示」によって植民地はどのように表象されたのか、また人間の「展示」を支える「知」のあり方と日本の「帝国」としての膨張は、どのように関連していくのかを明らかにしたいと考える。そこで、まず日本における「生身」の人間の「展示」の嚆矢である一九〇三年の学術人類館について概観した上で、植民地の紹介を博覧会自体の目的として開催された一九一二年の拓殖博覧会を取り上げ、そこでの植民地表象と人間の「展示」の分析を中心に論を進めていきたい。[*3]

第一節　学術人類館――人間の「展示」と学知――

(1) 万国博覧会の時代の第五回内国勧業博覧会

一九〇三年に大阪で開催された第五回内国勧業博覧会。この博覧会で民間パビリオンとして登場した学術人類館は、「内地に近き異人種を聚め[*4]」、彼ら・彼女らを展示したパビリオンであり、そのあり方については、当時から大きな物議を醸した「展示」実践であった。

そもそも第五回内国勧業博覧会とは、殖産興業政策の一環として一八七七年から実施された国家イベント・内国勧業博覧会の最終回に位置付くものであるが、それ以前の四回の内国勧業博覧会とは異なる特徴をもつ博覧会であった。その特徴とは、一八九五年の日清戦争での勝利という歴史的状況を背景として、日本国内で高まっていく帝国意識を反映した形で、この博覧会が国威発揚の場として位置付けられた点であり、さらにそのような意識を支える具体的なパビリオンとして、植民地パビリオン台湾館を公式パビリオンとして設置した点である。つまり第五回内国勧業博覧会は、他の西洋列強諸国が当該期に開催した万国博覧会と同様、「帝国」の博覧会であった。[*5]

繰り返しになるが、一九世紀後半以降の西洋における万博ブームの中で、各国が競って開催した万国博覧会において、自国の威信を示すために、つまり「帝国」としての力を見せるために頻繁に取り上げられたのが、植民地の展示であった。日本もまた、日清戦争の結果として台湾という植民地を獲得したことで、「帝国」が行う展示を実施できるようになったともいえる。そして当時、列強諸国が行った植民地展示において、採られた手法の一つが「生身」の人間の「展示」であった。

ここでやや紙幅をさいて、西洋諸国で行われた植民地の展示、なかでも「生身」の人間の「展示」について、その具体的な様相を先行研究に依拠しつつ紹介しておこう。吉見俊哉の先駆的な研究によれば、一八八九年に開催されたパリ万国博覧会は、植民地展示の一つの画期であり、その後の展示のあり方に方向性を与えたという。[*6] もちろん、それ以前に開催された万国博覧会でも、植民地の展示は行われていた。一八五一年開催のロンドン万博において試みられた植民地の展示は、植民地が産出する原材料や生産物が中心であったが、一八五五年開催のパリ万博では、「植民地の展示が、文化的、イデオロギー的な要素を強く帯びはじめる」[*7] とされる。そして、その後、西洋諸国の各都市で開催された万国博覧会において、植民地の展示は規模を拡大し、万博のいわば「定番」の展示となるわけだが、では、なぜ一八八九年のパリ万博は一つの画期とされるのだろうか。それは、宗主国の博覧会において、植民地を表象する展示を構成する際、主要「展示物」として植民地住民すなわち「生身」の人間が登場するからである。

一八八九年のパリ万博では、アルジェリア館、チュニジア館、北ベトナム館、南ベトナム館、カンボジア館などフランス領の植民地パビリオンが、博覧会場の一角に集中的に設置された。さらにセネガルやコンゴ、ニューカレドニア、南ベトナム、ジャワ島などの集落を、現地の建造物を模した建物で再現し、そこに現地住民を連れて来て、柵で囲った集落の中で生活させ、その様子を観覧者が見てまわるという「展示」が行われたのである。[*8]

そしてこの人間の「展示」による植民地表象は、パリ万博以降の博覧会においても反復され、さらに規模を拡大していった。例えば、一九〇四年に開催されたセントルイス万博では、アメリカが米西戦争の結果として一八九九年に獲得したフィリピンが、この博覧会の呼び物の一つとして登場した。会場内に「フィリピン村」が設けられ、一二〇〇人におよぶフィリピン諸島の諸部族の人々が集められた。そして彼ら・彼女らが、再現された各部族の集落の中で生活する様子が「展示」されたのである。[*9]

このような「展示」技法が、日本国内の博覧会で本格的に実践された初のパビリオンが学術人類館だといってよい。では、「帝国」の博覧会の一環として行われた学術人類館とは、具体的にはどのような「展示」実践だったのだろうか。

(2) 学術人類館――人間の「展示」と学知――

第五回内国勧業博覧会の正門の斜前に設けられた学術人類館。[*10] この民間パビリオンでの人間の「展示」については、開館以前から抗議の声が沸き上がっていた。[*11]「展示」が計画されている「異人種」のなかに、清国人が含まれていたため、清国が外交ルートを通じて日本政府に抗議してきたのである。このような抗議への対応として、主催者は清国人の展示予定を取りやめるが、それだけでなく、このパビリオンの性質を考えるうえで、非常に重要なテコ入れを行うことになる。それは「学知」を掲げることによって、自己の「展示」実践の正当性を確保しようとする行為であった。具体的には、パビリオンの名称を人類館から学術人類館と改称した上で、東京帝国大学理科大学人類学教室へ助力を求め、同教室の教授・坪井正五郎を中心に、このパビリオンに様々な形での援助が行われた。その援助の中には、人類学教室が学術調査の過程で収集した収蔵品の貸与や、坪井正五郎が製作した「世界人種地図」の貸与も含まれており、学術人類館の中には、それら貸与品の陳列空間が作られ、その展示については、当時、人類学教室の研究生であった松村瞭が、見物人への説明にあたったという。

学術人類館の「展示」の中心は、「朝鮮人」(二名)、「アイヌ」(七名)、「琉球人」(二名)、「台湾生蕃」(一名)、「台湾熟蕃」(二名)、「台湾土人」(二名)、「マレー人」(二名)、「ジャヴァ人」(一名)、「印度人」(七名)、「トルコ人」(一名)、「ザンヂバル島人」(一名)の計二八名を、それぞれの「種族」ごとに区切られた学術人類館内の展示ブースに配置し、そこに現地の住居を模した建物を設け、その中で人々が生活する様子を見せるというものであった。[*12] ここには「生身」の人間を、「種族」の「標本」として眺める視線の成立をみてとることができるだろう。そして「展示する側」と「展示される側」、「見る側」と「見られる側」の圧倒的な「力」の不均衡を前提とした、このような視線を裏支えしたものとして、社会進化論に基づく人種主義思想があったといえる。そして、人類学教室の貸与品の陳列空間がパビリオン内に設置されることによって、「生身」の人間を、「異人種」の「標本」として捉える視線のあり方は、学術的関心として正当化されるという構造を、このパビリオンはもっていたのである。

しかし、学術人類館の展示実践をめぐっては、開館以降も、抗議の声が寄せられ続けることになる。その中でも、特に「琉球人」二名の「展示」に対しては、『琉球新報』などを中心に沖縄の世論が激しく抗議し、それに呼応した『大阪朝日新聞』など「内地」の世論も、学術人類館に対して非難の報道を繰り返した。いわゆる「人類館事件」と呼ばれる事態である。この騒動は、「琉球人」二名の「展示」が中止されることで終息するが、そこでの抗議・非難の論点は、当時の日本社会に広まっていた社会意識を考える上で重い問いを投げかけている。学術人類館の「展示」を支えた社会進化論を背景とした人種主義思想は、この抗議・非難の主張の中で果たして問い直されたのだろうか。結論から言えば、それは否である。「われわれ琉球人」が「展示」されることに抗議した沖縄世論の最大の論点は、「われわれ琉球人」が、「アイヌ」や「台湾生蕃」と同列に扱われ、ともに「展示」の客体に置かれているという点にあった。そして「われわれ琉球人」を「日本人」に含めることを求める、いわば「展示される側」から「展示する側」への境界線の引き直しを求める主張だったのである。つまりこの主張は、学術人類館がもつ人種主義的性格を根本的に否定するものではなく、むしろそのような発想に依拠した形で、自らをより上位の集団に組み込むことを求めるものだったといえる。さらにそのような沖縄の抗議の声に呼応した「内地」世論もまた、一見、沖縄の主張に同情しているような身振りをしながらも、それは、学術人類館が示した「見る側」と「見られる側」の弁別という発想をそのまま引き継ぎ、それを「文明化」の度合いという言葉で言い直すものであった。

そして「学知」と「生身」の人間の「展示」との関連を考察する上で、もっとも興味深いのは、学術人類館に助力を惜しまなかった人類学者の反応である。彼らは、学術人類館に寄せられる多くの抗議や非難の声に対して、その原因を、学術人類館の規模の小ささ、非体系性に求めていった。つまり学術人類館を支援した中心人物である坪井正五郎は、前項で述べたような同時代の万国博覧会での植民地展示、とりわけ一八八九年のパリ万博での人間の「展示」の様相を熟知しており、そこでの「展示」を人類学的知識の普及という観点から評価していた。そしてそれと比較して学術人類館の規模の小ささを指摘し、そこに問題点を見いだすのである。ここでは、学術人類館を支えた社会進化論に基づく人種主義的発想が不問に付されているばかりか、抗議の主張や非難の声とも、完全に相容れない反応だったといえる。坪井は言う「其方法たるや規模を小にして狭隘なる一館内に各人種を集むるときは或は観物の感をなし人種蹂躙の嫌ひなきにあらざるもの丶如く、且又住家の如きもその真を失するの恐れなきにあらざるも、外国の博覧会におけるが如く之を一館に収容せずして各国人種並に建築を会場内の各箇処に散在せしめ恰も各府県の売店の如くせば、極めて趣味あり又有益のものとなり[*13]」と。学術人類館に携わった人類学者が、抗議や非難の声から導き出した結論は、より体系的で大規模な人間の「展示」の必要性であった。そして、このような思いは、一九一二年開催の拓殖博覧会に引き継がれていくことになる。

第二節　拓殖博覧会の中の植民地

(1)　拓殖博覧会の目的と性質

一九一二年一〇月一日から一一月二九日までの六〇日間、拓殖博覧会が東京上野公園で開催された。この博覧会は、当時、日本の「殖民地」と目された五つの地域――台湾、朝鮮、樺太、関東州、北海道――からの出品物の展示を中心とするもので、民間団体である「拓殖博覧会」が主催する私設の博覧会であった。しかしその役員には、内閣拓殖局や植民地統治機関の高級官僚が名を連ねており、実質的には政府諸機関の強い協力のもとで進められた準国家イベントとでもいうべき博覧会だったといえる。具体的には、会の総裁には初代台湾総督・樺山資紀、会長には法学博士の奥田義人が就き、評議員には朝鮮総督府から農商工部長官・石塚英蔵ら八名、台湾総督府からは民政長官・内田嘉吉ら四名、関東都督府からは民政長官・白仁武ら二名、樺太庁からは長官・平岡定太郎ら二名、北海道庁からは長官・石原健三ら四名、拓殖局からは第一部長・宮尾舜治、第二部長・江木翼というように、植民地行政に携わる各統治機関のトップクラスの官僚が就任している。[*14]

また博覧会開催に向けて実質的に動き出すのは、会場の借り入れ契約を行った一九一二年二月上旬であるが、三月末には、拓殖局総裁の元田肇をはじめ、内田嘉吉、白仁武らを築地香雪軒に招いて拓殖博覧会開催に向けての意見交換会が開かれた。[*15]そしてその後、六月に拓殖局にて関係庁の協議会が行われており、この協議会に集ったメンバーが、実務の上で大きな役割を担った人々だったと思われる。具体的には、六月二五日と二八日の二日にわたって協議会は開催され、主催者側からは拓殖博覧会幹事・鶴原定吉が、[*16]そしてこの博覧会での展示の中核を担う地域の監督官庁担当者として、台湾総督府殖産局長・高田元次郎、関東都督府事務官・大内丑之助、樺太庁庶務課長・福永尊介、北海道庁勧業部長・橋本正治らが、そして博覧会の開催を最も積極的に支援した拓殖局からは江木翼が出席した。この協議会では、陳列場の割り当てなどが話し合われ、一二項目にわたる協定事項を決定しているが、そこでは主催者の負担は「陳列館及備付ノ陳列戸棚ヲ無代提供シ館外及館内出入口ノ装飾通常必要ノ電灯及守衛ノ施設」[*17]とされ、それ以外の担当陳列区の装飾や、他の地域の陳列区と区別するための入口の設営と装飾、出品物を会場に陳列するまでの保管、出品人との交渉などは、それぞれの官庁の責任と負担において行うと定められている。[*18]このように陳列区が割り当てられた台湾、朝鮮、樺太、関東州、北海道を管轄する監督官庁の負担と役割は大きく、これらの官庁の協力を抜きにしては、この博覧会は成立しなかったといえる。

では、このように植民地統治機関を巻き込んで実施された拓殖博覧会は、一体どのような目的で開催が企図されたのであろうか。この博覧会の趣意書には、その目的が次のように述べられている。

日清戦役ニ依リテ台湾ヲ領有シタル我国ハ、日露戦役ニ依リテ樺太ヲ領有シ、関東州ヲ租借地トシ続テ朝鮮ヲ併合シ、明治ノ聖代ニ於テ国土著シク膨張シ、茲ニ世界ノ一大殖民国ヲナセリ、北海道ノ如キ亦殖民的経営ヲ要スル所タラサル可ラスシテ、殖民政策ハ今ヤ我国ノ最モ重要ナル問題タルニ至レリ、而シテ我国ノ殖民地経営ハ列国ノ最モ注意スル所ニシテ、其経営ノ如何ハ日本人カ世界的国民トシテ将来大ニ雄飛シ得ルヤ否ヤヲ判定スヘキモノタルニ於テ、独リ政府ニノミ依頼セス、国民一致シテ之ニ当ラサル可ラス。

殖民地経営ノ方法ハ土地ニヨリテ異ナリ、一概ニ論スヘカラスト雖モ、要スルニ富源ヲ開発シテ殖産興業ヲ盛ナラシムルニアリ……世界ニ於テ優勝ノ位地ニ立チ国運隆昌ヲ極ムルモノ、皆大ニシテ且ツ富メル殖民地ヲ有スルモノニアラサルナシ、故ニ殖民地ノ経営ハ殖産興業ノ奨励ヲ主トセサル可ラスシテ、殖産興業奨励ノ上ニ於テ、本国人ノ殖民的進取思想ヲ喚起スル事最モ必要ナリトス。……

……台湾、朝鮮、樺太、北海道ノ製産品ヲ内地ニ紹介シ、殖産興業ノ奨励ニ資スルト同時ニ、殖民的進取思想ヲ喚起スルノ目的ヲ以テ、本年秋期東京ニ於テ拓殖博覧会ヲ開設セントス。[*19]

つまり、日清、日露という二回の対外戦争を経て、日本は西欧列強諸国の注目を集める「一大殖民国」になったという自負のもと、植民地経営の根幹を産業開発に見出し、博覧会の開催によって、各地域の生産品を日本「内地」に紹介して植民地の産業開発を促進しようとするとともに、その産業開発の担い手として宗主国住民を想定し、そのための知識の啓発を計ろうとしたといえる。また一九〇五年の南樺太の領有によって、樺太と地理的に深い関係のある北海道が、改めて「殖民的経営ヲ要スル所」とされている点は注目に値するといえよう。

この博覧会は、一九一二年七月に天皇が死去したため一時開催を危ぶまれたが、「先帝陛下ノ偉業ヲ記念シ奉ル為ニモ」[20]中止すべきではないと判断され、逆に「明治年間国運発展記念」という名目が付け加わって実施されることになった。このように拓殖博覧会は、対外膨張という国策をさらに推し進めるような目的を掲げ、内閣拓殖局をはじめ関係官庁が深く関与して開催されたわけだが、ではこの博覧会において、植民地は展示実践を通じてどのように表象され、人間の「展示」はそれにどのように関わっていったのだろうか。

(2) 展示される植民地

拓殖博覧会は、東京・上野公園内の東京府勧業協会の建物一五一二坪を借り受け、その建物をメインパビリオンとし、さらに帝国博物館よりメインパビリオン周辺の空き地を借用し、そこに観光館などのパビリオンや、台湾喫茶店をはじめとした飲食所などを配置して開催された。[21]メインパビリオンの内部は、一階部分が、台湾三八四坪、朝鮮二八八坪、関東州二一六坪、北海道一四四坪、樺太八四坪と、五つの地域からの出品物陳列区として割り当てられ、さらに参考品陳列区として「内地」製品を展示する空間も有した。[22]また二階には、第三節で詳述する東京帝国大学理科大学人類学教室の人類学標本が参考品として陳列され、三階には、樺太協会や東洋協会が提供した古本書類や殖民雑誌社からの寄贈図書を配した図書館が設置されていた。[23]

メインパビリオンで展示された植民地からの出品物は計九〇三七点、出品者は合計二〇六〇人であり、その内訳は農業関係が三一二三点と三分の一強を占め、次いで工業関係が二三九三点と続いた。地域別では、台湾三七二〇点、朝鮮二〇一二点と、この二地域が抜きんでており、以下、北海道一〇八五点、関東州七四一点、樺太四七九点という出品状況であった。しかし出品者に眼を向けてみると、朝鮮が圧倒的に多く一〇〇一人、以下、台湾五一二人、北海道四八二人、樺太五三人、関東州二〇人という状況であり、[24]一人当たりの平均出品数に大きな違いがあった。朝鮮が一人平均三点であるのに対し、関東州は一人平均三七点にものぼった。関東州の場合、博覧会への出品は南満州鉄道株式会社をはじめとする特定の組織や個人に限定されていたのに対し、朝鮮では出品者の裾野が比較的広かったといえる。

またこれらの出品物は、基本的には審査の対象となり、名誉賞牌から褒賞まで五段階の賞が与えられた。具体的には、全出品物のうち官庁出品物、参考品、および出品者が審査を辞退した物を除く四〇八六点（出品者一八四〇人）について、審査委員長・九鬼隆一のもと、農業部、水産部、林産部、鉱産部、工業部に分かれて審査が行われ、その結果、名誉賞牌三三点をはじめ計一二七四点に褒賞が付与された。[*25] 植民地の産業開発への寄与を第一の目的に掲げた博覧会だっただけに、出品物の審査は「最モ重要ナルモノ」と位置付けられ、一一月二五日には、褒賞授与式が盛大に催されている。この授与式には、農商務大臣牧野伸顕など多数の政治家や経済界の重鎮が来賓として出席し、拓殖局総裁の元田肇が内閣総理大臣の名代として祝辞を述べるなど、公的な色彩の強いものであった。[*26]

このように拓殖博覧会では、褒賞授与によって序列化された多数の出品物によって、植民地は、どのような形で経済的に活用できるか、どのような分野で利潤を生み出す可能性があるのかという観点から表象されたといえるだろう。そして、それら出品物は、各植民地の陳列スペースに配置され、各地域の特色を描き出そうとする装飾の一部ともなったのである。それでは各地域の陳列スペースでは、いかなる演出が行われたのだろうか。

まずメインパビリオン一階の陳列区は、次のように配置されていた。入り口から入って左側が西館、右側が東館とされ、西館には入り口に近い方から台湾、つづいて樺太、東館には朝鮮、つづいて北海道、一番奥に関東州の出品物陳列区が設置されており、それぞれの陳列区は、台湾館、樺太館、朝鮮館、北海道館、関東州館と呼ばれていた。[*27] 先に述べたように陳列区の装飾は、主催者の負担ではなく、関係各庁と出品人の自由とされていたため、互いに競い合って意匠を凝らすという状況となり、各陳列区には大がかりな装飾が施された。以下では、台湾館を例にとって、その具体的な様相を考察していきたい。

(3) 展示によって示される「物語」

台湾館はメインパビリオン内で最大の陳列スペースをもち、「台湾の出品区は見るべきものが多い」[*28]と評されるほど、全体の装飾と出品物の配置に工夫が凝らされていた。また、次節で述べる人間の「展示」による植民地表象とも、密接な関連をもつ展示だった。台湾館を例にとって、メインパビリオン内の展示を考察することは、拓殖博覧会における植民地展示を考える上で、きわめて有効だと思われる。そこでやや紙幅を裂いて、台湾館で行われた演出と出品物の展示の様子を再現し、さらにそのような展示によって植民地台湾はどのように表象されたのかを論じていこう。

台湾館の入り口を入ると、まず阿里山の檜で作った「京都法然院ノ正門」を模した門があり、内部に進むと四方の壁には台湾の風景を描いた高さ約七m、長さ約一四五mの大壁画が飾られていた。黒田清輝の監修によるとされるこの壁画には、まず台湾に上陸する者の多くが利用する基隆港が描かれ、次に米が実った田圃が一面に広がる風景が続き、さらに台湾の特産物であるウーロン茶の茶畑、そして台北の水源地の様子と壁画の描く景色は展開していく[*29]。つまり、この壁画のモチーフの一つは、台湾における産業の発達状況を示すことにあったといえるだろう。このモチーフは壁画と陳列品の組み合わせによって、巧みに語られていくことになる。例えば、この壁画をたどって進むと、塩田が広がる風景が登場し、その壁画の前には塩田の模型と台湾塩の実物が陳列され、台湾で以前から発達してきた製塩業のさらなる可能性が示されていく[*30]。また、その隣には当時から檜の名産地として名を知られていた阿里山の深林の風景が描かれ、その近くに扁木《ひのき》木材や、紅檜《べにひ》木材の標本が展示された。そして、さらに台湾の特産品であるパイナップルやバナナが実った風景が描かれ、その前にはパイナップルの缶詰が展示されるといった具合である[*31]。また台湾の特産物として当時から注目を集めていた砂糖の展示には、さらなる工夫が凝らされていた。具体的には、一面に広がる甘蔗畑から軽便鉄道がのびて製糖工場に続く風景を描いた壁画の前に甘蔗の実物を展示し、その傍らでは各製糖会社が意匠をこらして砂糖製品の展示を行っていた。[*32] このような産業の発展状況を示すというモチーフは、拓殖博覧会の目的と最も合致しており、先ほど述べたような台湾からの出品物三七二〇点も、基本的にはこのモチーフに随って陳列されたといえるだろう。また台湾館の一隅には各種の統計が掲げられ、製茶業、製糖業をはじめとした各種産業の「進歩」の状況が数字で表わされており、他の一画では基隆港や打狗港、台北の水道設備などの模型展示によって、インフラストラクチャーの整備が植民地支配下でいかに進んだかが示されていた。[*33]

しかし、壁画および展示のモチーフはこれだけではない。壁画の中には「隘勇線を作り鉄条網を張れる処」[*34] も描かれている。この情景には、いかなる意味があったのだろうか。この情景は、壁画の随所に散りばめられた台湾原住民に関わるものの一つであった。次節でも詳述するように、この博覧会での台湾表象について、その表象を構成する隠れた「主役」は台湾原住民であり、この壁画にもその傾向が端的に表れていたといえる。「隘勇線」とは、第六章で詳述したように、台湾総督府が台湾原住民の抵抗を制圧するために設けた防御線であり、原住民の居住地域を囲う形で鉄条網を張り、必要箇所には高圧電流を流して台湾原住民の移動を妨げた。再度強調しておくが、この博覧会が開催されていた一九一〇年代前半は、特に台湾北中部に居住する台湾原住民に対し、いわば「絶対服従」か「死」かの選択を迫るような徹底的な武力弾圧を、台湾総督府が行っていた時期である。「五箇年計画理蕃事業」と称されたこの「討伐」服従化作戦は、警察と軍隊を中心に進められ、「討伐」隊への慰問袋の呼びかけが日本各地でも行われるなど、「隘勇線」に象徴される事態については、日本「内地」の関心も高かったと思われる。つまり、このような状況を背景として、台湾館に描かれた壁画は、植民地支配に伴う現在進行形の暴力の発動という問題と、武器を手にしての抵抗という台湾原住民のいわば「飼い慣らすことができない他者性」について、その片鱗を示していたといえよう。しかし一つのモチーフの中で、植民地政府による暴力の発動は正当化され、台湾原住民の「他者性」は懐柔されることになる。それは植民地主義が最も好んで語った、文明による「野蛮」の教化というモチーフであった。

台湾館の中では、台湾の産業発展の状況というモチーフと、文明による「野蛮」の教化というモチーフは、巧みに組み合わされて提示されていた。台湾館の壁画には、先に述べた阿里山の深林に続いて檳榔樹の林が登場し、それに寄り添うように台湾原住民の集落が描かれた。台湾原住民は山奥で生活する「野蛮」で「未開」な存在として描かれ、さらに「素朴さ」が常に強調される台湾原住民の手工芸品がその前に陳列されるなど、観覧者のエキゾチズムを喚起する形で展示は行われていたといえる。そしてこの壁画の最後は、台湾原住民の学校の風景で締めくくられることになる。[*35] 台湾に産業発展をもたらした日本の支配に、武力で抵抗しようとする「野蛮」で「未開」な台湾原住民は、最後に「文明」に光に浴して教化を受け入れるという形で、台湾館の展示の「物語」は完結するのである。

以上、台湾館にそくして植民地の展示がどのような演出によって行われ、どのように植民地を表象したのかをみてきたが、それが他の植民地との関係で位置付けられる点が、拓殖博覧会の大きな特徴であった。例えば、メインパビリオンの西館は台湾館に続いて、樺太館が配置されていた。この樺太館では、椴の丸太で作った門をくぐると、麝香《じゃこう》鹿《じか》やトナカイ、雷鳥、オットセイの剥製が陳列され、落葉松、椴松《とどまつ》の木立が作られるなど、樺太の自然風土を再現しようとする演出が施されていた。さらに針葉樹の丸太で作った「露国式丸太家屋」が設置され、屋根で鶏を飼い、暖房器具としてペチカを使用する生活空間が樺太の居住文化として示されていた。[*36] そして極寒の地として樺太を特徴付ける演出は、博覧会の目的でもある産業発展というモチーフにも結びつけられた。樺太の幌内川の沿岸一帯には蘚苔類が地表を覆うツンドラと呼ばれる地帯が広がっていたが、樺太館では蘚苔類の実物展示によってツンドラの雰囲気を伝えようとする演出も行われていた。そしてこの蘚苔類は製紙原料としての有用性が強調され、実際にこの蘚苔類を使用した製品も展示されていたのである。[*37] このように樺太館では、その自然風土の特徴を強調するとともに、その特徴を樺太独自の産業発展を促す可能性として位置付ける演出が行われたといえよう。

そして、台湾館と樺太館が並んで設置されることで、拡大する「帝国」日本の姿が一層、強調された。新聞などで紹介された博覧会紹介記事には、次のような感想が散見される。

正門を入って右を眺むれば朝鮮の京城なる南大門とも見るべき楼門が聳えて其内側が朝鮮の出品区であることを表白し、左に望めば其処には阿里山の扁柏で作つた冠木門があつて、其附近の一帯に芭蕉や鳳梨の図画さては実物のあるのが眼に入つて此処が台湾の出品区であることを自白して居る。前者は云ふ迄もなく温帯の景色、後者は純然たる熱帯の風光で両者の対照が既に面白い所へ、更に眸を左方に転ずれば之は又、樺太の雪中にアイヌが犬橇を駆つて轟々たる椴林の中を進むと云ふ頗る勇壮な模型が出て居る。其背景として椴林の間から開濶な海面が隠見し而も無数の流氷が浮んだ工合など飽まで寒帯的趣致、かくて熱温寒三帯の感想を僅に数歩の間に獲取し得るのは愉快ではないか。[*38]

つまり熱帯、温帯、寒帯の三つの気候区分に属する領土を有するまでに拡大した「帝国」日本の姿を、拓殖博覧会の展示を通じて感じとるとともに、そのような地理的広がりと多様な特徴をもつ植民地を「数歩の間」に見てまわれることに博覧会の意義を見出すのである。

さらに温帯の植民地として位置付けられた朝鮮は、農業の将来性が東洋拓殖会社の活動との関連で強調された。東洋拓殖会社の出品物は多数にのぼり、朝鮮館において大きな割合を占めていたが、それらの出品物は「泰川の水利工事と長安坪の開墾工事の模型や写真、移民の分布図、移民地の写真類、同社の直営事業たる纛島農場の景色画と地図、移民の応募から成功に至るまでの絵画」[*39]というように、移民事業関連が中心であった。さらに出品された漁業加工物の種類の多さと、三方を海に囲まれているという地理的条件から水産業の将来性が強調されたが、その点もまた日本「内地」からの漁業移民の増加という現象と強く関連付けられた。[*40]このように朝鮮館の展示は、「在来ノ朝鮮人農工業ノ有様ト内地ヨリ移住セシモノノ現況トヲ説明シ且ツ如何ニ両者ガ接触シ交渉シテ漸次進歩ノ過程ヲ辿リツツアルヲヤ説明ス可キ好個ノ材料」[*41]と、日本「内地」からの移民が朝鮮の産業発展にいかに良い影響を及ぼしているかという点を強調する形で構成されていたといえる。

そして朝鮮館の展示品として最も人目を引いたのは、「慶福宮内ノ慶会楼、慶州佛光寺石窟内ノ多宝塔ノ模型」[*42]であったという。さらに高麗時代の陶器や鏡などの出品物も含めて、これらの展示に対しては、古の高い文化の遺物、「李王家当時の栄華の夢を語る」[*43]ものとして位置付けられた。つまり、過去には高い文化を誇ったが、その後、衰退の道を歩んでいた朝鮮は、「帝国」日本の手によって再生の道を歩んでいる――このようなモチーフが、朝鮮館の展示には貫かれていたのであり、この点が他の植民地の展示と較べて際だった特徴をなしていたといえよう。

一九三一年にパリで開催された欧州最大級の植民地博覧会・パリ植民地博覧会では、観覧者は「一日間世界一周旅行」を楽しめる「場」として博覧会を受容していたといわれているが、[*44]パリ植民地博覧会に約二〇年先だって開催された拓殖博覧会もまた、植民地を「数歩の間」で旅する博覧会、もしくは「坐ながらにして新領土を視察し得る」[*45]博覧会として、観覧者に受容されていったのである。

第三節　人間の「展示」と人類学

(1)　拓殖博覧会における人間の「展示」

前節で述べてきたような内容をもつ拓殖博覧会は、主催者の予想以上に好評を博した。例えば、拓殖博覧会開会後の最初の日曜日にあたった一〇月六日には、開門の一時間前の午前七時から観覧者が詰めかけ、[*46]想定していた来館者数をはるかに超えたため、入場券の販売を三〇回以上、一時中止せざるを得ない状況だったという。[*47]また、この日の混雑ぶりを問題視した上野警察署から、このままでは事故が起こりかねないという注意があり、その対応として、博覧会当局は、日曜日と大祭日の入場料を二培にするという措置を速やかに決定、実行している。[*48]最終的に、この博覧

図1　新聞に描かれた拓殖博覧会の様子

（出典：『東京朝日新聞』1912年10月3日）

会には、六〇日の開催期間中に八〇万人以上の観覧者が訪れた。[*49] このように拓殖博覧会は、かなりの集客力を誇ったイベントだったといえるだろう。そしてその集客力の源が、植民地の展示であったことはいうまでもないが、しかしこの博覧会で注目を集めていたのは、メインパビリオンだけではなく、むしろ屋外に作られた施設が話題となっていた。メインパビリオンの中庭には博覧会当局によって「土人部落」が作られ、そこでは「生身」の人間が「展示」されていたのである。

拓殖博覧会の「土人部落」では、台湾、樺太、北海道からやってきた計一七人の人々が「展示」されていた。具体的には、台湾からは、漢民族系住民である「台湾台北土人」二名（夫婦）と台湾原住民の中のタイヤル族である「台湾屈尺蕃ウライ社蕃人」五人（夫婦と子供）が、樺太からは「樺太オタサムアイヌ」四人（夫婦と子供、大工）と「ギリヤーク」[*50] 三人（夫婦と従僕）、そして「オロッコ」[*51] 一人が、北海道からは「北海道日高アイヌ」三人（祖父と孫、彫刻師）が来場し、博覧会の開催期間中、それぞれの住居を模した建物の中で生活を営んだ。[*52] そして観覧者は、住居の外から覗くように、あるいは住居の中まで立ち入って、その様子を見てまわったという。つまり博覧会の会場に植民地の現地住民の住居を再現し、そこに植民地から連れてきた「諸人種」を住まわせて、観覧者がその様子を眺めてまわるという一八八九年のパリ万博以来の植民地展示の一つのスタイルが、この博覧会では実践されたのである。

さらに「土人部落」には、さまざまな演出が行われていた。当時の報道記事から、その様子を再現してみよう。博覧会会場の中庭には、まず朝鮮の石人形が道の傍らに並べられ、その道の奥には、長い棒の上に人の頭を模した物を付けた道標が置かれ、それに並んで台湾原住民の家が作られていたという。その隣には、台湾の漢民族系住民の家が造られ、さらに熊の頭骨を飾ったアイヌの家が続いた。そしてその前に、ギリヤークとオロッコの住居としてテントが作られ、その傍らにはトナカイが飼育されていたという。[*53]

つまり、北海道、樺太居住の先住民族であるアイヌ、ギリヤーク、オロッコについては、その生活が動物と密接に関連するものとして表象されたといえる。とくに樺太のギリヤークとオロッコは、南樺太の領有からそれほど日が経っていなかったため、新版図の住人として観覧者の好奇心を特に集めており、狩猟生活を印象付ける演出は、多彩な刺繍をほどこした彼らの衣服とともに、観覧者のエキゾシズムを刺激したと思われる。[*54]

さらに台湾原住民に関する演出は、より明白な意図のもとで行われていたといえる。「人の頭」をことさら持ち出す装飾は、当時、最も「野蛮」な行為の一つと考えられていた「首狩り」の習俗を連想させるものであり、台湾原住民の生活は、その「首狩り」と強く結びつけられて表象されたのである。そしてこのことは、前節で述べてきたメインパビリオン内での台湾表象のあり方と、さらに屋外に設置されていた他の施設における台湾表象の問題と考え合わせると、より深い意味をもつものであった。

前節で述べたように拓殖博覧会の屋外施設には、「土人部落」の他に、博覧会当局が設置した観光館があった。

一六〇坪の広さをもつ観光館では、先に述べた褒賞授与式など各種の式典も行われたが、常設企画は、関係各庁から提供された活動写真の上映であった。そしてその活動写真の内容は、例えば、朝鮮からの「東大門、南大門並京城市中」、関東州からの「大連市全景」というように、日本統治下で「発展」する都市部の様子を描いたものや、樺太からの「海豹島ニ於ケル膃肭臍《オットセイ》群游ノ光景」や北海道からの「大牧場ニ於ケル牛馬ノ放牧」のように、その土地を特徴付ける風物や産業の様子を写したものが中心であった。[*55] 観光館で上映された活動写真もまた、拓殖博覧会の大目的に沿って、植民地の「発展」と産業開発の可能性をメッセージとして発していたといえる。

しかし台湾からの活動写真は、その内容が他の地域と大きく異なっていた。確かに台湾の産業開発の状況を写したものとして、「製糖会社及打狗港」と題された一篇があるものの、他はすべて台湾原住民に関わるものであった。やや煩雑になるが、台湾から提供された他の活動写真六篇のタイトルをすべて挙げてみよう。「蕃人ノ住宅及首棚蕃婦」「内田長官視察並ガオガン蕃社内ノ実況」「ボンボン山架橋通過」「警察隊ノ前進」「討伐隊ノ活動」「バロン山ノ砲撃[*56]」。最初の一篇は、文字通り、台湾原住民の生活状況を「首狩り」習俗と結びつけて描いたものだと思われるが、それ以外の五篇は台湾原住民に対する武力「討伐」と結びついた題材が選ばれている。繰り返しになるが、この時期、台湾の北中部山岳地帯では、台湾原住民に対する徹底的な武力「討伐」が、台湾総督府によって進められていた。この武力「討伐」作戦は、台湾原住民の中でも主にタイヤル族を対象として展開されたが、活動写真の題名に登場する「ガオガン蕃」は「タイヤル族」の一部族であり、第六章で述べたように、拓殖博覧会が開催される二年前の一九一〇年、台湾総督府は「ガオガン蕃」に対して約半年におよぶ大規模な「討伐」作戦を行っている。[*57] 第六章で論じた「糧食ノ闕乏ヲ告ケタルトキハ軍人ハ、ガオガン蕃人ノ肉ヲ以テ之ヲ補充スヘキ[*58]」旨の文言は、まさにこの「討伐」作戦に際して、発せられたとされるものであった。活動写真の題目に登場する「ボンボン山」「バロン山」は、「ガオガン蕃」の活動区域にある山であり、この活動写真の大部分は「ガオガン蕃」に対する「討伐」作戦の様子を写したものだと思われる。また内田嘉吉は、台湾総督府民政長官として、一九一一年一〇月に「ガオガン蕃」の居住地周辺を視察しており、[*59]「内田長官視察並ガオガン蕃社内ノ実況」は、その時の様子と、帰順後の「ガオガン蕃」集落の様子を写したものだと推察される。

そしてこの活動写真の感想として、新聞記事の中では次のように語られている。

台湾のは悉く之れ生蕃討伐隊の苦戦悪闘を写し出したもので蕃社の砲撃より帰順式の賑ひありて、先達て上京した生蕃に再びお目に懸る心地がする。又蕃道を辿りて糧食弾薬運搬の苦難を見せ敵蕃よりの射撃を冒しつゝ隘勇線開設の難事業もあり、鮮血淋漓硝煙濛々の光景、人をして竦然として恐れしめる[*60]

つまり、この活動写真は、「首狩り」習俗によって台湾原住民の「野蛮性」を示しつつ、一方で日本の支配に武力で抵抗する台湾原住民を、ある種の「恐怖」の対象として描きながらも、他方で日本の警察や軍隊の働きにより台湾原住民は「討伐」され、最終的には日本の武威に恐れをなして服従した民として描き出したといえるだろう。メインパビリオン内の台湾館の展示が示した「物語」を、この活動写真はより直截的に示したといえる。すなわち現在進行形で展開される植民地支配の暴力と台湾原住民の「飼い慣らすことのできない他者性」が一旦示されるものの、その暴力は正当化され、台湾原住民の「他者性」は操縦可能なものとされるのである。

そして観覧者は「土人部落」において、台湾原住民の「野蛮性」を想起しながらも、その「野蛮性」が自分たちに降りかからないことを確信しながら、いわば安全な位置から、台湾原住民を眺めたといえるだろう。活動写真で見た武力で抵抗する「野蛮な」原住民が、目の前で「大人しく」機織りをしている様子を、観覧者が好奇心に満ちたまなざしで観察するという構造を、拓殖博覧会の「展示」実践はもっていたのである。[*61]

(2) 拓殖博覧会と人類学

前項で述べてきた「土人部落」の建設には、その企画段階から人類学者・坪井正五郎が大きく関わっていた。第二章で述べたように、坪井は一八九七年の台湾原住民の「内地」観光の際に、彼らの身体測定を行った人物であり、また第三章で述べたように、聴講生であった伊能嘉矩に対し人類学的な素養を教授した人物であるが、本章第一節で述べたように、一九〇三年の学術人類館の「展示」を大いに支援した人物でもあった。坪井は、拓殖博覧会においても、評議員に名を連ね、博覧会への「諸人種招来」を積極的に進めた。さらに「土人部落」建設に関して「顧問」として全体を指揮したことが、主催者側の資料からも坪井自身の発言からも確認できる。[*62] 具体的には、「土人家屋構造ノ調査及建築材料ノ蒐集、土人家族ノ招聘等各般ノ準備事務」[*63]のため、坪井からの依頼により、東京帝国大学理科大学助手の大野延太郎が台湾、朝鮮に、東京帝国大学の卒業生で東京人類学会の幹事であった石蔵収蔵が北海道、樺太に、それぞれ七月下旬に調査に赴いている。坪井正五郎をはじめとした東京帝国大学に集う研究者の力が、この「土人部落」企画を支えていたといえるだろう。

さらに坪井正五郎の関与は、博覧会全般に及んだ。例えば、この博覧会の主要な広告手段であったポスターは、坪井正五郎の考案によるものだった(図2・図3参照)。このポスターは、観覧者の誘致のため「特ニ広告ノ意匠及図案」が重要と考えられ作成されたものであるが、[*64] 上下の枠囲いとして「カラフトアイヌの模様」と「支那式の模様」をあしらい、左に朝鮮の木標と北海道アイヌの祭祀用具を配置し、右に台湾原住民であるタイヤル族を模したと思われる人物像を配した図案からは、拓殖博覧会の「目玉」として坪井が何を打ち出そうとしていたかが明確にうかがえる。坪井にとっては植民地の産業開発の状況以上に、植民地住民こそが関心の中心であり、また宗主国住民一般の興味を惹くと考えられたといえよう。

このように坪井正五郎はじめとした人類学者は、企画段階から拓殖博覧会を支えたのであるが、博覧会が始まって

図2　拓殖博覧会のポスター

（出典：『拓殖博覧会事務報告』，44 頁）

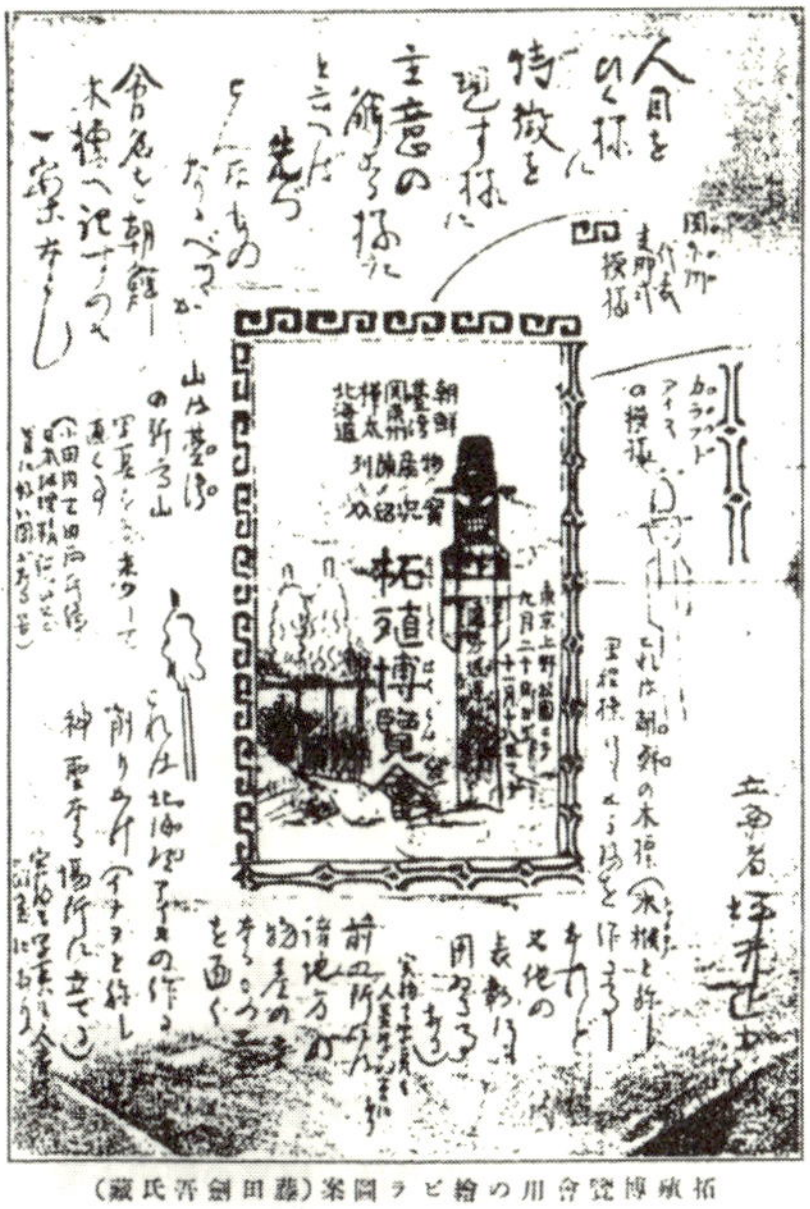

図3　坪井正五郎によるポスター図案

（出典：『人類学雑誌』 第 28 巻第 1 号，1913 年，713 頁）

からも、その尽力ぶりは変わりなかった。前節でも述べたように、一つには植民地に関する知識の啓発という目的で、メインパビリオンの二階において人類学標本の陳列を行っている。その陳列品は、すべて東京帝国大学の人類学教室の備品が充てられ、会場内の中央には、楕円形の台上に大きな日本「帝国」の地図が描かれ、これに博多人形で作った各住民の模型が置かれていたという。そしてその周りには、アイヌやギリヤーク、オロッコそして台湾原住民などの衣服や用具が陳列されていた。[*65] つまり、一九〇三年の学術人類館の構造と同様に拓殖博覧会においても、「土人部落」の人間の「展示」から得た知見は、学術的に意味があるものだとの保証を与える形で、この人類学標本の陳列室はあったといえるだろう。では人類学者は、どのような意図で、この博覧会、とくに「土人部落」の設立に尽力したのであろうか。

　博覧会開幕直後の一〇月五日、博覧会場内の観光館で、東京人類学会の年次総会が開催された。

この総会には会員以外に、「土人部落」で「展示」されていた人々も「招待」されており、その場にやってきた彼ら・彼女らは、総会の中で紹介されたという。[*66] そして、坪井正五郎は東京人類学会会長として、「明治年代と日本版図内の人種」と題した講演を行っている。この講演の内容には、拓殖博覧会に対する坪井の思いが端的に示されているといえよう。坪井は、この講演の中で、まず明治天皇の死去に触れ、「先帝陛下御偉業」の中で最も記念すべきは「国土が広がり日本の勢力が満州にまで及んだ」ことだとする。その上で、国土の広がりは単なる面積の問題だけではなく、それぞれ自然風土や住民の特徴をもつため、利用という観点からすると日本が得たものは実際以上のものだと力説している。そして日本が領土として獲得した順に、そこに住む住民の特徴が説明され、さらに博覧会の「土人部落」は、これらの住民とその生活状況を実際に見ることができる「場」として、その意義が強調されるのである。そして最後に日本「帝国」内の住民について人種分類を行った上で、次のように結論付けている。

今近隣の土地に付いて考へて見るのに、北の方樺太の国境以北に何か異つた種族が居るかと云ふのに居らない、南の方フイリピンからマレー諸島はどうかと云ふと夫れ等の地の住民は西マレー系の者で台湾蕃人と同じ部類で有る。西の方支那は如何。其主なる住民は台湾土人と同一の漢人である。今後我が邦の勢力が一層拡がつたとした所で其範囲内に籠めらるべき者は人種として珍しい者では無く皆既に日本国民と成つて居る者と同種類で有るので有ります。日本の近隣に住んで居て日本国民中に加はる事の有り得べきものは一通り日本国民と成つて仕舞たので有ります。明治以前に斯かる事は無かつた、近隣には現在の日本国民中の者と甚しく異つた種族は最早見当らぬとして見ると、明治年間の出来事の中で異種族が国民中に加へられるに至つたと云ふ事の如何に重大で有るかゞ分かるで有りませう。此事は此時代に付いて記念すべきもの丶中、特に重きを置くべきものと思惟するので有ります。[*67]

つまり、日本「帝国」のさらなる膨張を予想しつつ、その具体的な場所として北は北樺太、南はフィリピンからマレー諸島、西は中国大陸を措定する。しかしそこの住民は、人種的にはすでに日本が植民地とした土地で暮らす住民と同一であると位置付ける。つまり現在の植民地住民について宗主国の人々が知識を持つことは、日本「帝国」が将来包摂すべき土地に居住する住民を知ることでもあるために、一層その重要さを増すとされたのである。

坪井にとって、「土人部落」の設置は、現在の植民地について宗主国住民に知識を授けるためだけでなく、将来の版図の一端を示すものとしても位置付けられたのである。人類学者が「土人部落」を通じて示した帝国主義的思考は、将来の膨張の可能性を強く読み込んだものだけに、拓殖博覧会自体がもった帝国主義的思考をさらに超えていくものだったといえる。[*68]

おわりにかえて

一九一二年の拓殖博覧会以降、「生身」の人間の「展示」は、どうなっていくのであろうか。本章のおわりにかえて、その点を概観しておきたい。

「生身」の人間の「展示」は、日本「内地」の博覧会において、これ以降も反復されていった。山路勝彦の先駆的な研究によれば、例えば一九一四年に開催された東京勧業博覧会では、植民地住民の「展示」に加えて、さらに日本の「南進」先と考えられていた「南洋」、具体的にはマレー半島やジャワ島から現地の住民を連れてきて、「展示」を行っている。[*69]

そしてこのような手法は、日本「内地」だけに止まらず、やがて植民地で開催される博覧会にも波及していくこととなる。例えば一九三五年に台湾では、日本の植民地支配の開始から四〇年を記念して始政四〇周年記念台湾博覧会が開催されているが、その会場でも台湾原住民は「展示」の対象となった。台湾原住民の住居を模した建物を造り、その前庭で、「粟搗、餅搗及機織等の実演を為さしめ、以て彼等の生活状態を見せた」[*70]という。さらにこの台湾博覧会においては、台湾原住民は日常生活を見せただけでなく、舞台で歌や踊りを披露しており、このパフォーマンスは博覧会の呼び物の一つとなっている。次章以降で詳述するように、ここには一九三〇年代の台湾におけるツーリズムの展開と、それに伴う台湾原住民の「観光資源」化という問題が伏在しているといえる。一九三〇年代には、日本「内地」から台湾への観光客の誘致も積極的に行われているが、その際、台湾原住民集落の「視察」と、「蕃人踊り」の観覧は、台湾観光の定番となっていた。一九一二年の拓殖博覧会において、「土人部落」で「展示」された台湾原住民の女性は、「私達を見るには台湾へ来ればいゝじや無いか」と言ったという記録がある。[*71]この記録が正しいとすれば、一九一二年に発せられた言葉通りの状況が、一九三〇年代に出現したといえるが、それは博覧会という「場」で台湾原住民に向けられた視線が、今度は台湾全土に対して向けられる事態となったともいえよう。

一九世紀後半から、植民地を表象する手段として行われきた「生身」の人間の「展示」。それは植民地主義と人種主義という、当時の宗主国内部の主流の思潮を体現した「展示」実践であり、宗主国の社会意識の中に存在した「大きな物語」に沿った、もしくはそれを増長させる「展示」だったともいえるのではないだろうか。[*72]

注

＊1　E・W・サイード『オリエンタリズム』今沢紀子訳、平凡社、一九八六年。

＊2　E．ホブズボーム『帝国の時代1』（野口建彦他訳、みすず書房、一九九三年）。

＊3　一九一二年の拓殖博覧会について論じた研究は、管見の限りでは、非常に少ない。その中でも近年の成果としては、山路勝彦「拓殖博覧会と〈帝国版図内の諸人種〉」（『関西学院大学社会学部紀要』第九七号、二〇〇四年。後に山路勝彦『近代日本の植民地博覧会』風響社、二〇〇八年に所収）が挙げられる。山路はこの論稿において、一九〇三年の学術人類館から一九三〇年代の博覧会に至るまでの人間の「展示」の展開の中で、拓殖博覧会での「展示」の様相を紹介しており、本論執筆に際し大きな示唆を得た。

また先駆的な論稿としては、小西雅徳「拓殖博覧会における人種展示と東京人類学会の役割について」(『國學院大學博物館學紀要』第二九号、二〇〇四年)がある。小西は、この論稿において、拓殖博覧会で「展示」された人々のうち、特に北海道や樺太南部から博覧会場に連れて来られた北方民族の動向について紹介している。

＊4 『大阪朝日新聞』一九〇三年三月一日。なお、引用文中の旧字体は新字体に改め、適宜、句読点、ルビを付けた。以下、同様。

＊5 第五回内国勧業博覧会は、実質的には日本初の万国博覧会でもあった。もともと内国勧業博覧会は、幕末に結んだ不平等条約により、西洋諸国に対して治外法権を認めているという日本の国際的な立場と、工業などをはじめとした国内産業が国際的な競争力をまだ充分にもっていないという状況を反映して、国内の生産・製造物に限定した展示を行っていた。しかし、第五回内国勧業博覧会では、「参考品」という形であれ、外国からの出品を広く認めており、実際一四ヶ国からの出品物が参考館というパビリオンを中心に展示されていた。このような転換の背景には、治外法権の撤廃をはじめとする日清戦争後の日本の国際的な位置の変化と、軽工業を中心とした産業の発展状況があり、このような変化が、まさに帝国意識の広がりを支えていたともいえる(拙著『帝国の視線—博覧会と異文化表象』、吉川公文館、二〇〇三年)。

＊6 吉見俊哉『博覧会の政治学—まなざしの近代—』(中央公論社、一九九二年)。

＊7 同右、一八一頁。

＊8 Paul Greenhalgh, *Ephemeral vistas : The Exipositions Universelles, Great Exhibitions and World's Fairs, 1851–1939*, Manchester Univ. Press, 1988. および吉見、前掲書『博覧会の政治学』。

＊9 Robert. W. Rydell, *All the World's Fair*, Univ. of Chicago Press, 1987. および吉見、前掲書『博覧会の政治学』。

＊10 学術人類館の展示実践とそこから波及する問題について、筆者は拙稿「パビリオン学術人類館—世紀転換期における「他者」表象をめぐる知—」(『日本学報』第一五号、一九九六年。のちに加筆修正の上、前掲、拙著『帝国の視線—博覧会と異文化表象』に所収)において詳細に検討した。ここでは、前稿との重複を避けるため、本章の論旨に関連する点を中心に、ごく簡単に学術人類館の諸相を概観しておく。なお本項で示す見解は、前掲、拙稿および拙著で行った一次資料の分析による考察に基づいているため、本項の注記は最小限にとどめる。

＊11 第五回内国勧業博覧会は、農商務省の主管による国家イベントであったが、学術人類館は公式パビリオンではなく、神戸の米商人らの手による民間パビリオンであった。

＊12 松村瞭「大阪の人類館」(『東京人類学会雑誌』二〇五号、一九〇三年四月)。

＊13　「博覧会と人類学（坪井博士の談）」（『大阪毎日新聞』一九〇三年三月二八日）。なお松村瞭もまた、次のような見解を示している。「人類館なるものが日本に設立せられたのは、今回を以て嚆矢となすのである、日本人には物新しい為めか種々の批評もある様である、実際基の規模も小く、集められた諸種族も日本版図内或は比較的多く吾人の目に触る丶所の種族で其他一般の設備も不完全たるを免れないが、私立で然かも短日月間の事業としては恕すべき所もある、兎に角今回人類館が世人に与ふる利益は少くないと思ふ、吾人は幾分なりとも世人に人類学的の思想を授くる事が来《ママ》れば満足するのである（松村、前掲論文「大阪の人類館」、二九二頁）。坪井と同趣旨の見解であり、人類学の「学知」の普及という観点から、学術人類館で試みられた手法の有効性を強調する見解だといえる。

＊14　片平茂市郎編『拓殖博覧会事務報告』（拓殖博覧会残務取扱所、一九一三年）、二二一～二二六頁。なお、同会の評議員には、他にも内閣、宮内省、農商務省、外務省、大蔵省、内務省、文部省、逓信省、鉄道院、警視庁、東京府、東京市の官僚が名を連ねている。また南満州鉄道株式会社からは総裁・中村是公、東洋拓殖会社からは総裁・宇佐川一正と、それぞれ関東州の経済戦略、朝鮮の植民地経営に深く関わる会社組織の代表も、評議員に含まれていた。後に詳述する坪井正五郎もまた、評議員の一員である（前掲『拓殖博覧会事務報告』、二二六～二二八頁）。

＊15　前掲『拓殖博覧会事務報告』、二三八頁。

＊16　鶴原定吉は、第五回内国勧業博覧会が開催された当時、大阪市の市長を務めていた人物でもある。

＊17　前掲『拓殖博覧会事務報告』、三八頁。

＊18　同右、三八～三九頁。

＊19　同右、三～五頁。

＊20　同右、二頁。

＊21　同右、三七頁。

＊22　同右、三九、七〇頁。

＊23　同右、七〇～七一頁。

＊24　同右、六九頁。

＊25　同右、七四～二二三頁。

＊26　同右、二二五～二三七頁。

＊27　同右、七一～七四頁、「拓殖博覧会（上）（下）」（『台湾日日新報』一九一二年一〇月一〇日、一九一二年一〇月一一日）。
＊28　「拓殖博覧会評判記」（『東京朝日新聞』一九一二年一〇月三日）。
＊29　前掲『拓殖博覧会事務報告』七一～七二頁、「台湾館の大壁画」（『台湾日日新報』一九一二年一〇月一二日）。
＊30　前掲「台湾館の大壁画」、「拓殖博覧会評判記（三）」（『東京朝日新聞』一九一二年一〇月五日）。
＊31　前掲「台湾館の大壁画」。
＊32　「拓殖博覧会評判記（二）」（『東京朝日新聞』一九一二年一〇月四日）。
＊33　前掲『拓殖博覧会事務報告』、七一～七二頁。
＊34　前掲「台湾館の大壁画」。
＊35　同右。
＊36　前掲『拓殖博覧会事務報告』、七二頁。
＊37　「拓殖博覧会評判記（四）」（『東京朝日新聞』一九一二年一〇月八日）。
＊38　前掲「拓殖博覧会評判記」。
＊39　「拓殖博覧会評判記（五）」（『東京朝日新聞』一九一二年一〇月一五日）。
＊40　「拓殖博覧会評判記（六）」（『東京朝日新聞』一九一二年一〇月一九日）。
＊41　前掲『拓殖博覧会事務報告』、七三頁。
＊42　同右。
＊43　「拓殖博覧会（下）」（『台湾日日新報』一九一二年一〇月一一日）。
＊44　パトリシア・モルトン［長谷川章訳］『パリ植民地博覧会―オリエンタリズムの欲望と表象―』（ブリュッケ、二〇〇二年）。
＊45　「拓博は実物教育」（『台湾日日新報』一九一二年一〇月二六日）。なおこの記事は、東京市長阪谷芳郎の談話として紹介されている。
＊46　「日曜の拓博」（『東京朝日新聞』一九一二年一〇月七日）。
＊47　前掲『拓殖博覧会事務報告』、二六四頁。
＊48　同右、二六四～二六五頁。なお、拓殖博覧会の入場券の料金は大人一五銭、子供（五歳以上一二歳以下）五銭であったが、日曜日と大祭日については入場券が二枚必要となった。
＊49　同右、二～三頁。

＊50　アムール川流域と樺太に住む少数民族。現在の呼称はニヴフ（梅棹忠夫監修『世界民族問題事典』平凡社、一九九五年、八四二頁）。

＊51　樺太に住む少数民族。トナカイの飼育を行い、このことが隣人であるニヴフ、アイヌとの違いを象徴する特徴であった。現在の呼称はウイルタ（前掲『世界民族問題事典』、一八一～一八二頁）。

＊52　「土人部落」にやって来た人々が、具体的にどのような経緯で来場に至ったのかは、不明な点が多いが、当時の新聞や雑誌記事からその様子が断片的にうかがえる。例えば、『風俗画報』第四三九号（一九一二年一一月）には、拓殖博覧会の紹介記事が掲載されているが、その記事によると、ウライ社からやって来た台湾原住民の家族は、昨年ウライ社の仲間が台湾総督府による「内地」観光施策によって東京を見物しており、その人から東京の話を聞いていたので、自ら「志願」して博覧会にやって来たという。その一方で、ギリヤークとオロッコの人々については、居住地を離れて旅をする慣習がないため、死別するような覚悟で、泣き別れて村を出たという（このことについては、『東京朝日新聞』一九一二年一〇月二日に掲載された記事「北方の土人と語る」の中でも、ほぼ同じ内容の記述がある）。なお、「土人部落」の出場者には、それぞれ「通訳及監督」として、台湾の蕃務本署巡査・早乙女由松、樺太庁嘱託・佐々木政治、ギリヤーク通訳・吉岡信平が同行している（前掲『拓殖博覧会事務報告』、六五頁）。

＊53　「拓殖博覧会見物」（『東京朝日新聞』一九一二年一〇月三日）、「全領土の縮図」（『台湾日日新報』一九一二年一〇月五日）。

＊54　「拓殖博覧会」（『風俗画報』第四三九号、一九一二年一一月）。

＊55　前掲『拓殖博覧会事務報告』、六六～六七頁。

＊56　同右、六六頁。

＊57　猪口安喜編『理蕃誌稿　第三編』（台湾総督府警務局、一九二一年）、五四七～六八〇頁。なお本章の執筆に際しては、一九八九年に青史社から刊行された復刻版を使用した。

＊58　前掲『理蕃誌稿　第三編』、五九〇頁。

＊59　同右、二五四頁。

＊60　「植民地の活動写真」（『東京朝日新聞』一九一二年一〇月四日）。

＊61　博覧会の開催中に、台湾原住民の「内地」観光団が東京にやって来ており、新聞紙上を賑わせていた。第二章で論じたように、この時期の「内地」観光とは、台湾総督府による教化政策の一環として、「内地」の都市や大工場、軍事施設を見せることで抵抗の意志を削ぐことを目的としていた。一九一二年の「内地」観光団は、タイヤル族の有力者を中心に構成されており「ガオガン蕃」も含まれていた。この「内地」観光団は拓殖博覧会も見学しており、「土人部落」でウライ社からやって来ていた台湾原住民の家

族に会い、旧知の者が無事を喜び合ったという（「生蕃の初対面」『東京朝日新聞』一九一二年一〇月一四日、「観光蕃と拓博蕃」『台湾日日新報』一九一二年一〇月一五日）。一九一二年の台湾原住民の「内地」観光については別稿を準備しており、拓殖博覧会との関連についても、そこで詳述したいと考えている。なお中村平は論文「マラホーから頭目へ──台湾タイヤル族エヘン社の日本植民地経験──」（『日本台湾学会報』第五号、二〇〇三年）の中で、一九一二年の「内地」観光の参加者の一人、エヘン社のワタン・アモイに注目し、この旅行がワタン・アモイのエヘン社内での地位の変化にどのように関連したのかを考察している。

＊62　前掲『拓殖博覧会事務報告』、六三～六五頁、坪井正五郎「明治年代と日本版図内の人種」（『人類学雑誌』第二九巻第一号、一九一四年）。

＊63　前掲『拓殖博覧会事務報告』、六三頁。

＊64　同右、四三～四四頁。

＊65　同右、七〇頁、および「拓殖博覧会近況」（『台湾日日新報』一九一二年一一月一一日）。

＊66　なお総会の終了後、坪井正五郎の主導によって、観光館に来集していた樺太アイヌ、ギリヤーク、オロッコ、北海道アイヌ、台湾原住民の間で握手会が開かれ、通訳を介して談笑したという（「六人種の握手会」『台湾日日新報』一九一二年一〇月一五日）。居住地が遠く離れており出会う可能性が少ない人々が一堂に会し、コミュニケーションがはかられたという点も、「土人部落」という企画の一つの結果だといえる。また博覧会会期中の一一月七日には、「土人部落」に出演していた人々を観光館に集めて、人種懇親会という饗宴が開催された。この会には内務大臣・原敬をはじめ政財界の要人が多数参加しているが、坪井はここでも司会を務め開会の辞を述べており、主導的な役割を果たしていた（前掲『拓殖博覧会事務報告』、二四〇～二四一頁）。

＊67　坪井、前掲論文「明治年代と日本版図内の人種」、一二頁。なおこの論文は、観光館における講演に「多少の加筆」を加えたものとされている。また、坪井正五郎は、一九一三年五月に死去したため、論文としては坪井の死後に公刊された。

＊68　小西雅徳は、前掲論文「拓殖博覧会における人種展示と東京人類学会の役割について」の中で、「土人部落」で「展示」された人々は、「純粋な学問的視点で臨んだ学者と主催者側の意図」に反し、東京市民の「悪意の視線」にさらされたと指摘するが、この見解には疑問を感じざるを得ない。「純粋な学問的視点」で行われた異文化表象が、結果として帝国意識を支え強化する構造こそを、重視する必要があるのではないだろうか。

＊69　山路、前掲論文「拓殖博覧会と〈帝国版図内の諸人種〉」。

＊70　『始政四十周年記念台湾博覧会誌』（始政四十周年記念台湾博覧会、一九三九年）。

＊71　前掲「拓殖博覧会」(『風俗画報』第四三九号)、一五頁。

＊72　このような「展示」を批判的に考察してくると、改めて、現在、行われている展示実践が、どのような「物語」を紡ぎ出しているのかを、注意深く観察することの重要性を痛感させられる。だが現在の展示実践の中には、国民国家が紡ぎ出す「大きな物語」の中で、「忘却の圧力」が加えられ続ける記憶を、丹念に掘り起こし伝えようとするものもある。歴史学者の君塚仁彦は、このような展示を行う博物館を「歴史を逆なでする」博物館と呼んで高く評価し、その例として、戦時中、日本に強制的に連行された朝鮮人の労働状況について、詳細に展示しようとする丹波マンガン記念館などを挙げている(君塚仁彦「東北アジア・「歴史を逆なでする」博物館(1)　丹波マンガン記念館」『前夜』創刊号、二〇〇四年一〇月)。このような博物館は、それ以外のいわば「歴史に寄り添う」博物館が、いかに同時代の「大きな物語」に規定されているかを映し出す「鏡」としても重要だと思われる。

また「生身」の人間の「展示」は、現在では一切なくなったのであろうか。おそらくは、そうでない。例えば、現在、世界各地に設置されている少数民族に関する博物館において、その民族集団に属する男性や女性が、歌や踊りを披露し、機織りなどの伝統的な生業の様子を再現するパフォーマンスは、むしろ積極的に取り入れられているといえる。では、植民地主義と人種主義に基づいた「展示」実践との違いは、どこにあるのだろうか。難しい問題だが、「展示」されている人々の主体性が、どこまで発揮できるかが、決定的に重要な分岐点であろう。「展示」されている人々が単に納得しているだけでなく、彼ら・彼女らの声に「展示」のコンセプトそのものを変えていくだけの力が付与されている時、その展示実践は、学術人類館や拓殖博覧会の「土人部落」における「生身」の人間の「展示」とは、異なる次元に到達しているといえるのではないだろうか。

第八章

一九三〇年代の台湾原住民をめぐる統治実践と表象戦略
――「原始芸術」という言説の展開――

はじめに

ここまで、領台直後から主に一九一〇年代前半までの台湾原住民をめぐる状況を、主に具体的な政策実践と「帝国」の学知の関連性という観点から論じてきたが、そのような状況は、その後、どのように展開していくのであろうか。第六章で詳述した「五箇年計画理蕃事業」は、一九一四年の「太魯閣蕃討伐」作戦の終結によって一応完了するが、次節で詳しく述べるように、武力による服従化政策も継続した。その一方で、帰順した「蕃社」に対しては、山脚地への「集団移住」政策や農民化政策など、台湾原住民の生活に関する介入も強められていった。このような状況の中で、一九三〇年一〇月に、台湾原住民による大規模な抗日武力闘争・霧社事件が起こることになる。この霧社事件の勃発によって、植民地政府による台湾原住民政策は転換するといわれているが、では一九三〇年代の台湾原住民政策とは、どのようなものだったのだろうか。その政策と、台湾原住民を対象とした帝国の「学知」の発動は、この時期、どのように関連していくのだろうか。ここからは、一九三〇年代に主に焦点をあてて、当該期の台湾原住民に対する統治実践と表象戦略を中心に論じていく。

そこで本章では、まず、一九三〇年に起こった霧社事件によって、大きく転換したといわれる台湾原住民政策の特徴を考察したうえで、主に在台日本人知識人の中から湧き上がってくる台湾原住民をめぐる一つの言説のあり方を考察していきたい。すなわち本章の目的は、台湾原住民を取り巻く具体的な諸施策の積み重ねとしての支配の様相と、諸表象の交差によって構成される台湾原住民に関する言説空間のあり方の解明を通じて、植民地住民に対する統治実践と「帝国」の知の関連を論じることにある。

第一節　一九三〇年代の台湾原住民をめぐる統治実践

(1)　台湾総督府による原住民統治政策の展開

台湾原住民統治政策の画期として、次の四つの出来事を挙げることは、ほぼ通説的な理解といえる。一つは一九〇三年の警察本署主導体制の確立、二つ目は一九一四年の「五箇年計画理蕃事業」の終結、三つ目は一九三〇年の霧社事件の発生とそれへの対応としての一九三一年一二月の「理蕃政策大綱」の通達、四つ目は一九三七年七月以降の戦時総動員体制構築に向けての理蕃政策の移行である。本章では第四期、つまり一九三〇年から一九三七年までの時期を主な対象として論じるが、当該期の台湾原住民政策がどのような統治実践の積み重なりの中で登場するのかを確認するために、繰り返しとなるが、まず領台以降の原住民政策の推移を再度概観することから始めよう。

第五章で詳述したように、台湾領有直後の原住民統治政策は、武力的優位の確保を図りつつも、基本的には「綏撫」主義、つまり宥和政策を基調とした統治方針がとられた。このことは漢民族系住民のゲリラ的な抵抗活動が継続する状況下での一時的選択という側面もあったため、漢民族系住民の武力抵抗を何とか制圧した段階で、原住民政策は大きな転換期を向かえることになる。一九〇三年三月に原住民統治に関する事項が台湾総督府警察本署に一元化され、「取締」を基調とした原住民政策＝警察本署主導体制が確立するのである。

この「取締」を基調とした原住民政策とは、まさに植民地政府による直接的な暴力の発動であった。第六章で詳述したように、台湾総督府は、まず地雷や高圧電流線を設置して「蕃地」を囲い込むとともに、他方では「蕃地横断道路」の建設および「蕃地土地調査事業」を開始し、「蕃地」の完全国有化・官有地化に乗り出した。その上で、一九一〇年から一九一四年にかけて、一方で「兵糧攻め」と他方で警察や軍隊の大量投入による、大規模な「討伐」服従化政策・「五箇年計画理蕃事業」を実施することになる。

この「五箇年計画理蕃事業」自体は、一九一四年の「太魯閣蕃討伐」終結により、一応完了するが、しかし台湾総督府が完全に掌握できた「蕃地」は依然として限定的なものであり、武力による服従化政策は継続していた。例えば一九一九年から一九二七年にかけて、総督府警察本署内に警察飛行班が設置され、未帰順の「蕃社」に対して威嚇飛行と爆弾投下作戦が繰り返された。[*1] このような直接的な暴力が行使される一方で、帰順した「蕃社」に対しては、彼らの生活に関する介入が強められていった。すなわち山脚地への「集団移住」政策や、農民化政策、「蕃童教育所」教育の普及などが段階的に計られていったのである。[*2]

そして、このような「教化」政策の成功例とされていた「霧社」で、一九三〇年秋に、大規模な抗日武力闘争・霧社事件が起こることになる。この事件では、日本人も多くが犠牲となり、植民地統治体制に大きな衝撃を与えた。総督府は大量の軍隊による鎮圧作戦を行い、さらに蜂起した「蕃社」と敵対関係にあった原住民を動員し、投降した者まで殺害させるという直接的暴力の徹底行使を行った。その一方で一九三一年一二月、霧社事件後の原住民政策の方針を定めた「理蕃政策大綱」[*3]を通達し、「弊習の矯正」と「善良なる習慣」の養成を柱とする「教化」が、原住民政策の根本であることを示すとともに、翌年には原住民統治の担当部署である総督府警務局理蕃課について、職員の増員を行うなど体制強化に努めた。また同じ年には理蕃警察官の専門機関誌として、『理蕃の友』が発行されている。

そして翌三三年には、「最後の未帰順蕃」といわれた高雄州旗山郡の「ブヌン族」タマホ社の帰順式が大々的に行われたが、しかし霧社事件以降も一九三一年の「ピスタン駐在所襲撃事件」、三二年の「大関山事件」、三三年の「逢坂駐在所襲撃事件」と原住民の抵抗は続いており、その都度、弾圧が加えられたというのが一九三〇年代前半の状況であったといえよう。このような状況と同時並行的に、「理蕃政策大綱」で示された「教化」という名の下で、「蕃地」の「内地化」を目指す統治実践が行われていくことになるのだが、ここではそのような統治実践に先行して、すでに述べてきたような大規模な暴力の行使が存在していた問題の重要性を確認しておきたい。戴国輝氏は、この点について次のような示唆に富んだ指摘を行っている。「一九三四年以降類似の蜂起がすくなくなったことは確かであろう。しかしその理由として考えられるのは教育の効果よりもむしろ、指導者層の多くが殺され、霧社蜂起での近代兵器による皆殺しに近い大弾圧の教訓を高山族が彼らなりに消化しえたことが第一にあげられる」[*4]と。繰り返しになるが、これから論じていく一九三〇年代の「蕃地」の「内地化」という統治実践は、領台直後から反復されてきた直接的な暴力の行使、とりわけ近い時期のものとしては霧社事件に対する弾圧として展開された徹底的な暴力の行使が先行し、いわば社会的に記憶として刻み込まれた中で行われる統治実践なのである。

(2)「蕃地」の「内地化」という統治実践

①日常生活の細部にわたる介入

それでは「蕃地」の「内地化」とは、具体的にはどのような統治実践だったのだろうか。まず、その基盤整備という意味も込めて、一九二〇年代からすでに一部で実践されてきた、「集団移住」政策のさらなる推進が挙げられる。台湾原住民を、山奥から山脚地へ移住させることは、治安面において統治の要とされ、そのことと密接に関連する形で、彼らの生業を水稲作、定地耕作中心に誘うことが重視された。また治安対策と農民化の推進という両面から、銃器弾薬の提出を求めることが、原住民統治の要点とされた。[*5]

二点目は、学齢期の児童を対象に「蕃童教育所」での教育が徹底されることに加えて、夜学会などを通じての「国語」教育の促進や、家政講習会の実施、農業講習所の設置など、教育所卒業生に対する実業教育や、教育所での教育経験がない成人に対する教育が実践されていくことも、この時期の特徴だといえる。そしてこのような統治実践を円滑にすすめる上で、原住民側の「協力」を引き出す手段として、それぞれの「蕃社」において旧来から影響力をもつ「勢力者」層の懐柔に努めるとともに、[*6]主に教育所卒業生の中から、「内地化」という動向に呼応していく層を「先覚者」と呼び、その育成に努め、「先覚者」を中心に青年団を組織させるなど、青年層の組織化が計られた。[*7]その上で、「蕃地」の「内地化」とは、広範な「生活改善」運動という側面もあり、その対象は、時間遵守から箸の使用促進など衣食住にわたる様々な生活習慣や、屋内埋葬の禁止そしてそれと密接に関連した共同墓地設置など宗教的慣習にまで及び、その意味で日常生活の細部にわたる介入(「規律・訓練化」)が試みられたといえるだろう。

②「教化」の手段としての「内地」観光・台湾島内観光

このような「教化」策を推進していくための、一つの重要な手段・機会と考えられたものに、「内地」観光および台湾島内観光がある。第二章で詳述したように、植民地政府による台湾原住民の「内地」観光は、領台直後の一八九七年から行われていたが、当初は、主に「勢力者」を対象に、東京などの都市や軍事施設を見学させるものであった。つまり都市の「文明化」の度合いや、軍事力を見せつけることによって、抵抗の意識を削ぐということに主眼が置かれていたといってよい。ところが一九二〇年代末から、その性質に変化が現れたことが報告されている。[*8]「内地」観光の対象が、青年層、いわゆる「先覚者」に移行し、訪問先も都市のみならず、農村が組み込まれてきていることに、その変化は端的に示されている。

「内地」観光は一九二九年の第九回実施以降、霧社事件の影響などもあり、一端中断されるが、一九三四年に再開された第一〇回では、その傾向はさらに強まった。「内地」観光の対象が、いわゆる「先覚者」にはっきり絞り込まれ、また訪問先には「内地」の「模範農村」が、主要な見学箇所として含まれており、そこでは傾斜地における農作物の栽培状況などが見学の対象となっている。台湾原住民にとって、それぞれの「蕃社」での農業経営など、日常生活への取り入れ可能な事物の見学が中心となっている点で、この時期に「内地」観光を通じて目指された「教化」は、単なる威圧ではなく、彼らの日常生活の「改善」を企図する側面もあったといえるだろう。また「内地」観光終了後は、参加者が近隣集落をまわって「内地」での見聞を披露するという巡回講演も計画されており、「内地」観光の経験が、旅行参加者を超えて影響力を発揮するよう積極的な方策も講じられていたといえる。[*9]

このような「内地」観光は、参加した「先覚者」達にどのような影響を与えたのだろうか。このことについては、観光団を引率した総督府警務局警部の観察によると、例えば「蕃装の見世物旅行は禁物　本人達が嫌ふばかりでなく台湾を誤解せしむる結果となるから絶対に之れは廃めねばならない[*10]」というように、「蕃装」の忌避など、旧来の習俗の一部を拒否していく動きとして現れていることがうかがえる。このような状況は、見学先で周りに人だかりができ、「蕃人」「蕃人」と囃し立てられるという経験との関連で考察すべき問題であるが[*11]、「教化」の視線を内面化させる「場」として、「内地」観光が企図された点は指摘できよう。その後、一九三四年から一九四一年まで、「内地観光」は毎年、実施されていくことになる。

また、「内地」観光と同様の機能を負って、「内地」観光よりも頻繁に実施されたものに、台湾島内の見学旅行がある。この台湾島内観光についても、一九三〇年代中頃から、原住民集落の中で、より「内地化」が進んだ集落（「先進蕃社」）が、主要な見学先として選択されるようになってきており、ここでも実際的な意味で日常生活に取り入れ可能なモデルを示すことに力点が移行していったといえる。[*12]

(3) 「改善すべき弊習」、「守るべき文化」

① 「改善すべき弊習」の措定

前項で見てきたように、「蕃地」の「内地化」という統治実践のなかで、日常生活の様々な項目が「改善」の対象として浮上してきたわけだが、しかし具体的に何を「改善」対象とし実行に移していくかは、それぞれの「種族」ごと、そしてそれぞれの「蕃社」ごとに異なり、実際のところは現地警察官の判断による部分が大きかったといえよう。その点で、一九三一年から実施された「蕃地開発調査」、なかでも各「蕃社」ごとに現地警察官に調査の実施が求められた「高砂族調査」は、具体的に何が「高砂族の現有状態」を表す指標なのかを、各「種族」共通、各「蕃社」共通で示した点で、「改善すべき項目」の提示という上でも大きな意味をもつものだったと思われる。

例えば、その調査報告書である『高砂族調査書　第三編　進化』を見てみると、ここで「陋習」の一つとして挙げられた「刺墨」に関しては、各「蕃社」ごとに、「刺墨」を入れている人の人数はもちろんのこと、その人々の年齢分布、そして刺墨が施されている体の部分（顔・背・胸・手の甲・脚）ごとの人数が挙げられており、調査対象一人一人の細部にまでわたる観察を、実質的な調査者である現地警察官に求めていたことがわかる。[*13] いわば「改善すべき弊習」の基準が提示されるとともに、「改善」を促す圧力として、このような調査は存在したといえよう。

② 「守るべき文化」の認定

しかし、このような「改善」施策が、地域差を伴いつつも進行されていく中で、原住民統治にこの時期携わった役人である理蕃官僚の中から、「改善」の行き過ぎへの危惧が表明され始める。この時期の原住民「教化」の具体的な目標としては、将来的に納税義務を果たすような「善良なる農民」の育成に主眼が置かれていたが、その目標と呼応しながら実践が目指された生活の「内地化」は、理蕃官僚の思惑を時には超えていく状況を出現させた。

晩近蕃人の智識も漸次進歩発達して来たが、之に伴つて教育所卒業の青年男女中に往々境遇環境を顧慮せずして各種職業を夢想し前途を誤らうとする者が尠くない。思想単純な蕃人青年男女が、偶々平地観光等によつて自動車運転手の職に憧れたり、又月給生活者が、楽々と金儲けをして、美衣美食に耽つて居るかの如き皮相的観察を為す者も尠くない。……教育所に於ける成績が良いからと云つて、児童の希望と目前の収入に惚れ込んで敢て農業から離れしめようとすることは禁物である。[*14]

右の引用は、新竹州理蕃課の職員が『理蕃の友』に寄せた記事であるが、ここでは、「蕃地」の「内地化」の推進者として期待が寄せられた教育所卒業生が、これまた「教化」の重要な手段とされた台湾島内観光を経験することによって、消費文化や月給生活に惹かれていく傾向が述べられている。それとともに、このいわば生活の「内地化」という点で、まさに「教化」の結果ともいえる原住民青年達の将来への希望は、苦々しいものと位置付けられており、ここからは理蕃官僚のある種矛盾した姿がうかがえるといえよう。この時期の原住民「教化」政策そのものが、「内地人」への完全な同一化・平等化を意図していないものであるという点からは当然ともいえるが、想定した範囲を超えていく原住民の「内地化」は、理蕃官僚にとって、むしろ危険なものとして存在したのだ。このような状況とも関連しつつ、一方で原住民の日常生活への介入が断続的に試みられて行く、まさにそのような実践と呼応しながら、他方で原住民の慣習の中に「守るべき良風」、「守るべき文化」が存在することを、理蕃官僚たちは強調していくことになる。[*15]

③「守るべき文化」の中の「改善」——祭祀「改善」を例として——

しかし「守るべき文化」の存在を認めたとしても、その総体としての評価ではない場合が多かった。いわば微修正のうえ認可、もしくは一部「改善」のうえ許容という性質のものであった。その状況を、ここでは原住民の祭祀を例に論じていこう。

台湾原住民の共同体にとって祭祀の実施が、大きな意味をもつものであるという認識は、この時期、理蕃官僚にはかなり共有されていた。そのため祭祀をどのように取り扱うかは、統治実践の中でも、懸案事項の一つであった。このことに関して、総督府警務局理蕃課の技師であった岩城亀彦は、かなりまとまった見解を、植民地経営に関する総合雑誌『台湾時報』に発表している。[*16] この見解を軸に、当時の理蕃官僚が台湾原住民の祭祀について、もしくは祭祀「改善」の理念について、どのように考えていたのかを考察しよう。

岩城は、まず祭祀が行われる場所と期間に注目する。場所については、各「蕃社」に社祠の建立を促進し、農事祭の挙行はその境内で行うよう指導することの重要性を強調する。そして、農事祭の回数の多さ、期間の長さが、農作業に支障をもたらしているとし、その「改善」を求めるのである。[*17] その上で、祭祀挙行と密接不可分の関係にある「宴飲・歌謡・舞踊」については、「彼等の精神生活上の重要慰安行事であり、彼等の精神生活上に大なる潤ひを有たしむる最も大切なる道[*18]」とし、その娯楽としての重要性を認める。このことは原住民の精神生活の中に占める祭祀の重要性を指摘した上で、これまでの経緯の中で一律に祭祀を禁止してしまった「蕃社」においては、むしろ復活させるよう主張する結論とも呼応しているといえよう。[*19] しかし「宴飲・歌謡・舞踊」についても、「要は唯向後その内容を詳さに検討して、その欠点を改め善導に意を用ふることが大切である[*20]」とされており、「欠点」を改めた上で、という条件つきであった。では、どのような点が「欠点」とみなされ、どのように「改善」されていったのであろうか。

ここでは、その一つの具体例として、「ブヌン族」の「マナクタイガ祭」（耳打祭）の改変の様相を、花蓮港庁玉里支庁清水社を例にみておきたい。当局にとって、「マナクタイガ祭」は、家ごとで実施されまた互いに招きあうため、「蕃社」全体としては長期間に及ぶことが問題とされ、その合同開催という形で期間の短縮が目指された。そして一九三五年四月に清水社でも合同開催が行われ期間短縮が図られることになるが、[*21]この時改変されたのは、期間だけではなかった。

ブヌン族ノマナクタイガ祭（耳打祭）ハ祭事中ノ最大行事デ……此ノ祭ノ弊害ハ多日数ヲ休ムノミナラズ、七ツ八ツ位ノ子供へ実弾ヲ以テ獣類ノ耳ヲ的ニ射タシメ殺伐ナ気風ヲ養フ外、酩酊スルト蕃勇ヲ誇リ首狩リノ歌ヲ盛ンニ歌フノデ何ントカシテ此ノ旧慣ヲ改善シタイト思ツテ、機会アル毎ニ此ノ礼祭ノ廃止等ヲ提議シ来リタルモ意ノ如クナラズ。本年モ又教育所児童モ欠席スルモノト覚悟シ、児童ノ休業二日位ニ短縮スル様ニ父兄等ニ就テ交渉中、先般練習艦隊ニ御乗組ノ三宮殿下奉迎ヲ兼ネ台北観光ニ当学区内青年三名ガ選バレ観光シ、具サニ台北ノ文化施設ヲ見テ自己ノ蕃社ガ社会ノ文化ニ取残サレテヰルコトヲ悟リ、帰社後ハ社衆ニ説キ今日迄固守シテ改メナカツタ「マナクタイガ祭」ヲ合同デ行フコトトナリ、而モ今後ハ絶対ニ首狩歌ヲ唄ハザル様ニ約シ、「マナクタイガ祭」ニ相応シイ歌ト踊ヲ教ヘテ貰ヒタイト願出デタノデ、左ノ様ナ歌詞作ツテ振付唱歌遊戯等ヲ授ケタノデアル……。

歌詞　一、古キ慣習改メテ／蕃社揃ツテ祭リマセウ／マナクタイガノ御祭ヲ／マナクタイガノ御祭ヲ……[*22]

右の引用は、花蓮港庁下の各教育所からの通信を綴った雑誌『蕃人教育』に、「旧慣改善」という題で、清水教育所からの通信として報告されたものである。ここでは、祭りの期間短縮という課題の外に、何が問題とされたのかが明かに示されている。すなわち、それは、「善良なる農民」化の障害として考えられていた銃器の使用を伴う祭祀儀礼であり、また祭りの際の「宴飲・歌謡・舞踊」の一環として歌われていた「首狩歌」であった。そして、それら「弊習」の「改善」策として、「首狩歌」とそれに伴う「踊り」が、清水教育所職員の作成による「新歌謡」と「踊り」

に代わるのである。

この「改善」案が、台北観光に出かけた「先覚者」の申し出でとして紹介されている点は、「教化」手段としての台湾島内観光の影響力と、コラボレーターとしての「先覚者」の具体的な姿を示すものだともいえよう。しかし、その背後に教育所職員や担当警察官の働きかけが存在したことは、この通信が最も強調する点でもある。ちなみに清水社の「マナクタイガ祭」は、この二年後の一九三七年には、天照大神を祭神として迎え神式で実施されたことが、「完全な旧慣の打破」として『理蕃の友』に報告されている。[*23]

このように具体的な統治実践の中では、「改善」しつつ「保存」という複雑な思惑の中におかれた原住民の「文化」は、とりわけ先ほどから問題となっている「歌」や「踊り」は、別の文脈の中では、この時期に積極的に称揚されていくことになる。次節ではその具体的な様相を、そのような動きが最も集中して見られる一九三五年開催の始政四十周年記念台湾博覧会（以下、台湾博覧会）を中心に、検討していくことにしよう。

第二節　「教化の成果」としての「文化」の称揚――台湾博覧会を中心に――

(1)　一九三五年台湾博覧会と台湾原住民

台湾博覧会は、始政四〇周年を記念して一九三五年秋に、台北で開催された。[*24]この博覧会では、一〇月一〇日から一一月二八日の会期五〇日間で、のべ入場者数は二七五万人を超えたが、[*25]当時の台湾総人口が約五三〇万人であったことを考えると、その集客力の強さは際だっていたといえよう。台湾博覧会の特徴としては、朝鮮館や満州館、南方館といったパビリオンが設けられ、当時の日本「帝国」の空間的な広がりを可視的に表す展示が積極的に行われた点を挙げることができる。[*26]加えて、台湾島内の状況を表す出品物の展示に関しては、四〇年前と現在の比較というコンセプトのもと、その「発展」ぶりを強調するというモチーフに貫かれていた点を、特徴として指摘することができよう。このモチーフこそが、植民地支配の正当性を支える最も大きな理念でもあったのだ。

さらに、観光事業の起爆剤としての位置付けが明確なことも、この博覧会の大きな特徴である。[*27] つまり、台北をメイン会場としつつも、台湾の各地がこの博覧会開催と連動して、それぞれ見学施設を設置しており、特に台湾島外からの観光客に対して、台湾全島を周遊させるよう観光施設が整備されたといえる。[*28]

台湾原住民に関しても、台北の博覧会会場において、主要展示パビリオンの中で大きなスペースを割かれ、パノラマ式展示による「昔の理蕃」、実物展示による「高砂族の生活」、パノラマ式展示による「今の理蕃」と、三つのテーマにそって展示が行われた。[*29] つまり展示物を通じて、原住民政策の推移と原住民の生活が、「発展」を軸に示されたといえよう。さらにパビリオンの外では、「高砂族の日常生活を示す」という目的で、総督府警務局理蕃課による館外出品すなわち「蕃屋」、「穀倉」、「望楼」の移築展示が行われた。そして「蕃屋の前庭に於ては各種族の高砂族を次々に招致して、粟搗、餅搗及機織等の実演を為さしめ、以て彼等の生活状態を見せた」[*30] とあり、世紀転換期以降、日本「内地」の博覧会で繰り返されてきた「生身」の人間の「展示」が、ここでも行われたのである。[*31] しかしそれだけにとどまらず、博覧会会場および地方観光施設において、台湾原住民は、集客の要として扱われていった。つまり「観光資源」として、台湾原住民もしくは台湾原住民の「文化」が、より積極的に注目されていったのである。

(2) 「観光資源」としての台湾原住民

①地方観光施設と台湾原住民

まず地方観光施設の状況を確認しておこう。例えば台東に設けられた「郷土館」では、台東庁下の台湾原住民の日

図１　台湾博覧会での「高砂踊」

（出典：『始政四十周年記念台湾博覧会写真帖』，始政四十周年記念台湾博覧会，1936年）

用品や工芸品などが「高砂族風俗参考品」として展示され、会期中に五三〇〇人を超える観覧者を集めたという。[*32]このような原住民に関連する事物の展示は、台中の「山岳館」、阿里山の「高山博物館」などでも行われたが、地方観光施設における台湾原住民への着目は、そのようないわば静態的な展示に止まらなかった。

例えば花蓮港に設けられた「郷土館」では、附属施設として演舞台を作り、そこで三五日間にわたって台湾原住民の「歌謡」「舞踊」の実演が行ったところ、のべ一万二〇〇〇人を超える観客があったと報告されている。[*33]他にも、博覧会会期中の一〇月一九日、台中で開催されたイベントと連動する形で、「蕃山の夕べ」というラジオ放送番組が企画され、台湾原住民の「歌謡」の実演が台中から中継放送されるなど、[*34]原住民の「文化」をより積極的に「観光資源」として位置付けようとする動きもみられた。

実はこの台湾原住民による「歌謡」「舞踊」の実演は、地方観光施設にとどまらず、台湾博覧会のメイン会場でも実践されたものであった。台北の台湾博覧会会場では、昼夜入れ替え制による夜間開場が行われたが、この夜間開場の「目玉」が台湾原住民による「歌」「踊り」の実演、すなわち「高砂踊」だったのである。

②博覧会夜間開場と「高砂踊」

博覧会夜間開場に伴う「高砂踊」は、博覧会の成功と観覧の便宜を図ることを目的として設立された台湾博覧会協賛会による協賛事業の一環として行われたものであるが[*35]、具体的には総督府警務局理蕃課の助力のもと出演者の人選が行われ、夜間開場実施四四日間のうち計八日間、実演された。そのなかの一日、一〇月三一日の夜間開場の様子を記した記事によれば、この日の「高砂踊」は音楽堂で開催されたが、「座席のふさがるを気遣つて態々夜食弁当携帯で五時過ぎから来場」と、夜間開場の開始時刻の一時間も前に来場する観客の存在が報告されている[*36]。

実際、「高砂踊」が実演された八日間の夜間入場者数は、一日平均約一万三〇〇〇人であり、夜間開場四四日間の一日平均が約六八〇〇人であったことを念頭におけば、「高砂踊」開催日の入場者数の多さを指摘することができよう[*37]。また博覧会終了後発行された報告書においても、入場者数の推移とその原因について、夜間入場者の多かった日のなかで「十月二八日は台湾神社祭典、十月三十、三一日及十一月十五日は高砂族舞踊、十一月十一日は博多どんたく団の影響を受けたことが知られる[*38]」とされており、「高砂踊」がもった集客力とそれを支えた「高砂踊」に対する関心の広がりを認めることができるだろう。

③「原始芸術」という位置付け

そしてこの夜間会場で実演された「高砂踊」については、新聞報道などでも挙って取り上げられたが、台湾で発行されていた日本語新聞『台湾日日新報』は、ある日の「高砂踊」の様子を次のように報道している。

午後七時半蕃人踊りの開始時刻になると、どつと押寄せた群衆で博物館横手の蕃社の周囲はたちまち十重二十重に人垣が作られ押あひへしあひの大混雑の中で、屏東郡のパイワン族コチヤブ蕃社の老若男女約三十名が山の生活其儘の扮装で大篝火を中心に互ひに手を取りあつて〝婚礼祭〟と〝粟祭〟を緩いテンポで踊りぬき、万に近い見物人を大自然の懐で培はれた原始芸術のエクスタシーの中に誘ひこみ、パイワン族と阿里山のツォウ族のみに伝はる鼻で吹く珍妙な鼻笛と横笛の妙なる音は、聴衆を恍惚とさせ異常な人気を博した。[*39]

この日は、「パイワン族」の人々による「婚礼祭」「粟祭」という「踊り」と、「鼻笛」「横笛」の実演が、「大篝火」という装置のもとで行われたわけだが、この記事は、「高砂踊」を取り巻く「異常な人気」とそれが生み出す会場の雰囲気を、強調して伝えるものだといえよう。そして目前で実演されている「高砂踊」とは、まさに「原始芸術」なのだという評価が与えられていくことになるのである。

(3) 台湾島内の観光開発と台湾原住民

①国立公園設置運動と台湾原住民

しかし、台湾原住民を「観光資源」として捉えていくような動向は、一九三五年の台湾博覧会で突如として出現したわけではない。例えば太城ゆうこによれば、一九二〇年代に阿里山観光が本格化していくなかで、阿里山への途中駅「十字路」で「蕃人と引見」するという観光プログラムが定着していったという。[*40] またこの時期、台湾土産として、原住民の手芸品などが「蕃産品」として定着していく傾向もみられ、[*41]「観光資源」としての台湾原住民への着目という動向は、一九二〇年代後半から少しづつ顕在化していったといえよう。そしてこのような動きは、第九章で詳述するように、同じく一九二〇年代末から三〇年代半ばにかけて、台湾各地で展開された国立公園設置運動とも密接に関連していくのである。

一九二八年に台湾総督府営林所の依頼を受けて、「国立公園の父」と称される田村剛が、新高阿里山一帯を視察した。その時、国立公園候補地としての阿里山と、台湾原住民の関係について、田村は次のように述べている。「阿里山一帯の蕃人は、阿里山の風景に興味ある情景を添るから、鉄道沿線は勿論到る処に出没して、或は猟をするとか、或は土産物を製作するとか、若くは粟を作るとか、自由に彼等の原始的生活を見せたいものである」[*42]と。つまり、台湾原住民の存在、生活の状況は、風景に添えられる貴重な「情景」として捉えられ、それを「見せること」が積極的に位置付けられているのである。

この後、国立公園として阿里山一帯を押す嘉義、タロコ一帯を押す花蓮港、大屯一帯を押す台北で、指定に向けての様々な誘致運動が行われることになる[*43]。結果的には、台湾博覧会が開催された一九三五年に、「国立公園法」が台湾に延長施行され、それを受けて一九三七年一二月、さきに誘致運動が展開されていた三つの地帯に、台湾国立公園は決定した。そしてそのうちの二つ、すなわち次高タロコ、新高阿里山については、指定地域の大部分が「特別行政区域」いわゆる「蕃地」であった。

②台湾島内の観光開発と「高砂踊」

このような状況を考え合わせれば、一九三五年の台湾博覧会は、国立公園誘致に向けての絶好の機会として、指定を目指す各地で捉えられていたといえる。例えば花蓮港では、一九三二年にタロコ一帯の国立公園指定に向けて、東台湾勝地宣伝協会が設立されていたが[*44]、そのような動向と連動しつつ観光地として花蓮港を宣伝するため、台湾博覧会開催に際し、花蓮港観光協会も設立された。そして花蓮港庁所属の台湾原住民は、前節で述べた台湾博覧会メイン会場での「高砂踊」に第三回から第八回まで計六日間出演しているが、この出演は基本的には花蓮港観光協会が「花蓮港方面に観光客を誘致する為め博覧会会場に於て大々的に宣伝」するという目的で、「花蓮港宣伝隊」として送り込んだものだったのだ[*45]。つまり地域の観光開発を目指す花蓮港観光協会と、台湾博覧会の盛況を目指す台湾博覧会協賛会の思惑の一致が、「高砂踊」として現れたともいえるだろう。

また台湾博覧会への主に日本「内地」からの観光客誘致のため、台湾博覧会協賛会が発行したガイドブック『台湾の旅』では、台湾周遊のモデルコースが提示されているが、その中では「視察箇所」として「蕃屋」や「蕃童教育所」など原住民関連施設が提示されるとともに、「蕃界視察は台湾旅行上最も興味ある一つ」として紹介されるのである。[*46]つまり台湾の各地における観光開発という思惑は、「観光資源」として台湾原住民に着目するという動向を生み出し、そのような思惑との関連で、台湾原住民の「歌謡」「舞踊」は価値あるものとして見出されていったともいえよう。そしてそのような思惑が集中して現れた「場」が、台湾博覧会であり、博覧会メイン会場での「高砂踊」だったのである。

(4)「教化」の「成果」としての「高砂踊」

①「教化」の「場」としての台湾博覧会

しかし原住民統治という観点からすると、台湾博覧会は「教化」の絶好の機会として位置付けられていた。台湾博覧会では、「啓蒙に資し、向上発展に期せん」という趣旨のもと、警察官の引率による台湾原住民の集団観覧については入場無料、「高砂族青年団」については半額料金とするなど特別措置が行われ、[*47]各地の理蕃官僚は博覧会見学の勧誘に努めた。一九三五年当時の「特別行政区域」居住の原住民は約九万人であるが、その約七％にあたる約六五〇〇人が博覧会見学に訪れたという報告がある。[*48]第一節で述べたように台湾島内観光は、「教化」の手段として重要視されてきたものであるが、その台湾島内観光の中でもまたとない機会として、博覧会見学は位置付けられたといえる。

その上、この博覧会会期中に、台湾総督府警務局理蕃課主催で、「高砂族青年団幹部懇親会」が開催された。この懇親会とは、台湾神社参拝と博覧会見学というプログラムとセットで、各地からいわゆる「先覚者」の代表三二名を台北に集め、警務局理蕃課職員の前で、「向上」という観点から「過去の経験」や「将来の抱負」を「日本語」で語らせるというものであった。[*49] 理蕃官僚にとっては、いわば「教化」の「成果」が、披露される「場」だったといえよう。そして、先ほどから述べてきた博覧会メイン会場での「高砂踊」の実演そのものも、一面では「教化」の「成果」として位置付けうるものであったのだ。

②「教化」の「成果」としての「高砂踊」

「高砂踊」の第六回目にあたる一一月一日夜の実演は、「花蓮港庁タガハン社タロコ蕃女子青年団員タロン・サッカイ外八名」によって、博覧会場の演劇館にて一時間の実演が二回行われ、満員札止の盛況であったという。では、この一時間におよぶ「高砂踊」の実演とは、具体的にはどのような内容だったのだろうか。この時の実演プログラムによると、当夜の「高砂踊」の内容とは、「蕃人舞踊　タロコの娘」「新舞踊　楠公民謡」「蕃歌斉唱　嫁入唄」「新舞踊　佐渡甚句」「蕃人舞踊　嫁迎へ」「新舞踊　桜踊り」「新舞踏　常夏の島」「蕃歌独唱　粟搗歌」「新舞踊　小原節」「蕃人舞踊　粟祭り」「新舞踊　カナカの娘」「新舞踏　花蓮港音頭」であった。[*50]

つまり一見してわかるようにこの日の「高砂踊」とは、例えば「粟祭り」などの「蕃人舞踊」と、「花蓮港音頭」などの「新舞踊」の混在であったのだ。この中で、少なくとも「新舞踊」が踊れるということ自体、「教化」の結果に他ならないといえよう。つまり第一節で見てきた部分的「改善」という形での、「教化」実践の系譜に連なるものが、この「高砂踊」の実演なのだ。例えば、第二節で言及した『台湾日日新聞』の記事において、「原始芸術」と位置付けられた「パイワン族」の「踊り」・「粟祭」にせよ、もともとは祭祀の期間中は他「種族」を集落内に入れないという厳格な規範をもつ祭祀儀礼の「場」で行われたものであり、その意味で門外不出のものであった。[*51] それが祭祀儀礼の「場」から切り離され、博覧会会場で衆人環視の中で実演されること自体が、大きな改変が加えられた結果であり、理蕃官僚の眼から見れば「教化」の「成果」だったといえよう。[*52]

さらに先ほどの「蕃人舞踊」と「新舞踊」の混在としての「高砂踊」を演じた人々が所属する「タイヤル族」の集落・花蓮港庁タガハン社について言及すれば、この「蕃社」自体、例えば一九三五年の花蓮港庁主催「第五回国語演習会」において、教育所別成績が参加十五社中第四位に位置付けられるなど、[*53]比較的「教化」が進んだ集落だったことを指摘しておきたい。つまり台湾博覧会で披露された台湾原住民の「歌謡」「舞踊」とは、「教化」が進んだ「蕃社」の「先覚者」による、「教化」の「成果」としての「高砂踊」という側面があり、その意味で「蕃地」の「内地化」という統治実践との関連でいえば、まさに「教化」の「成果」として原住民の「文化」が称揚されたものだったといえる。

しかし、このような理蕃官僚の観点とは異なる形で、台湾原住民の「文化」を位置付けていこうという動きも確かにあった。それは先ほど指摘した「原始芸術」という範疇で、台湾原住民の「文化」を捉えていこうという営みである。次節では、そのような動きについて、論じていきたい。

第三節　「原始芸術」という言説空間

(1)　絵画作品の中の台湾原住民

①台湾美術展覧会

台湾博覧会が開催されていた一九三五年秋の台北では、それと開期を合わせた形で第九回台湾美術展覧会が開催された。台湾美術展覧会とは、日本「内地」の帝国美術院展覧会を模して組織された、当時の台湾で最も権威ある美術展覧会であり、台湾総督府文教局に本部を置く台湾教育会の主催で、一九二七年から開催されていた。[*54] 一九三五年の第九回では「東洋画」「西洋画」という部門でそれぞれ審査が行われていたが、「東洋画」の第一席には、「出草」という台湾原住民を描いた作品が選ばれている。

西洋画家の立石鐵臣によって「劇的な題材[*55]」と評された「出草」とは、台湾原住民による、「内地人」や漢民族系住民をはじめとした他の「種族」への襲撃、「馘首」の様子を描いたものであった。そして「出草」すなわち「首狩り」とは、領台直後から植民地政府が恐れ、何としても根絶しようとしてきたものであり、その意味で治安当局にとっては「弊習」の典型であった。いわば台湾原住民の「野蛮性」の象徴として位置付けられ、ある意味で制御不可能な恐怖の象徴であった「出草」が、絵画作品としてキャンパスの上に描かれ、「芸術作品」として台湾美術展覧会の第一席を取るというこの状況は、「出草」の危険性を、もしくは台湾原住民の「他者」としての制御不可能性を、ある意味で飼い慣らしたという「平地」側の自負を反映しているともいえよう。

例えば、第一節で言及した『高砂族調査書　第三編　進化』にも「出草」という項目があるが、ここで報告されている「出草」の発生件数は、一九三〇年三件、三一年三件、三二年二件、三三年〇件となっている。[*56] もちろん調査では報告されなかった事例も存在すると思われるが、少なくとも「蕃地」の「内地化」という統治実践のなかで、「出草」は一九三〇年代半ばには、「教化」され尽くしていたといってもよいだろう。「出草」という行為自体が消滅しつつある状況の中で、絵画作品の中に「出草」は描かれ、台湾美術展覧会の会場を飾ったのである。

②藍蔭鼎と台湾原住民表象

台湾原住民の姿を絵画作品に収めようとする動きは、もちろん「出草」が初めてではない。例えば、西洋画家の塩月桃甫は、一九二二年に皇太子が台湾を訪問した際、作品「蕃人舞踏図」を献上したのを始め、一九三二年には「霧社事件」を題材とした作品「母と子」を第六回台湾美術展覧会に出品している。[*57] また、一九三五年台湾博覧会の会場でも、台湾原住民集落の風景を題材とした絵葉書・「蕃山景趣」が頒布されているが、この「蕃山景趣」の作者は、藍蔭鼎という人物であった。[*58]

藍蔭鼎は、当時の台湾美術界の中心的人物の一人であった石川欽一郎に師事し、日本「内地」の帝国美術院展覧会での入選経験をもつ、台湾水彩画界のホープというべき存在であった。[*59] そしてその経歴を買われ、一九三四年に台湾総督府警務局理蕃課からの委嘱で、教育所用図画帖の編集に携わることになる。当時、台湾原住民対象の初等教育機関である「蕃童教育所」では、主に漢民族系住民の児童向けの初等教育機関・公学校で使用されていた図画帳を使っていたが、図画帳に登場する題材が原住民の日常生活と距離があることと、原住民児童の情操教育重視の観点から、教育所独自の図画帳編纂が試みられた。[*60] その意味で「蕃地」の「内地化」という統治実践の推進過程の中に、図画帳編纂は位置付いており、そこに協力していくコラボレーターとして、藍蔭鼎は存在したともいえるだろう。しかし図画帳編纂のため、実際に「蕃地」に出張し、「蕃界風景」をスケッチするという経験を経て、彼は台湾原住民の姿を自己の絵画作品に収めるだけではなく、台湾原住民の生活のなかに「芸術」が存在することを「発見」するようになる。では、彼はどのように、その「芸術性」を捉えていくのであろうか。「蕃界風景」スケッチ旅行直後に発表された藍蔭鼎のエッセイ「蕃人の原始芸術を観て」[*61] から、その点を確認しておこう。

藍蔭鼎は、欧米におけるプリミティブアートへの関心の高まりに敏感に反応し、そこから影響を受けつつ、まず「原始人芸術の素朴な感受性と無飾な表現法」と「現代芸術の理智的、技巧的、表面的表現」を対比させ、その上で台湾原住民の「芸術」について、技巧面は「非常に幼稚」であるが、そのこと自体が内面に「純真無垢なる精神」が宿っていることを示しており、そこには「素朴で一種脱俗した美」が存在するという。しかし現状としては、平地との接触が多い所から、「俗化」が起こり、何者にも代え難い、貴重な「天性の純真美」を喪失しつつあるという認識を示す。その上で、「彼等の純真無垢な表現精神を失はせ度くない」という希望が述べられるのであるが、いわば喪失自体が「俗化」つまり「蕃地」の「内地化」という統治実践の結果であり、その意味では藍蔭鼎自身が図画帳作成という形でかかわっている「教化」という動向とは、ある意味で矛盾を孕む可能性を秘めた見解を打ち出すようになるのである。

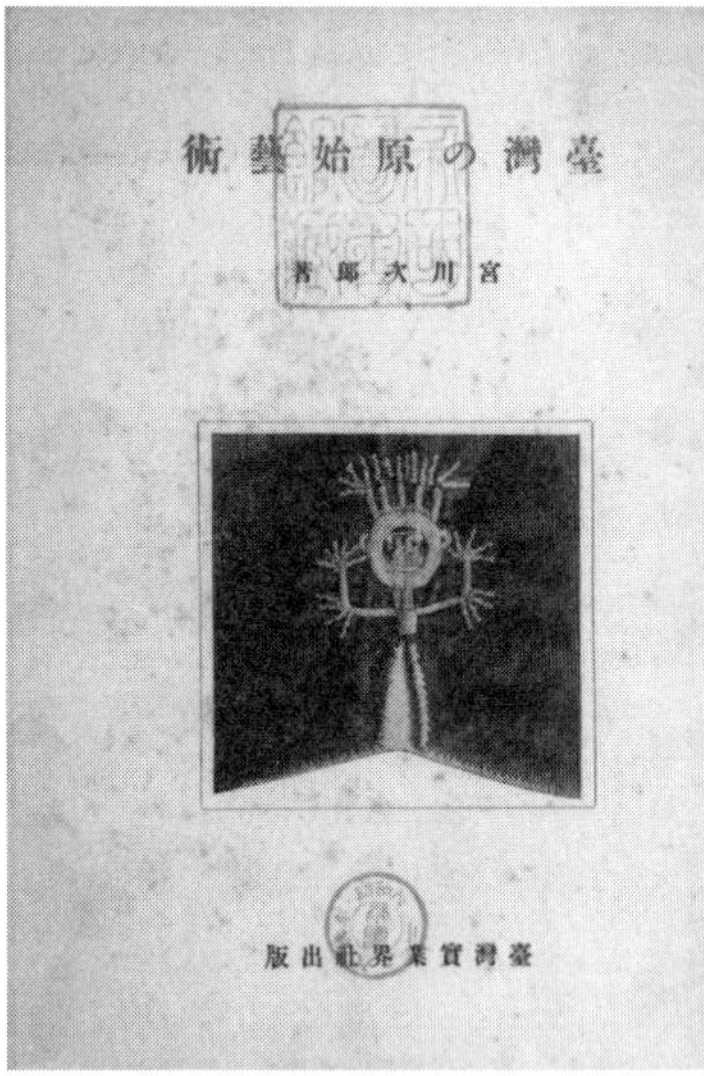

図２ 『台湾の原始芸術』表紙

（出典：『台湾の原始芸術』, 1930 年）

(2) 原始芸術としての彫刻、音楽

このように台湾原住民の生活の中に「芸術性」を発見し、それを「原始芸術」として位置付け高く評価していく動向は、実は一九二〇年代後半から三〇年代中頃にかけて、様々な分野で試みられ顕在化してくるものである。例えば、台湾原住民とりわけ「パイワン族」の彫刻については、早い時期から高い評価が与えられている。台湾原住民の事物を「原始芸術」という範疇で扱い、それのみを独立した書物として刊行した最初の著書といわれる一九三〇年刊行の宮川次郎著『台湾の原始芸術』は、彫刻がほどこされた「パイワン族」の工芸品、「ヤミ族」の人形など一三九点を、写真と解説で紹介するものであった。そしてその著書刊行の動機として宮川次郎は、「文明人」の模倣しがたい「独特にして至純なる芸術」を、台湾原住民とりわけ「パイワン族」の中に見いだしたことを挙げている。[*62] その上で、藍蔭鼎と同じく、宮川もまた「近来の如く蕃人が経済生活圏内に入って来た為めに、急速度を以つて芸術品が破壊され

て、滅亡すると云ふ事を残念に思った」[63]と、それが急速に失われつつあるという現状認識と、そのことへの危機感を表明している。

そして、このような現状認識と危機感は、「原始芸術」として台湾原住民の「文化」に関心を持つ者にとって共通のものであったといえる。[64]例えば、一九三〇年代中頃に、台湾原住民の音楽に関心をもち、原住民の楽器の紹介や、楽曲・歌謡の収録を行った竹中重雄もまた、台湾原住民の音楽を「原始芸術」として高く評価する。しかし竹中の「原始芸術」に関する欲望は、「原始芸術」という思考の権力性も端的に示しているといえよう。

> 蕃地には、教育が行渉つて参りまして、色々の点で、高砂族の文化が向上し、内地化して参つて居ります。勿論府当局も、其を目的としてゐられるわけであるし、寔に結構な事でありますが、我々の様な仕事をして居る者に取りましては、何もかもが、内地式、しかも其が、可成り、低級なものである場合には一寸情けない気がするのであります。……若者達は未練気もなく、彼等固有の音楽をふり捨てゝ、草津節やら、東京音頭と云つた類の、内地でも相当低級なものを、好んで唱ひ、又之れを覚へ様としてゐる様であります、固有の歌を知つてゐるものは、比較的年を取つた人ばかしですから、蕃歌は正に危機に瀕してゐると云つても過言ではないでせう。
>
> 彼等の歌は、かざらず、純真で、しかも芸術味にあふれた。恰もパイワン族の彫刻の様に貴重なものであると考へられます。……私は、微力を省みずこの仕事を初めたのは、どうしても、このまゝになくするのには余りに惜しい、原始芸術であると考へたからであります。[65]

右の引用は、『理蕃の友』に三回にわたって掲載された竹中重雄の寄稿文からの抜粋であるが、ここで竹中は、統治実践としての「蕃地」の「内地化」の推進を一方で歓迎する。しかしその結果として、いわば当然起こってくるであろう音楽の「内地化」について、特にそれを台湾原住民自身が自ら受け入れることに関しては落胆の色を隠さず「情けない」ことと位置付け、「原始芸術」としての「彼等固有の音楽」の危機を叫ぶのである。

しかし第一節で述べた花蓮港庁清水社において、「改善」の対象とされた「首狩歌」とは、前節で言及した「出草」（馘首）と関連深いものであり、台湾原住民の「歌謡」「舞踊」の中には、祭祀の間は他「種族」を「蕃社」の中には立ち入らせないという祭祀慣行と密接に関連するものも存在した。[*66]「蕃地」の「内地化」とは、これまで述べてきたように、「出草」を厳禁し、祭祀儀礼の改変を強いるものとして進展したのであり、そのような状況の中で、音楽だけが無傷のまま残るという想定自体がかなり無理なものである。万が一、無傷のまま残ったとしても、音楽が置かれた文脈が変化している中では、やはり総体としての変化を免れるものではないのだ。目の前で進行している「蕃地」の「内地化」という統治実践がもつ暴力性や圧力を無視して、「彼等固有の音楽」の「真性さ」（authenticity）のみを求めるとすれば、そこにあるのは調査もしくは学知の権力性であり、台湾原住民「文化」に対する支配の欲望であろう。台湾原住民の生活の中に「芸術性」を認め、高く評価する「原始芸術」という思考もまた、その意味で「帝国」支配と親和性を持つものだったのである。

(3)「原始芸術」という言説

一九三〇年代中頃に「原始芸術」というタームを巡って展開されてきた、台湾原住民の「文化」をとらえる知的動向は、様々な分野から、それぞれの関心に基づいて、お互いの発言を意識しつつも、異なる潮流から同時発生的に沸き上がってきたことに、その特徴があるといえよう。その意味で、それぞれの発言のあり方を規定する思考枠組として、「原始芸術」という概念が、三〇年代半ばに力を持ったことを示している。そしてこのような潮流のいわば集大成として、体系化を試みた研究が登場することになる。佐藤文一による「高砂族原始芸術研究」である。[*67]この論文は『台湾時報』に一九三六年六月から翌年八月にかけて、一三回にわたって掲載されたものであるが、のちに佐藤文一『台湾原住種族の原始芸術研究』として、台湾総督府警務局理蕃課より一九四二年に刊行されている。

この「高砂族原始芸術研究」というテキストの特徴は、それまでは「彫刻」、「音楽」といった個別の観点から論じられてきた台湾原住民の生活の中の「芸術性」の問題や、もしくはそれまでの民族誌的記述の中では、多くの場合「衣服」「装飾」「祭祀」「音楽」「手工」「伝説」といった項目でそれぞれ記述されてきた、「身体装飾（身飾と服飾）」「器具装飾」「絵画」「彫刻」「舞踊」「音楽」「歌謡」「伝説」を、すべて「原始芸術」という範疇でとらえ、さらにそれを「芸術学」もしくは「美学」との関連で論じた点にあるといえる。そこでは人間存在を考える上で重要な文化一般は、芸術的創造性に特徴付けられるとして芸術研究の重要性が主張されるとともに、その芸術研究に根本的基礎を与えるものとして「原始芸術」研究の最重要性が強調されるのである。[*68] このように人間存在にとっての文化一般を考える上で重要なものとして、「原始芸術」は高く評価され、台湾原住民はその継承者として位置付けられることになった。[*69]

そして「原始芸術」という名で語られてきた台湾原住民の生活の中の諸要素は、佐藤文一の体系化によってそれぞれの位置が与えられ、なかでも「舞踊」「音楽」「歌謡」は、「行動芸術」として、「全く唯美的情操其の儘の表現を享楽するもの」、つまり「原始芸術」としての性格を最も強く示すものとされるのである。[*70] 第二節で述べたように、「観光資源」として見いだされ、台湾博覧会において大々的に宣伝された台湾原住民の「歌謡」「舞踊」は、ここにおいて「原始芸術」の中核部分として位置付けられたのであった。

おわりに

ここまで述べてきたように、一九三〇年代の「蕃地」の「内地化」という統治実践は、直接的暴力（霧社事件弾圧）発動の後に、または同時並行的に展開される間接的暴力（「規律・訓練」の暴力）として存在したといえるだろう。そしてそのような日常生活の細部にわたる介入は「日本化」という側面と「近代化」という側面を併せ持っていたため、その試みの中から、「改善すべき弊習」と「守るべき文化」の弁別という取り組みが登場するのである。

そしてそのような形で称揚されていった台湾原住民の「文化」は、多様な思惑の中に置かれた。植民地官僚とりわけ理蕃官僚にとっては、原住民「文化」の披露とは、一方では自らが行ってきた「教化」の「成果」つまり「異民族」統治の「成功」の象徴として、位置付けられたといえる。それに対して具体的な統治実践という場面から少し距離をおいた知識人の間では、台湾原住民の「文化」への関心は、いわば「教化」の結果として生じてきた「蕃地」の「内地化」という変化の中で、原住民「文化」が「滅び行く」危機に晒されているという危機感とともに沸き上がったといえよう。その上で、原住民「文化」の「真性さ」(authenticity)に対する飽くなき欲望との関連で、「原始芸術」という思考の枠組が形成され、それに即した体系的把握という試みの中で、学術的価値が付与されていったといえる。そのような言説は、一方で「教化」という統治実践への批判となりうる可能性を秘めつつも、台湾原住民の「文化」の「真性さ」について、外部の観察者である調査者が決定していくという意味で、調査もしくは学知のもつ権力性を示すものでもあった。

その意味で台湾領有直後に展開された「野蛮」で「獰猛」という形に収斂される台湾原住民像と、そのような原住民を「文明化」する使命を帯びた日本人という帝国意識が、「教化」を受け入れつつも価値ある「原始芸術」を保持する台湾原住民という像と、そのような価値ある「原始芸術」の継承者を支配する「帝国」日本という帝国意識に変化したのだともいえよう。このような観点からすれば、「原始芸術」とは、満州事変以降の日本「帝国」のさらなる膨張のなかで、新たな「異民族」支配が緊急の課題となった一九三〇年代の帝国意識のあり方を、ある意味で象徴するものと考えることもできる。

そして次章で詳述するように、台湾原住民の「文化」を「原始芸術」として捉える思考が、地域の観光開発という資本の論理と一面で親和性をもっていた点で、この時期の帝国意識がより一層の社会的広がりをもって需要される素地があったことを指摘しておきたい。さらに言えば、地域の観光開発という動向の中で、台湾原住民の「文化」が「観光資源」として注目されてくる背景には、資本主義経済の浸透に伴って顕在化してくる生活習慣・生活様式の均質化という状況と、そのような状況の中でこそ、逆に高まり続けた「独自性」への関心があったといえよう。その意味で、同時期の日本「内地」における「郷土」への関心の高まりと、ここで論じてきた台湾原住民の「文化」への着目という動向に、現象面で類似性があるとすれば、その点は、資本主義経済の浸透という観点からも考察すべき問題であると思われる。

最後に、一九四五年以降の脱植民地化過程の中で、台湾原住民の「文化」と観光とは、より密接に関連していったといえよう。しかし、その一方で台湾原住民自身が、その状況をいわば逆手にとって「流用」していくという主体的な取り組みもみられ、さらに近年の権利回復運動の展開の中で、各民族に伝承されてきた「歌」や「踊り」は、重要な役割を担っているといえる。このような今日的状況に、本章が扱ってきた植民地下の状況がどのように関連していくのかについては、残された課題として考えていきたい。

注

＊1　『台湾総督府警察沿革誌　第一巻』（復刻版、南天書局〈台北〉、一九九五年。なお初版は台湾総督府警務局、一九三三年）、二八九～三五二頁。および藤井志津枝『台湾原住民史　政策編（三）』（台湾省文献委員会〈南投〉、二〇〇一年）、一二九～一三三頁。

＊2　一九二〇年代の集団移住政策や農民化政策の展開については、近藤正己「台湾総督府の「理蕃」体制と霧社事件」（『近代日本と植民地2　帝国統治の構造』岩波書店、一九九二年）、また同時期の教育の状況については、北村嘉恵「「蕃童教育所」普及過程における台湾先住民社会の変容」（『日本の教育史学』第四三号、二〇〇〇年）などを参照。なお「特別行政区域」居住の台湾原住民の子供を対象とした初等教育機関「蕃童教育所」は、台湾総督府警務局の管轄下に置かれ、駐在所の巡査が教員を兼ねていた。

＊3　『理蕃要綱』（台湾総督府警務局理蕃課、一九三九年）、五～三〇頁。なお「理蕃政策大綱」は全八項からなり、台湾総督太田政弘の名により、各地方長官に通達された。

＊4　戴国輝「霧社蜂起研究の今日的意味―台湾少数民族が問いかけるもの―」(『思想』第五八四号、一九七三年)、一三二頁。

＊5　岩城亀彦「蕃地蕃人指導に関する管見（一）～（六）」(『理蕃の友』第三年一〇月号～第四年三月号、一九三四～一九三五年)。なお以下、『理蕃の友』に関しては復刻版（全三巻、緑蔭書房、一九九三年）を使用している。また中村勝「日本資本主義の保留地政策と台湾高地先住民」(『名古屋学院大学論集　社会科学編』第三三巻第二号、一九九六年）も参照。

＊6　懐柔政策の一環として、例えば一九三二年には「理蕃善行章授与規程」、「頭目章授与規程」が制定され、翌年より該当者の選出と表彰が行われていくことになる。

＊7　横尾廣輔「蕃人青年団の指導に付て（一）（二）」(『理蕃の友』第二年七月号・八月号、一九三三年)。なお青年団については、近藤正己『総力戦と台湾―日本植民地崩壊の研究』（刀水書房、一九九六年)、松田吉郎「日本統治時代台湾の高砂族青年団について」(『現代台湾研究』第二一号、二〇〇一年）も参照。

＊8　齋田悟「蕃人観光の沿革と其の実績」(『理蕃の友』第三年一〇月号、一九三四年)。

＊9　例えば、翌三五年には、花蓮港庁下の原住民を中心参加者とする第一二回「内地」観光が行われたが、その後の巡回講演の実施状況が、講演会に参加した聴衆の感想とともに、地域の教育所からの通信という形で複数、報告されている（「サカタン雑信」『蕃地教育』第一一号、一九三五年六月、「エフナン教育所通信」『蕃地教育』第一二号、同年七月など。花蓮港庁警務課理蕃係発行、国立台湾図書館所蔵)。このような講演会は、「内地」観光が実施されるたびに、各地で行われていたものと推察される。

＊10　齋藤生「高砂族観光団員を連れて」(『理蕃の友』三年一二月号、一九三四年)、九～一〇頁。

＊11　第一一回「内地」観光においても、訪問先の宇治山田に到着の際、「改札口には無慮百数十名の群集吾等をもの珍らしく待ち受け、電車乗場迄ゾロゾロついて来て顔に穴が空く程覗き込まれ」るという出来事があったことが報告されている（斉藤生「高砂族先覚者内地観光記」『台湾警察時報』第二三二号、一九三五年三月、二一二頁)。

＊12　齋藤、前掲論文「蕃人観光の沿革と其の実績」。

＊13　『高砂族調査書　第三編　進化』（復刻版、湘南堂書店、一九八六年。初版は、台湾総督府警務局理蕃課、一九三七年)、四九〇～五三五頁。なお、この第三編で、「進化」のメルクマールとしてまとめられた調査項目は、次の通りである。1教育、2特種就業、3社会教育、4国語其他ヲ解スル者、5文字ヲ解スル者、6裁縫シ得ル者、7徳性、8思想、9蕃租、10婚姻、11養子縁組、12離婚、13離縁、14犯罪及処罰、15陋習（刺墨、穿耳、缺歯、鐵漿、双生児殺、私生児殺、屋内埋葬、変死者遺棄、堕胎)、16仇敵関係、17闘争、18出草及反抗、19隠匿銃器、弾薬及火薬。

＊14　蔭山赴「農業は尊し」（『理蕃の友』第三年五月号、一九三四年）、九頁。

＊15　このような動向については、北村、前掲論文「「蕃童教育所」普及過程における台湾先住民社会の変容」において、一九三〇年代に顕在化する「保存すべき文化」と「改善すべき文化」を分類していく傾向として、指摘されている。

＊16　岩城亀彦「台湾蕃族の営む祭事祭の特異性に就て」（『台湾時報』第一八八～一九四号、一九三五年七月～一九三六年一月）。なお、同論文は七回に分けて掲載されている。

＊17　同右、第一九四号（一九三六年一月）、一〇八～一一〇頁。

＊18　同右、一一〇頁。

＊19　同右、一一一頁。

＊20　同右。

＊21　「理蕃ニュース　目覚めたブヌン族マナクタイガを合同で」（『理蕃の友』第四年六月号、一九三五年）、一〇～一一頁。なおこの記事では、清水社の他に高雄州および台東庁での合同開催の実施例も報告されており、この時期に各地で「マナクタイガ」の「改善」が進行しつつあったと推察される。また合同開催の先行例としては、前年一九三四年の花蓮港庁玉里支庁大平社での実施が報告されている（「理蕃ニュース　祭祀を合同で」『理蕃の友』第三年六月号、一九三四年、九頁）。

＊22　前掲『蕃地教育』第一一号（一九三五年六月）。なお、この清水社における祭祀改変の状況については、山路勝彦『台湾の植民地統治―〈無主の野蛮人〉という言説の展開―』（日本図書センター、二〇〇四年）において、同化政策が「現地エリート」に与えた影響という観点から紹介されている。

＊23　「マナクタイガ神式となる」（『理蕃の友』第六年七月号、一九三七年）、九頁。

＊24　台湾博覧会が開催された一九三五年とは、一九一九年一一月から続く文官総督時代の中で、一つの転換点であったと指摘されている。すなわち同年四月に発生したジェノー号事件の処理をめぐり、在台軍部と文官総督を頂点とする総督府が対立し、結果的に軍部が台頭する決定的契機となったと位置付けられている（近藤正己『総力戦と台湾―日本植民地崩壊の研究―』、刀水書房、一九九六年）。また同年四月に起こった台湾中部大地震によって、社会不安が増大するとともに、復興政策の中で国防面が強調され、台湾の南進基地化政策の進展に材料を与えたとされる（森宣雄・呉瑞雲『台湾大地震―一九三五年中部大震災紀実―』遠流出版〈台北〉、一九九六年）。その一方で同年一一月には台湾で初の地方選挙が実施されており、極めて限定的ながら、台湾住民の政治参加の道がわずかに開かれた時期でもあった。その意味で、まさに総力戦体制構築に向けての助走期であったといえよう。そし

て翌三六年一〇月には、文官総督の時代は終わり、海軍出身の小林躋造総督が着任することとなる。

＊25 『始政四十周年記念台湾博覧会誌』（始政四十周年記念台湾博覧会、一九三九年、以下『台湾博覧会誌』）、五六一～五六三頁。なお台湾博覧会の主催は、台湾総督中川健蔵を総裁、総務長官平塚広義を会長とする始政四十周年記念台湾博覧会であるが、この主催団体の役員には、台湾内外の「官民有力者」が名を連ねていた。また台湾博覧会の概況については、程佳恵『台湾史上第一大博覧会：一九三五年魅力台湾ＳＨＯＷ』（遠流出版〈台北〉、二〇〇四年）が、当時の写真やポスターなどを交えて紹介している。

＊26 台湾・新竹出身で、当時、「満州国」駐日大使であった謝介石が、台湾博覧会開催に際し里帰りも兼ねて台湾を訪問するなど、日本「帝国」内の人的移動を表す象徴的な出来事も、博覧会会期中に起こっていた。さらに当時は中華民国福建省主席であり、日本の敗戦後には台湾省長官公署初代長官となる陳儀が、台湾博覧会視察を兼ねて、博覧会会期中に台湾を訪問している。台湾の脱植民地過程を考える上でも、陳儀の台湾博覧会視察の問題は興味深いと考えるが、本章では展開することができなかった。稿を改めて論じたい。

＊27 台湾博覧会が台湾でのツーリズムの展開に与えた影響については、曽山毅『植民地台湾と近代ツーリズム』（青弓社、二〇〇三年）が詳しい。そのなかで曽山氏は、ツーリズムの成長という観点からは、博覧会に伴う観光地の整備より、むしろ「博覧会の参観を通じて台湾人の多くが旅行を経験」したことの意義を強調している（二二三～二三四頁）。

＊28 台湾博覧会の協賛事業として台湾各地に整備された施設は、次の通りである。基隆〔水族館及町内装飾〕、板橋〔郷土館〕、新竹〔案内所及競馬大会〕、台中〔山岳館〕、嘉義〔嘉義特設館〕、阿里山〔高山博物館、貴賓館〕、台南〔歴史館〕、高雄〔観光館〕、台東〔郷土館〕、花蓮港〔郷土館及タロコ宣伝〕（前掲『台湾博覧会誌』、七一九～七八六頁）。

＊29 前掲『台湾博覧会誌』、三四八～三四九頁。

＊30 同右、三五五頁。

＊31 日本「内地」の博覧会における「生身」の人間の「展示」の様相については、拙著『帝国の視線―博覧会と異文化表象―』（吉川弘文館、二〇〇三年）も参照されたい。

＊32 前掲『台湾博覧会誌』、七七六～七八二頁。

＊33 同右、七八二～七八六頁。

＊34 同右、四七九頁、七三〇～七四一頁。

＊35 『始政四十周年記念台湾博覧会協賛会誌』（始政四十周年記念台湾博覧会協賛会、一九三九年）、二四〇～二四四頁。なお台湾博覧

会協賛会は、総督府の働きかけにより、地元の「官民有力者」を組織したものであり、会長には台湾電力株式会社社長が就任していた。
＊36　「断然景気を添えた高砂族の舞踊」（『理蕃の友』第四年第一一号、一九三五年）。
＊37　前掲『台湾博覧会誌』、五六一～五六三頁。
＊38　同右、五六三頁。
＊39　『台湾日日新報』一九三五年一〇月一七日付。
＊40　太城（松金）ゆうこ「植民地台湾における観光地の形成過程―伐木事業地阿里山の変容より」（修士論文、二〇〇一年三月、大阪大学）。
＊41　加藤駿『常夏之台湾』（常夏之台湾社、一九二八年）、一九六頁。
＊42　同右、一二七頁。
＊43　国立公園指定にむけての誘致運動の具体像については、松金ゆうこ「植民地台湾における観光地形成の一要因―嘉義市振興策としての阿里山観光―」（『現代台湾研究』第二二号、二〇〇一年）が、阿里山国立公園協会の活動にそって詳細に論じている。
＊44　『台湾日日新報』一九三一年三月二九日付。
＊45　『台湾日日新報』一九三五年一〇月二五日付。
＊46　『台湾の旅』（台湾博覧会協賛会、一九三五年）、八～九頁、一四頁。
＊47　前掲『台湾博覧会誌』、五五六頁。
＊48　「台博観覧高砂族と其の観光費」（『理蕃の友』第五年三月号、一九三六年）。
＊49　「高砂族青年団幹部懇談会」（『理蕃の友』第四年一一月号、一九三五年）。
＊50　「断然景気を添えた高砂族の舞踊」（『理蕃の友』第四年第一一号、一九三五年）。
＊51　古野清人『高砂族の祭儀生活』（三省堂、一九四五年）。
＊52　なお「パイワン族」の集落の一つである高雄州のライブアン社では、「粟祭」の期間中は、受持警察官の集落内への立ち入りを一九三七年まで拒否し続けたという（『理蕃の友』第六年一一月号、一九三七年）。その意味で、「粟祭」の「秘儀性」を打ち破ることは、理蕃官僚にとって、一九三五年段階では現在進行形の「教化」課題だったのだ。
＊53　「第五回国語演習会成績表」（前掲『蕃地教育』第九号、一九三五年三月）。

＊54　台湾美術展覧会の創設過程とその特徴については、中村義一「台展、鮮展と帝展」(『京都教育大学紀要Ａ（人文・社会）』第七五号、一九八九年）が詳しい。
＊55　「第九回台展相互評西洋画家が観た東洋画の批判」(『台湾日日新報』一九三五年一〇月一〇日)。
＊56　前掲『高砂族調査書　第三編　進化』、五九六～五九七頁。
＊57　塩月桃甫の台湾での創作活動については、王淑津「高砂図像─鹽月桃甫的台湾原住民題材画作─」(『何謂台湾?─近代台湾美術與文化認同論文集』、行政院文化建設委員会〈台北〉、一九九七年）を参照。
＊58　藍蔭鼎の略歴については、謝里法『日據時代台湾美術運動史』(改訂版、芸術家出版社〈台北〉、一九九一年）を参照。
＊59　植民地台湾の美術教育に占める石川欽一郎の位置については、中村義一「石川欽一郎と塩月桃甫─日本近代美術史における植民地美術の問題」(『京都教育大学紀要Ａ（人文・社会）』第七六号、一九九〇年）が、塩月桃甫との比較という観点から詳述している。
＊60　「教育所用図画帖編修」(『理蕃の友』第三年第三月号、一九三四年)。
＊61　『理蕃の友』第三年八月号（一九三四年)、五頁。
＊62　『台湾の原始芸術』(台湾実業界社、一九三〇年)、序。なお宮川次郎は、台湾実業界社の社長を務めた人物であり、実業関係の著書も多数執筆している。
＊63　「パイワン族の芸術を見に行く」(『台湾警察時報』第一三号、一九三〇年七月)、三八頁。
＊64　同様の思考様式は、「史蹟」として台湾原住民関連の事物の指定していく動きにも、貫かれていたといえよう。第一〇章で詳述するように、台湾では、一九三〇年二月に「史蹟名勝天然記念物法」が延長施行され、それを受けて一九三三年一一月に第一回指定、一九三五年一二月に第二回指定が行われるが、台北帝国大学教授移川子之蔵らが調査委員に名を連ねた第二回指定では、原住民関連の事物も多数「史蹟」として指定されている（『史跡調査報告　第二輯』、台湾総督府内務局、一九三六年)。この「史蹟」指定の問題も含め、当時の原住民統治政策と台北帝国大学での人類学研究の関連については、稿を改めて論じたい（なお山路勝彦は前掲書『台湾の植民地統治』の中で、当時、台湾原住民「文化」の奥深さを示すものとして注目された「ブヌン族」の「絵暦」を軸に、当時の人類学研究のあり方を批判的に考察している)。
＊65　竹中重雄「蕃地音楽行脚（二）」(『理蕃の友』第五年一二月号、一九三六年)、六～七頁。なお竹中は東京音楽学校出身で、嘉義高等女学校在任中に台湾原住民の「歌謡」「音楽」を研究し、『台湾蕃族の歌』(不倒楽社、一九三五年）を刊行している。引用の寄稿文執筆時は、神戸市立第二高等学校教諭（『理蕃の友』第五年一一月号、一九三六年)。

＊66　先に述べた霧社事件の際、蜂起した台湾原住民の中心人物であったモーナ・ルダオ。彼の長男であったタダオ・モーナの最後について、鎮圧した側の人物が残した記録の一節としてであるが、興味深い記述がある。以下にその一部を引用する。

酒が着いたのでタダオは自分で二本を呑み一本を部下のワタンラオラ、ピホワリス、ダツキスナパイに呑ませたタダオは二本の酒を呑み干してから部下の蕃丁ダツキスナパイの手を取り「亡くなつた父母妻子が懐かしいから踊らうではないか」と立ち上がり約二時間も踊り続けた、タダオは尚一人で踊り約三時間に亘り且歌つたが其の歌の意味から見て最早タダオは投降の気はないと誘出者一行は覚つた。……

斯くてタダオは其の部下四名と共に十二月十日マヘボ社の西方パユ渓の対岸で縊死体となつて現はれた、彼は八日妹マホンに遺言した後酔の醒めぬ中縊死を遂げたもの、如く……。

（「蕃人心情研究資料」『理蕃の友』第一年七月号、一九三二年）、六頁。

つまり鎮圧する側は、妹をはじめとしたタダオ・モーナの近親者に、タダオ・モーナの投降を説得するよう「山」に向かわせたところ、タダオ・モーナは酒を酌み交わしながら、亡くなった父母妻子を懐かしんで、数時間もの間、踊り歌ったというのだ。近親者たちはその様子を見て、タダオ・モーナに投降する気はないと悟り「山」を下りるが、その数日後、タダオ・モーナは縊死体で発見されたという。

この記述が、ある程度の「事実」を反映しているとすれば、タダオ・モーナの行動には、台湾原住民にとっての「歌」や「踊り」は、どのような意味をもつものであったのかを考える上でも、重大かつ深遠なポイントが伏在しているといえるだろう。この問題については、更に考察を続けていきたい。

＊67　佐藤文一は、当該論文を発表した当時は、台湾屏東高等女学校教諭。その後台湾公立実業学校教諭をへて、一九四一年には台北帝国大学予科教授に就任している。

＊68　「高砂族原始芸術研究（二）」（『台湾時報』第一九九号、一九三六年六月）。

＊69　「同右（八）」（『同右』第二〇六号、一九三七年一月）。

＊70　「同右（十三）」（『同右』第二一三号、一九三七年八月）。

第九章

台湾国立公園と台湾原住民
——植民地ツーリズムの展開と原住民表象——

はじめに

一九三〇年代初頭、国立公園法が制定された。この法律によって、一九三四年から一九三六年までに、日本「内地」に一二ヶ所の国立公園が指定されることとなる。このような動きは、日本「内地」にとどまらず、例えば植民地であった台湾では、一九三五年に国立公園法が延長施行され、一九三七年には、三ヶ所の国立公園が指定されている。

このような、いわば「風景地」を「発見」し、それを国立公園という制度によって「保護」かつ「活用」していこうとする思考は、どのような特徴をもって現れたのだろうか。この問題を考える導きの糸として、先行研究を批判的に検討することから始めよう。

「風景」を自明な存在とするのではなく、近代における認識論的な布置の転換の結果として、「風景」は「風景」として「発見」されたものであるとする議論は、柄谷行人の著名な論考を先駆的なものとして[*1]、現在では通説となっているといってもよいだろう。例えば、李孝徳は、このような議論を更にすすめて、遠近法という絵画技法と言文一致という近代文体の出現によって準備された認識論的な布置の転換は、近代的メディアの成立や国民国家「日本」の顕現と、「互いに互いを条件付け合いながら連関・連結しつつ生じた事態」であるとし、そのような事態の出現を、明治二〇年代から三〇年代、つまり一九世紀から二〇世紀への世紀転換期にみている。[*2]

このような議論を踏まえたうえで、国立公園という制度の出現は、どのような思想史上の問題として位置付けることができるだろうか。国立公園という制度の思想的な意味を問うた先駆的研究として、荒山正彦の一連の論考を挙げることができよう。荒山は、「純粋な文化とは一見相反するかのようにおもわれる観光現象が、文化のオーセンティシティ（本物らしさ）を生産し維持する」近代的システムであるとする視点から、日本における国立公園制度の成立過程を考察する。そしてそこから、観光資源として位置付けられた国立公園が、理念としては日本文化のオーセンティシティの生産にあるとされたため、その制度の成立を通じて、「全国各地において、自然の風景地を核として、場所の伝統や文化のオーセンティシティが作り出される制度」として機能し、さらに「国家の構成員としての国民にとって、意味や価値が共有されるような国土空間の成立に寄与した」とする。[*3]

「文化のオーセンティシティ」の創造という論点を提示した荒山の議論は、きわめて刺激的で学ぶ所も多い。しかし荒山の関心が、国民国家の統合の象徴としての「意味や価値が充填された国土空間の生産」に比重が置かれているため、ややもすれば、柄谷や李が指摘する世紀転換期に出現した事態と、重なりあってとらえられる傾向を否めない。つまり、国立公園制度が、一九三〇年代に成立した意味、そして荒山自身が強調している観光資源として位置付けられた意味が、十分問われていないように思われる。

そこで本章では、国立公園という制度によって「風景地」を「保護」し、かつ「活用」していこうとする思考が、一九三〇年代に制度として確立する意味を、特に一九二〇年代から本格化する「健全なレジャー」への志向との関連で考察していく。そのうえで、このような問題を、「帝国」の広がりの中で、つまり日本「内地」での議論や制度が、植民地では、どのように読み替えられ実践されていったのか、またそのような動向に台湾原住民はどのように関わるのかという点に焦点をあてながら論じていきたい。[*4]

第一節　田村剛の国立公園構想

日本における国立公園制度の導入に最も大きな影響力をもった人物として、田村剛を挙げることに異論はないであろう。田村は造園学を専門とする研究者であり、後に内務省衛生局嘱託として、日本の国立公園制度の骨格をつくりあげた人物である。[*5]

その田村が、目指すべき国立公園の姿を、まとまった形で示した最も初期の論考として一九二一年に雑誌『庭園』誌上に掲載された論文「国立公園の本質」を分析することから、ここでの議論をはじめよう。この論文において、田村は国立公園の「理想」として、次の三点を挙げている。[*6]

そこで国立公園の特質としては、大凡次の各条項を具備するを理想とする。

一、国土を代表するに足る大風景たること

二、国土国民を記念するに足る史蹟天然記念物を有すること

三、国民の体育休養に関する施設を有すること[*7]

まずここでは、荒山が指摘するように、国民国家の統合の象徴として、「大風景」と「史蹟天然記念物」を有する空間であることが、国立公園の必要要件とされていることを確認できる。しかし、田村がこの論文で最も力点を置いて強調し補足説明を加えるのは、第三の項目に関して、である。

即ち山岳森林で特に湖沼や瀑布や渓流や温泉等の奇勝に富み、且つ狩猟、野営、漁猟、舟遊び、その他の自然生活に適する地方が最も理想的である。けれどもその位置たるや、なるべくは汽車や自動車等の長い贅沢な旅行を要しないで、国民的民衆的に利用し易い事を期しなければならぬ。かくして国立公園は最も平民的な自由の公園

なることを条件とし、道路並に交通機関の完備は最も重要な方面となるのであるから、なるべくは国家が直営して、併も安価に利用せしめることを努めねばならぬ。[*8]

つまり、手つかずの「自然」をそのまま「保護」するというよりは、むしろその空間が「国民の体育休養」に資するために、「国民的民衆的」利用が可能であることを重視し、そのための施設整備の重要性を訴えるのである。先に述べたように、この論文において「風景地」は、一方では国民国家を象徴する「風景」として位置付けられているわけだが、それは風景画のように切りとって眺める対象として位置付けられたわけではなく、「国民の体育休養」のため、「保護」しつつ「活用」すべき空間として位置付けられたといえよう。それでは、「風景地」についての、このようなとらえ方を支える思考は、いかなるものであったのだろうか。

往古森林が自然に放任せられてゐた時代には、狩猟や遊山のために自由に山野を跋渉して、飽くまで森林原野を利用してゐたのに、近年林野の開墾につれて森林は漸時都市より遠ざかつて来て、市民は自然生活の機会を捉へることが頗る困難となつた。そこで勢ひ国家は国費を投じて国民的な自然の大運動場を経営する必要を生じた訳である。[*9]

すなわち、根底にあるのは、「自然」に対する日常的な距離感である。かつて身近にあったであろう「自然」は、もはや親しい存在としてそこにあるのではなく、それとの接触を意識的に求める「機会」と考える思考が、「風景地」を国立公園という制度で囲い込んで活用しようとする発想を支えていたといえるだろう。ここにあるのは、田村自身が端的に述べているように、一九〇〇年前後から顕在化し、この論文が書かれた一九二〇年代に本格化する都市化の進行という事態に対する認識であり、また労働力の合理的な回復という観点から、主に都市労働者の娯楽の新たなあり方として喧伝され始める「健全なレジャー」への関心である。

この論文が発表された後、田村剛の国立公園論は、同門の研究者・上原敬二らから「利用開発」主義的であると厳しい批判を受けた。ここでは紙幅の関係から詳述する余裕はないが、一九二〇年代中頃、国立公園をめぐっては、先述したように田村が主張する「国民的利用」を重視する方向性と、上原らが主張する「自然保護」を重視する方向性が存在した。

そして、この論争の結果、田村の主張は「保護」の側面をやや重視した議論に移行する。しかしその転換とは、「自然保護」重視派を「消極的保護」と位置付け、自らの「国民的利用」の主張こそが、「積極的保護」に繋がるという、「開発利用」論を更にすすめるものであった。[*10] この段階になって、国立公園の観光資源としての意味、つまり「国民的利用」はもちろんのこと、外国からの観光客の誘致をうながす空間であることを強調し、そのための施設整備を強く訴えかけるのである。[*11] すなわち、水力発電推進派などが掲げる国土の経済的活用という論理に対抗し、大規模な「自然破壊」の危機を回避するために、別の資本の論理を持ち出したともいえよう。

このような紆余曲折を経ながら、基本的には田村剛の主張に概ねそった形で、一九三一年に国立公園法が制定され、一九三四年から三六年にかけて一二ヶ所の国立公園が指定されることになる。[*12] そして次の展開として、国立公園法は、植民地台湾にも延長施行されることになった。では、植民地台湾では、どのような論理で「風景地」は国立公園とされていったのであろうか。次節以下では、その点について考察していこう。

第二節　植民地台湾の「風景」

日本「内地」における「風景」の「発見」が、認識論的な布置の転換を示すとともに、「国民国家」日本の顕然化と軌を一にする問題であり、そこに国民国家の象徴としての「風景」という思考が含意される傾向を必然的に伴うものであることは、先に言及した先行研究などで繰り返し主張されてきたことである。では、認識論的な布置の転換を経た言説空間で過ごし、いわば「風景」を自明のものとして植民地台湾に渡った植民者たちは、台湾の「風景」をどのように位置付けていったのであろうか。台湾における国立公園設置に到る前史として、まずその問題から考察していこう。

植民地台湾での美術教育に大きな足跡を残したと評される水彩画家・石川欽一郎[*13]は、一九二六年に「台湾方面の風景観賞に就て」という文章において、台湾の「風景」一般を次のように位置付けている。

併し或る一つの纏まつた風景になれば、昔から名勝として唱はれる場処は勿論、遠地の隠れたる山水にも我々の鑑賞を誘ふものは必ず在る。殊にこの南国の風景にはその特徴として、内地又た北の方の緯度の土地に住む人々の想像も付かぬ美しさのあることは、偶々此方面に鑑賞の機会を得た人々の感受する処で、楽しき驚異であり又た特有の欣びであらねばならぬ。[*14]

つまり、そこに観賞に値する「美しさ」が存在することを強調するわけだが、特に「内地」との違い、すなわち「台湾らしさ」を表象する「風景」が賞賛の対象になっているといえよう。このように「台湾らしさ」、つまり台湾の「郷土色」を重視する思考は、石川だけのものではない。例えば、戦前の洋画家の重鎮の一人であり、日本水彩画会の創立に参画するなど、特に水彩画の世界で名を残した画家・丸山晩霞は、一九三一年に台湾を訪れ、そこで台湾の「風景」、もしくは台湾の「風景」の「典型」を次のように述べている。

此の相思樹なるものは、台湾に限ると思ひます。……是は島内到る処何処に行つても相思樹を見ないところはないのであります。で、此の相思樹を前景に是非したいと思つて居ります。……相思樹の前景に、それから其処に水牛を二三頭あしらひ、背景に中央山系を、山は台湾でなくては見ることの出来ないやうな立派な山で、此処に一つの風景が出来るのであります。[*15]

ここに示されているのは、もはや具体的に眼前に存在する「風景」というよりは、画家が想像力によって構築した最も「台湾らしい風景」、つまり「台湾らしさ」を表象する事物をコラージュすることによって成立する、台湾の「郷土色」を象徴する「風景」だといえよう。

植民地における「郷土色」が、植民地支配への抵抗の根拠となってきた歴史を振り返ると、一見、奇異なことに思えるかもしれないが、「内地」から植民地に渡った人間が、植民地の「郷土色」に強い執着を示すのは、実は台湾に限ったことではない。一九二〇年代から三〇年代の植民地朝鮮における官選美術展覧会の出品絵画作品を分析した金惠信は、「朝鮮色」つまり「朝鮮の郷土色」を主題とした作品が、特に入選作品の中でいかに多いかを実証的に示し、朝鮮総督府の意向にそった審査員の審査基準には、「朝鮮色」が肯定的な規準として含まれていたことを明かにしている。そのうえで、植民者と植民地の「郷土色」の関係について、金は、次のような卓見を述べている。そこにあるのは、「被植民者の文化伝統を破壊しながら、同時に植民地の人々を伝統的風俗に固着させるという、近代植民地教育政策に共通する方法」であり、「被植民者の文化を剥製化し、その自生力を奪うための施策である」と。[16]

このような金の指摘は、先ほどの石川欽一郎、丸山晩霞の発想についても、あてはまるといえよう。台湾の「郷土色」として、特に色彩の豊かさに着目する石川は、先の文章の中で、「先づ日本のうちでは台湾の自然の色彩が最も鮮やかに又た変化に富んで居ることは、一度び本島の景勝に接した人の均しく認める処である」[17]とし、実は台湾の「郷土色」を、日本「帝国」全体の「風景」を豊かにするものとして位置付けるのである。

さらに丸山晩霞においては、一見全く矛盾する主張が、台湾の「郷土色」の賞賛と、並べて唱えられることになる。その主張とは、「内地」の「風景」を、台湾に移植しようというものであった。

私は非常に嬉しく感じましたのは、彼処に参りましたところが、日本の桜、東京辺にある染井、吉野桜が阿里山に非常によく発育して殆ど内地で見るようであります。……将来阿里山としましては、日本の桜を大に移し植ゑて阿里山に登れば充分に内地に帰つたような感を懐かしめると云ふような装置が出来はしないかと思ひます。[18]

このような、いわば「内地」の「風景」を植民地台湾で再現しようとし、そのための象徴的要素として「桜」を選び出して、その大規模移植を訴えるという発想は、実は丸山一人のものではない。この時期の植民地官僚の中で、同じような意見を唱える者は少なくない。例えば台東庁の庁長であった本間善庫は、一九三四年発表の「台湾島の桜化を提唱す」という文章の中で、主に植民地住民の「大和民族の国民性」への感化、つまり「島民同化」という観点から、丸山と同様の意見を展開している。[*19] そのうえで、本間は、さらに次のように主張する。

嗚呼台湾よ桜を生め紅葉を作れ雪を与へよ汝は終に不可能か、否々決して然らず。顧みよ汝は充分に其の能力を有するを、所謂常夏の島と称するは唯其の平地のみ、中央には南北に連亘する蜿蜒一百里の脊梁大山脈ありて万尺を超ゆる嶺岳巒峰五十余座を数ふ。気温従つて熱帯より寒帯に及び各種の植物帯の存するあり。此の山地にして交通至便多衆行楽し得る適地を所々に卜し、内地の自然を髣髴せしむるに足る花卉紅葉を移植して名勝を造るに其の数少しとせず、之れ独り内地人第二世第三世の為めのみに非ずして総て五百万の本島住民同化の為め、国民的情操陶冶の上に其効果の偉大なる蓋し多弁を要せざるべし。[*20]

つまり台湾の自然環境に即して、実際に例えば「桜」の移植が可能な場所として、すなわち「風景」の「内地化」が可能な場所として見出されてくるのが、標高の高さゆえ比較的気温が下がる「山地」なのである。しかしこの「山地」とは、「台湾でなくては見ることの出来ないやうな立派な山」という、先に引用した丸山晩霞の言葉に象徴されるように、台湾の「郷土色」を求める欲望が見出す場所でもあった。つまり、台湾の「山地」は、「風景」における「台湾らしさ」の追求と、「風景」の「内地化」という二つの欲望を、共に叶える場所として位置付けられていくのであった。そして、台湾の国立公園には、基本的にはこの「山地」が、選定されていくことになる。[*21]

第三節　台湾国立公園と「山地」

植民地台湾においては、一九三五年に国立公園法が延長施行され、一九三七年に「大屯」、「次高タロコ」、「新高阿里山」の三ヶ所が国立公園として指定された（図1参照）。台湾における国立公園設置の動向にも、第二節で述べた田村剛の影響は極めて大きく、設置に向けての具体的な動きが本格化するのは、一九二八年に田村が台湾総督府営林所の依頼で「新高阿里山一帯」を視察することに始まるといってもよいだろう。この後、台湾では新高阿里山一帯の国立公園指定を目指して、阿里山登山の出発点にあたる地方都市・嘉義に、一九三一年、阿里山国立公園協会が発足するなど、各地で国立公園誘致運動が活発化していくことになる。[*22]

このように、台湾国立公園設置運動の火付け役ともなった、一九二八年の新高阿里山視察旅行の結果について、田村は『阿里山風景調査書』としてまとめ発表している。[*23] この報告書の中で、田村は台湾における国立公園の有力地として新高阿里山一帯を位置付けるのであるが、その時の論理は、どのようなものであったのだろうか。

……本風景地ハ阿里山区域ト新高区域トニ大別スルコトガ出来ル。而シテ阿里山区域ハ交通便利ニシテ殖民行ハレ人文的風景ヲ交ユルニ反シ、新高区域ハ殆ンド原始ノ状態ヲ維持シ、両々相俟ツテ完全ナル風景地ヲナスモノヽ様デアル。[*24]

特ニ沼ノ平カラ二萬平ニカケテハ随所ニ平坦地ガアリ、併モ「ベニヒ」ノ美林ニ被ハレタ登山地ヤ、新高山ノ展望ニ適スル登山地ガ散在シテ、山上長期ノ滞在ヲモ飽カシメナイノデアル。カクシテ恰好ノ散策、登山ノ機会ヲ与ヘテ呉レルコトモ亦、阿里山ノ保健地トシテ見逃スコトノ出来ヌ特色ノ一ツデアル。[*25]

右記の資料からは、次のことが確認できるだろう。つまり「人文的風景」と「原始ノ状態」がともにあるとされた新高阿里山一帯は、それゆえに「完全ナル風景地」として指定されているわけだが、その背景には、「内地」における国立公園論で述べられたのと同様の思考、すなわち日常生活における「自然」の喪失と、それゆえに「自然」への回帰を求める思考があったといえよう。また人々の体力増進のために「保健地」として利用していこうとする観点も、そのまま敷衍されており、さらにここでは具体的に「健全なレジャー」として登山（ハイキング）が着目され、その拠点としての位置付けが明確に打ち出されているのである。[*26]

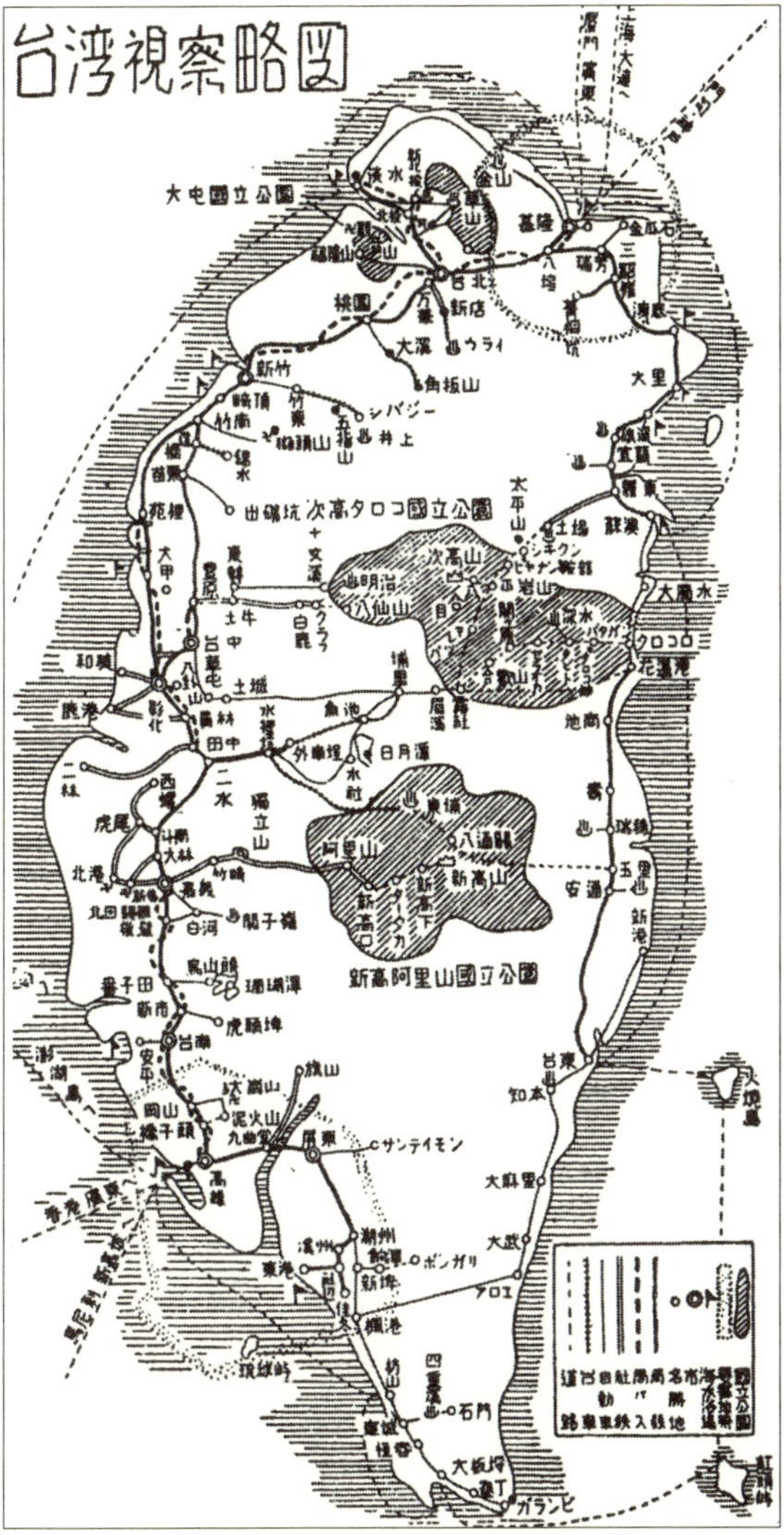

図１　台湾の国立公園

（出典：鉄道部『台湾の旅』東亜旅行社，1941 年）

このように「内地」における国立公園論を、ほぼそのまま延長して、植民地台湾においても「風景地」を囲い込み国立公園として活用しようとする主張を、田村は展開するわけだが、台湾国立公園論および具体的に設置された台湾国立公園は、一つの特徴をもつことになる。それは田村が「人文的風景」として措定した「風景」の問題でもあった。田村剛にとって、台湾における「人文的風景」とは何だったのか。

田村は、タロコ峡一帯の国立公園指定を目指す東台湾勝地宣伝協会の招きで、一九三二年にタロコ峡一帯を視察し、その結果、国立公園に足る「日本に於ける峡谷風景」の代表として、タロコ峡一帯を位置付けていくことになるが、さらにタロコ峡の「人文的要素」について、次のように述べている。

……本峡谷の人文的要素に就て一言附け加へて置くことゝしやう。タロコ峡は全地域悉く蕃界であつて、二百年来所謂タロコ蕃人によつて占拡せられてゐる。従つて峡谷随所に蕃社が散見するのであるが、思ひもよらぬ断崖の頭や、険峻な山上に蕃屋を発見して驚かされるのである。いかなる急斜地をも一直線に進む蕃道、自然そのものゝ所産と見ゆるほどに自然とよく融化せる蕃屋、石垣を重ねて土壌の流出を防がれた急斜地の蕃畑等は、峡中の景物として最も興味あるものである。[*27]

後に台湾国立公園として指定される「タロコ峡」において、「峡中の景物として最も興味あるもの」として田村がこだわった「人文的要素」とは、「蕃人」すなわち台湾原住民であり、彼らの集落・「蕃社」の事物であった。そして、ここだけでなく先程から言及している阿里山の「風景」についても、田村は別の所で次のように述べている。

公園内の土地の取扱ひに就ては、大体原始的の侭保存し、……神秘境は人工を加へない方が良い。又阿里山一帯の蕃人は、阿里山の風景に興味ある情景を添るから、鉄道沿線は勿論到る処に出没して、或は猟をするとか、或は土産物を製作するとか、若くは粟を作るとか、自由に彼等の原始的生活を見せたいものである。[*28]

つまり「風景地」で生活する台湾原住民は、「風景」に趣を与える「情景」の構成要素として、位置付けられていいったのである。
一九三七年に台湾では、それまで誘致運動が繰り広げられ有力候補地として認識されていた「大屯」「次高タロコ」「新高阿里山」の三ヶ所が、国立公園として指定された。第二節の最後でも簡単に述べたが、この三ヶ所の国立公園のうち、台北近郊の「大屯」を除いて、それ以外の「次高タロコ」「新高阿里山」の国立公園指定地域は、その大部分が「山地」であった。しかし「山地」とは、台湾においては、単なる山岳地帯という意味ではなく、田村が「人文的風景」と位置付けた台湾原住民との関わりで、特別な意味合いを持つ場所でもあった。

これまで繰り返し述べてきたように、台湾での植民地統治政策においては、人口の大多数を占める漢民族系住民と、圧倒的なマイノリティであった台湾原住民とを、分断して統治するという方針が貫かれており、この台湾原住民の多くが居住する空間を「特別行政区域」とし、基本的には官有地としていた。この「特別行政区域」は、日本が台湾を支配して四〇年近い年月がたった一九三五年においても、台湾の面積の約四五％を占める広大な地域であった。[*29]そして、この「特別行政区域」こそが、いわゆる「山地」だったのである。

台湾の国立公園として認定された「風景地」は「山地」、すなわち土地の私有が基本的には禁止され、その地域の開発が厳しい統制の下におかれた「特別行政区域」が、その大部分を占めており、そのため私企業による産業化のための大規模開発といった事態は、ひとまず想定外の状況であった。このように「特別行政区域」が大部分を占めるという台湾の国立公園のあり方について、田村剛は、台湾に国立公園法が施行され、具体的な国立公園指定が目前に迫った一九三六年の段階で、次のように述べている。

内地に於ける国立公園は、その区域内に於て屢々水力電気、鉱業、林業其他産業上の重要地点を包含せしむることがあつて、風致維持と産業との間に矛盾衝突を惹起して問題となつてゐるものが少くない、台湾の国立公園候補地中新高と次高タロコとは共に大部分が国有地であり且つ僅少なる部分を除いては産業上利用価値に乏しい山岳地帯である。大屯国立公園候補地には相当の民有地を包含するけれども、これも産業上の利用価値は特筆するほどのものではない。却つて公園地として開発するを最も合理的とする位である。要するに内地に於けるが如き難問題を惹起する虞はなく、国の理想的計画をそのま、実現し得る状態にあるのである[*30]

ここで田村は、理想的な国立公園が具現する場所として、台湾の国立公園を見出しているのであるが、台湾では、「内地」における国立公園論において、差し迫った危機として議論の中に組み込まれた論点、すなわち大規模な産業開発による自然破壊への恐れと、それへの対抗として国立公園化することによる自然環境の「積極的保護」という論点が、浮上しにくい状況であったといえよう。

しかし、だからこそもう一つの論点、つまり「風景地」の観光資源化にともなう地域開発という資本の論理は、植民地台湾において、とりわけ一九三〇年代に本格化するツーリズムの広がりという状況を背景に、国立公園周辺地域の経済界の実力者を植民者・被植民者を問わず巻き込んで、国立公園設置に向けての動きに駆り立てていった[*31]。そのような欲望が交差する中で、台湾原住民もまた、観光資源として積極的に位置付けられていくことになるのである。

田村剛によって、台湾国立公園の中の「人文的風景」とされた台湾原住民は、一九三〇年代において、台湾の「風景」同様、「内地化」が強く求められると同時に、「台湾らしさ」を保持する存在として位置付けられていった。第八章で詳述したように、台湾原住民は、日常生活の細部にわたる「内地化」が求められるとともに、彼らの「歌」や「踊り」は、その「固有性」ゆえに「原始芸術」と呼ばれ、「保護」すべき対象として称揚されていくことになった。そして、とりわけ台湾島外からの旅行者に対して、「蕃界視察は台湾旅行上最も興味ある一つ」として紹介され、そこで「蕃屋」などの台湾原住民関連施設を「視察」し、台湾原住民の「歌」や「踊り」を観賞することが、台湾旅行の「目玉」として位置付けられていくことになる[*32]。繰り返しになるが、この「蕃界」こそが「山地」であり、台湾国立公園は、その指定地域の大部分を「山地」が占めるという特徴をもつことになったのである。

おわりにかえて

このように日本「内地」および植民地台湾で行われてきた国立公園という制度、すなわち「風景地」を囲い込み、そこを「保護」しつつ「活用」していこうという発想は、その後、どのような変容を被るのであろうか。ここでは、総力戦下での国立公園をめぐる議論の動きを簡単に紹介することで、本章のおわりにかえたいと思う。

国民国家の象徴的な「風景」としての役割を期待された国立公園制度は、生産を至上命題とする総力戦体制下においては、変容を余儀なくされた。国立公園は贅沢品であるという批判が噴出する中で、田村剛らは、「国民の体育休養」に資すという当初の目的を、最大限に主張する形で国立公園の意義を訴え直していくことになる。すなわち総力戦体制下において、いわば国是として求められた「健康増進」という点に着目し、「産業戦士」の効率的な体力回復のために必要不可欠な「余暇」「休養」という議論を展開し、そのような「余暇」「休養」を叶える場所として国立公園の意義を主張するのである。[*33] そして当初は、国民国家の象徴的な「風景地」としての価値低下につながるとして、日本「内地」では一二ヶ所に限定していた国立公園の制限を、この段階では事実上放棄し、基本的には人口が集中した都市部の近郊に、多数の国立公園を新設するという新国立公園の提案を行っている。[*34] ここでは、国立公園設置にかかわって当初、想定された、「自然」と人間との関係についての認識や、「風景地」をめぐる認識について、大きな転換が行われたと思われるが、その詳細については、稿を改めて論じたい。

注

＊1　柄谷行人「風景の発見」(『季刊藝術』一九七八年夏号、一九七八年)。
＊2　李孝徳『表象空間の近代—明治「日本」のメディア編制—』(新曜社、一九九六年)。

＊3　荒山正彦「文化のオーセンティシティと国立公園の成立―観光現象を対象とした人文地理学研究の課題―」（『地理学評論』第六八巻第一二号、一九九五年）、同「風景地へのまなざし―国立公園の理念と候補地―」（荒山正彦・大城直樹編『空間から場所へ―地理学的想像力への探求―』古今書院、一九九八年）。

＊4　村串仁三郎は、近年の著書において、国立公園制度の成立過程とその背景となった思想、さらに富士箱根国立公園をはじめとした、日本「内地」の個別の国立公園の設立史について、自然保護という観点から詳述している（村串仁三郎『国立公園成立史の研究―開発と自然保護の確執を中心に―』法政大学出版局、二〇〇五年）。本章の執筆にあたって、特に国立公園が法整備という形で制度的に確立するまでの具体的な過程については、村串の論考に学ぶ所が大きかった。

＊5　田村剛の履歴については、日下部甲太郎「国立公園の父田村剛」（『国立公園』第六〇号、一九九六年）に詳しい。

＊6　なお、引用資料中の旧字体は新字体に改め、適宜、句読点を付けた。以下、同様。

＊7　田村剛「国立公園の本質」（『庭園』第三巻第二号、一九二一年）、七頁。

＊8　同右、八頁。

＊9　同右、七～八頁。

＊10　田村剛「風景政策上より見たる国立公園問題」（『庭園と風景』第九巻第八号、一九二七年）。

＊11　田村剛「大風景地の保護と開発―国立公園の使命―」（『国立公園』第一巻第一〇号、一九二九年）。

＊12　一九三四年から一九三六年までに指定された一二ヶ所の国立公園とは、次の通りである。「瀬戸内海」「雲仙」「霧島」「阿寒」「大雪山」「日光」「中部山岳」「阿蘇」「十和田」「富士箱根」「吉野熊野」「大山」。

＊13　石川欽一郎は、一九〇七年に台湾総督府陸軍通訳官として台湾に渡り、その後、台湾総督府国語学校の図画教師嘱託として、美術教育に従事。一九一六年に、一旦、日本「内地」に戻るが、一九二四年には、台北師範学校の図画教師として再度、渡台し、一九三二年に台湾を離れるまで、一方では、藍蔭鼎や陳植棋ら若手画家の教育・支援に従事するとともに、他方では、台湾総督府の後押しによる官設公募展覧会「台湾美術展覧会」の審査に携わるなど、台湾の美術界・美術教育界に大きな影響を与えた（中村義一「石川欽一郎と塩月桃甫―日本近代美術史における植民地美術の問題―」『京都教育大学紀要』第七六号、一九九〇年）。

＊14　石川欽一郎「台湾方面の風景観賞に就て」（『台湾時報』第七六号、一九二六年）、五三頁。

＊15　丸山晩霞「私の目に映じた台湾の風景」（『台湾時報』第一四一号、一九三一年）、三七頁。

＊16　金惠信『韓国近代美術研究―植民地期「朝鮮美術展覧会」にみる異文化支配と文化表象―』（ブリュッケ、二〇〇四年）、一五三頁。

＊17　石川、前掲論文「台湾方面の風景観賞に就て」、五五頁。
＊18　丸山、前掲論文「私の目に映じた台湾の風景」、四一頁。
＊19　本間善庫「台湾島の桜化を提唱す（上）」（『理蕃の友』第三年四月号、一九三四年）。
＊20　本間善庫「台湾島の桜化を提唱す（下）」（『理蕃の友』第三年五月号、一九三四年）、四頁。
＊21　なお、風景の「内地」化と桜の関係性については、顔杏如が論文「日治時期在臺日人的植櫻與櫻花意象：「內地」風景的發現、移植與櫻花論述」（『臺灣史研究』第十四巻第三期、中央研究院台湾史研究所、二〇〇七年）において、詳細に検討している。
＊22　新高阿里山以外では、国立公園としてタロコ一帯を押す花蓮港、大屯一帯を押す台北に、それぞれ東台湾勝地宣伝協会（一九三二年発足）、大屯国立公園協会（一九三四年発足）が設置され、様々な誘致運動が展開された。なお誘致運動の具体像については、松金ゆうこが、嘉義での動きに即して、詳細に論じている（松金ゆうこ「植民地台湾における観光地形成の一要因―嘉義市振興策としての阿里山観光―」『現代台湾研究』第二二号、二〇〇一年）。
＊23　『阿里山風景調査書』は、一九三〇年三月に台湾総督府営林所から刊行されているが、表紙には「昭和四年二月」とあり、一九二九年二月までに脱稿されたと思われる。なお、この報告書とは別に、田村剛は、この視察旅行について『台湾の風景』（雄山閣、一九二八年）という旅行記を公刊しているが、この手記によれば、田村は、台湾からの帰路、下関での船舶事故に見舞われ右足を切断している。このような体験の問題も含め、田村の台湾視察旅行の具体的なあり方と、田村の台湾認識の関連については、稿を改めて論じたい。
＊24　田村剛『阿里山風景調査書』（台湾総督府営林所、一九三〇年、国立台湾図書館所蔵）、二～三頁。
＊25　同右、九～一〇頁。
＊26　台湾におけるレジャーとしての登山の歴史的展開については、林玫君が詳細に論じている（林玫君『従探険到休閒―日治時期台湾登山活動之歴史図像―』博揚文化〈廬洲〉、二〇〇六年）。
＊27　田村剛「タロコ峡」（『国立公園』第四巻第六号、一九三二年）、一五頁。
＊28　加藤駿『常夏之台湾』（常夏之台湾社、一九二八年、一三七頁）において、田村剛の発言として収録されている。
＊29　台湾総督官房調査課『昭和十年　台湾総督府第三十九統計書』（一九三六年）。
＊30　田村剛「台湾国立公園の使命」（『台湾の山林』一九三六年七月号、一九三六年）、七～八頁。
＊31　松金ゆうこの労作によると、新高阿里山一帯の国立公園誘致に尽力した阿里山国立公園協会の理事会は、嘉義市役所を中心とし

た公職にある人物と、地元の有力商工業者で構成されており、漢民族系住民も複数、理事職についている（松金、前掲論文「植民地台湾における観光地形成の一要因」。

＊32　始政四十周年記念台湾博覧会協賛会『台湾の旅』（一九三五年）。

＊33　田村剛「戦時下休養の意義と野外健民施設」（『国土と健民』第一五巻第四号、一九四三年）。

＊34　田村剛「国土計画と休養地」（『国立公園』第一四巻第一号〜第四号、一九四二年）。

第一〇章

「原始芸術」言説と台湾原住民
――「始まり」の語りと植民地主義――

はじめに

第八章で詳述したように、植民地統治下の台湾では一九三〇年代を中心に、台湾原住民の生活の中に「芸術性」を発見し、それを「原始芸術」として位置付け評価していく動向がみられた。このような動きは、在台日本人の知識人層を主な担い手としながら、漢民族系住民をも巻き込んで、彫刻、音楽、歌謡、舞踊など様々な分野で試みられた。そしてこのような潮流のいわば集大成として、佐藤文一による「高砂族原始芸術研究」が、『台湾時報』誌上で発表され、一九四二年に台湾総督府警務局理蕃課より単著として刊行されることになる。

では、植民地台湾におけるこのような動向は、同時代の宗主国内部すなわち日本「内地」の「芸術」もしくは「美術」をめぐる言説状況と、どのような影響関係をもったのだろうか。とりわけ「日本美術」の「始まり」をめぐる語りと、どのように関連したのか、もしくは乖離・断絶したのであろうか。本章ではこのような論点を念頭におきつつ、植民地台湾と日本「内地」で展開された「原始芸術」という言説について考察していきたい。

第一節　植民地台湾における原住民の「固有文化」への関心

(1)　尾崎秀真と台湾総督府博物館収集品

一九二〇年代後半、植民地台湾では台湾原住民の「固有文化」を価値あるものと認め、「保存」しようとする動向が、植民地官僚の中で急速に高まってくる。その典型的な動きの一つが、台湾総督府博物館による「蕃族参考品」の蒐集であったといえよう。一九二七年から一九二九年にかけて、台湾総督府博物館では、嘱託の尾崎秀真らが中心となって、台湾原住民の諸物を集中的に蒐集した。李子寧・呉佰禄の労作によると、この収集活動の財源は、佐久間財団の資金であったとされる。[*1] 佐久間財団とは、佐久間左馬太元総督の「台湾ニ於ケル功績ヲ記念スル為奨学慈善恤救並表彰等ノ事業ヲ行ヒ尚同総督ノ記念碑ヲ建設スル」[*2]ことを目的として、台湾総督府民政長官を団長に一九一八年に設立された半官半民的な団体である。では、なぜこの団体の資金によって、一九二〇年代後半に急遽、台湾原住民の諸物の蒐集が行われたのであろうか。佐久間財団の出資の意図については不明な点も多いが、当時、佐久間財団団長であった台湾総督府総務長官・後藤文夫による「蕃族参考品蒐集趣意書」[*3]から、その理由の一端を窺うことができる。後藤は、次のように述べる。まず台湾原住民の諸物を博物館に保存することは、理蕃事業の進展に多大な貢献があった佐久間元総督の功績を永遠に紀念することに繋がるとする。その上で、台湾原住民の「風俗習慣」は「文明の空気」に触れたことで急激に変化しており、「蕃族品の如きも年も追ふて其故態旧観を失はんとする」という。つまり、このままでは数年の内に、「蕃族品」は消滅してしまう危険性があるとし、そのために速やかな蒐集の必要性を訴えるのである。

(2) 史蹟・天然記念物指定と台湾原住民

このような現状認識と危機感は、台湾総督府博物館による「蕃族参考品」蒐集に際してのみ示されたわけではない。同様の現状認識と危機感は、例えば「史蹟」として台湾原住民関連の事物を指定していく動きにも、貫かれていたといえる。台湾における「史蹟」の指定は、一九三〇年二月に「史蹟名勝天然記念物保存法」（一九二三年四月法律第四四号）が台湾に延長施行されたのを具体的な起点として、先述の尾崎秀真や村上直次郎、宮原敦、移川子之蔵ら調査会委員の手によって選定が行われた。その結果、一九三三年には五件の指定が行われ、一九三五年にはさらに一三件の指定が行われている。この二回目の指定において、「民蕃境界古令埔碑」「ガピヤガン社蕃屋」「太巴朗社蕃屋」など、台湾原住民関連の「史蹟」も指定されているが、例えば「カピヤガン社蕃屋」の指定理由について、台北帝国大学教授の移川子之蔵は次のように述べている。

図１ 「元頭目チグルル家住居正面」

（出典：『史跡調査報告　第二輯』，台湾総督府内務局，1936 年）

> 保存指定した所の蕃屋は、元頭目であつたチグルル家（Jigurul）の住居であるが、之は稀に見るパイワン族頭目家の典型的住居と看做すべきものである。同蕃屋は普通パイワン族間に行はれてゐる石板石及び木材建築であつて、東西に長く南向である、……廂下全長に及ぶ長押には、頭目の特権視する祖先の像を彫刻し、又外側支柱である扶壁が四ヶ所に施されてある。……
>
> 何れの種族を問はず本島の原住民である高砂族の住居は、年毎に改造せられて、往時の風を其侭将来に持続させると云ふ事は、

恐らく今後見られない現象であらう。典型的な而も由緒ある此パイワン族の古社カピヤガン社頭目家の住居を、永遠に保存する事は、尠くとも新附台湾の過去を偲ぶ上に於て、他の史蹟と何等選ぶ所の無いものであるから、昭和十年十二月、之を史蹟として指定するに至つたものである。[*4]

つまり「カピヤガン社蕃屋」を「パイワン族頭目家の典型的住居」とした上で、台湾原住民の住居は、年々改築されており、その固有性を失いつつあるという現状認識を示す。そのような中でかろうじて現存する「典型的」で「由緒ある」住居を永遠に保存することの重要性を、新たな領土となった台湾の「歴史」と関連付けながら、訴えるのである。

第二節 「原始芸術」という言説と時間認識

(1) 「原始芸術」としての彫刻、歌舞音曲

このように植民地官僚が中心となって進められた、台湾原住民の「固有文化」に対する称揚と保存の動きと軌を一にしながら、特に一九三〇年代の台湾において、台湾原住民の生活の中に「芸術」を発見し、それを「原始芸術」として位置付け高く評価していく動向が、様々な分野で試みられていった。[*5] 例えば、台湾原住民とりわけ「パイワン族」の彫刻や「ヤミ族」の土人形については、宮川次郎著『台湾の原始芸術』(台湾実業界社、一九三〇年)の刊行に代表されるように、早い時期から高い評価が与えられている。そして、このような動向は、在台日本人の知識人層を主な担い手としながら、漢民族系住民をも巻き込んでいくこととなった。例えば当時、台湾水彩画界のホープとされた藍蔭鼎は、「蕃界風景」スケッチ旅行直後に発表したエッセイ[*6]の中で、「パイワン族」の彫刻などを例に挙げながら、台湾原住民の「芸術」について、技巧面は「非常に幼稚」だが、そのこと自体が内面に「純真無垢なる精神」が宿っていることを示しており、そこには「素朴で一種解脱した美」が存在すると高く評価している。

そして、台湾原住民の生活の中に彼ら・彼女らの「固有文化」を発見し、それを「原始芸術」として評価していく動きは、対象をいわゆる「物質文化」だけに限るのではなく、今でいうところの「無形文化」をも積極的に見出していくことになる。第八章でも言及したように、とりわけ台湾原住民の「歌」や「踊り」は、一九三〇年代の台湾におけるツーリズムの展開と密接に関連しながら、一方で「観光資源」として位置付けられるとともに、他方で「原始芸術」として盛んに喧伝されていった。そして、これらの主張に共通して、常に声高に叫ばれたのは、台湾原住民の「固有文化」は失われつつあるという現状認識と危機感であった。[*7]

(2)「原始芸術」という言説の展開

①佐藤文一の「原始芸術」論

一九二〇年代後半から一九三〇年代にかけて、台湾原住民の「固有文化」を、失われつつあるという現状認識と危機感の中で「原始芸術」として称揚し、その保存を目指そうとする動向は、当該期の台湾原住民政策の一つの帰結として登場したものだったともいえる。第八章で詳述したように、とりわけ一九三〇年の霧社事件以降、台湾原住民に対する統治政策の中心課題は、日常生活の細部にまでおよぶ「改善」であるとされ、いわばこの「蕃地」の「内地化」政策の浸透によって、台湾原住民の日常生活は変化をよぎなくされた。このような状況の中で、台湾原住民の「固有文化」を「原始芸術」として捉えていく動きは、一方で台湾原住民の「固有文化」喪失の大きな原因である「蕃地」の「内地化」政策の浸透を、理蕃政策の進展として歓迎・容認・黙認しながらも、他方で「原始芸術」の存立基盤そのものが変化しつつある状況の中で、「原始芸術」の「保存」のみを声高に叫ぶという矛盾を共通して抱えていたともいえる。

そしてこれまで述べてきたように、「原始芸術」というタームを巡って、主に在台日本人知識人層の中で展開されてきた知的動向は、様々な分野から、それぞれの関心に基づいて、異なる潮流から同時発生的に沸き上がってきたことに特徴があるといえるだろう。そしてこのような潮流のいわば集大成として、体系化を試みた研究が登場することになる。『台湾時報』に一九三六年六月から一三回にわたって掲載された、佐藤文一による「高砂族原始芸術研究」、およびそれに加筆・修正を加えて単著として公刊された『台湾原住種族の原始芸術研究』（台湾総督府警務局理蕃課、一九四二年）である。

第八章でも言及したように、佐藤文一の論の特徴は、それまでは「彫刻」「音楽」「踊り」といった個別の観点から論じられてきた台湾原住民の生活の中の「芸術性」の問題や、もしくはそれまでの民族誌記述の中では、多くの場合「衣服」「装飾」「祭祀」「音楽」「手工」「伝説」といった項目でそれぞれ記述されてきた、「身体装飾」「器具装飾」「絵画」「彫刻」「舞踏」「音楽」「歌謡」「伝説」を、すべて「原始芸術」という範疇でとらえ、それらを「芸術学」もしくは「美学」との関連で論じた点にあるといえる。そして、人間存在を考える上で重要な文化一般は、芸術的創造性に特徴付けられるとして芸術研究の重要性を佐藤は主張し、さらに「文化一般に於て最も自然的な最も自由な最も民衆的な芸術なるもの、研究は、原始種族の芸術を対象とすることに依り、初めて最根本的、第一義的であり得る。何となれば、世界人類に於て土から裸生した許りの生香を失はない最も純真にして仮面なき自然生活を営む原始種族の芸術の中に最も本然的な情意の本質を掴むことが出来るからである。……原始芸術研究の意義と使命とは実に芸術学に根本的基礎を与ふる最重要性を有するものと云はねばならぬ[*8]。」として、その芸術研究に根本的基礎を与えるものとして「原始芸術」研究の最重要性を強調するのである。

そして「原始芸術」として把握された台湾原住民の生活の中の諸要素を、佐藤文一は「静止の芸術」と「行動の芸術」の二つに分類し、さらに前者を「装飾芸術」（身体装飾、器具装飾）と「描写芸術」（絵画、彫刻）、後者を「律動芸術」

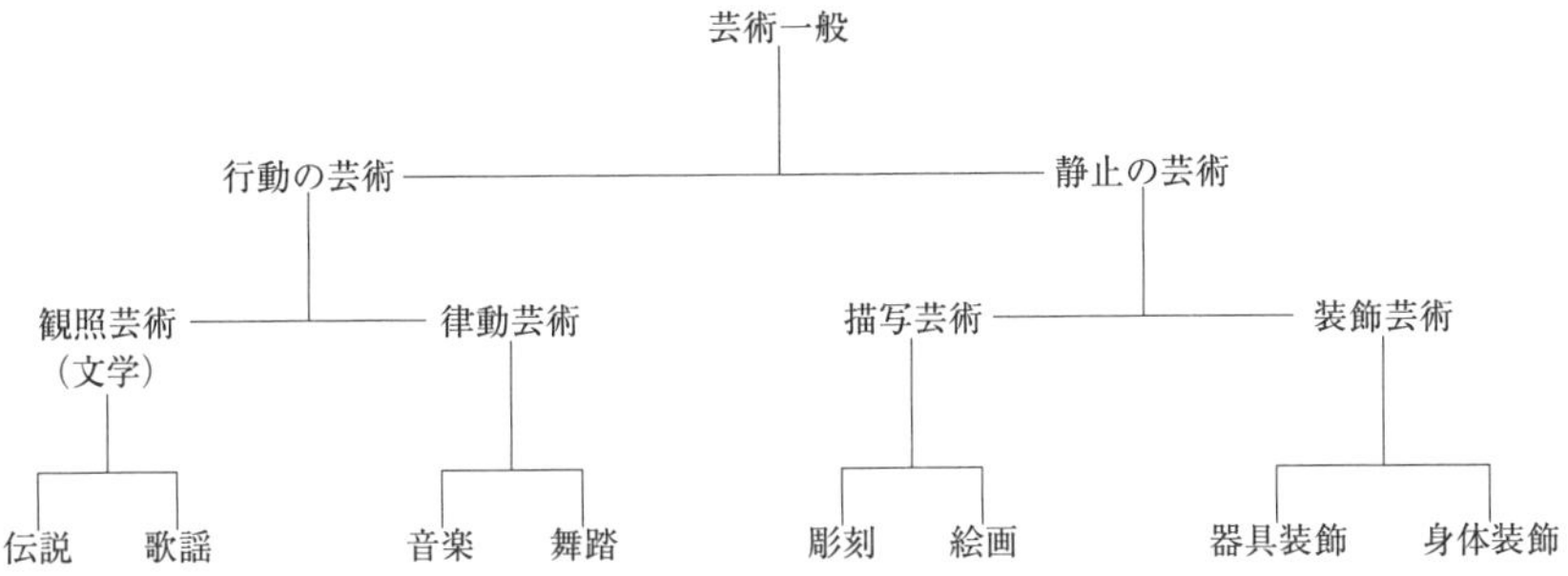

図２　佐藤文一による芸術分類

（舞踊、音楽、歌謡）、「観照芸術（文学）」（歌謡、伝説）と細かく分類することによって、それぞれの要素に位置を与え、その関係性を論じようとする（図２参照）[*9]。その中でも特に「楽器らしき楽器の有無に拘らず、彼等の詩魂の世界が歌舞楽三一致境に顕現されることは全蕃族共通の現象である。即ち、此の三一致境こそ実に彼等原始種族に於ける行動芸術の一元的、本格的、原始的基本形態である。[*10]」とし、「舞踏」「音楽」「歌謡」は（もしくはそれらが同時に行われる状態は）、「全蕃族共通の現象」として「原始的一様性」を典型的に現しており、「原始芸術」としての性格を最も強く示すものとされるのである。

この「歌舞楽三一致境」の重視という流れの中で、佐藤文一は、興味深い指摘を行っている。それは「ことば」に深く関わる問題であった。佐藤は「パイワン族」の「歌謡」を調査した自らの経験をもとに[*11]、台湾原住民は「固有の文字」を持たないので彼等自身の文字による記録がなく、音律を伴いながら歌われる「歌謡」を、その場で聞き取り書き残す必要があるため、「歌謡」の調査は困難を極めると述べる。さらに歌詞の用語の調査が最も難しいことであるとし、その原因として「老蕃」や「物識り」ではない普通の住民に聞くと全く意味がわからないという言葉が、少なからず存在するからだという。さらにこれは「パイワン族」だけではなく、他の台湾原住民にも共通する現象だと主張するのである。そこから、佐藤は台湾原住民の「歌謡」を、便宜上、二種類に分けて論じていく。すなわち「日用語即ち俗語」を使って口ずさむ「俗謡」と、歌謡のみに使用する特別な語である「歌語」によって歌われる歌の二種類である。そして「歌語」は普通の住民には理解できず、「歌語」使用の歌は「老蕃」「物識り」「頭脳の俊鋭を以て任ずるもの」が唱和する特別な歌と位置付けられている。[*12]

その上で、「歌語」の由来について「歌語を蕃人に聞けば、悉く意味の深い言葉といふ説明を与へる丈であるが、之は要するに古雅なる語の意であつて、他面彼等に日用語との其の分り易い区別を聞けば、……即ち、昔の語及び今の語と説明して居るのである」[*13]とし、「歌語」は「昔の語」つまり「古語」に他ならないとする。ここで佐藤は、台湾原住民の「歌謡」には、時間の流れの中で変化してきた可能性があることを図らずも論じているといえるだろう。すなわち、「昔」はその集落のすべての住民が知っていた可能性がある「歌語」による「歌謡」は、「今」では「老蕃」や「物識り」のみがかろうじて歌えるものとなっている反面、「今」の言葉である「俗語」で歌われる「俗謡」は、即興的に次々と生み出される状況を佐藤は説明しているのである。[*14]

このように佐藤文一は、彼が「原始芸術」として捉えようとした台湾原住民の生活の中の諸要素について、それらが時間の流れの中で変化してきた可能性があることを、かなり把握している。しかし、その変化は軽微なものとして理解される。変化を常に小さく見積もることは、佐藤文一の議論の特徴の一つといえるが、このような論理展開は、佐藤にとって「原始芸術」研究の存立基盤そのものに関わる帰結だったと思われる。

つまり、人間存在にとっての文化一般を研究する上で、「原始芸術」研究がいかに重要であるかを主張しようとすればするほど、佐藤の議論は、いかに台湾原住民が「原始文化」の状態に留まっているかを力説する方向に進むことになる。佐藤は台湾原住民の現状を考察した上で、次のように述べる。

要するに残されたる唯一の結論としては、現住種族は狩猟たると農耕たるとを問はず、凡て先史的始源其の侭の原始文化の支持者、延いては其の原始芸術の承継者と見做すのが終局の断案であると云はねばならない。無論何千年前かの最始源の段階に止まつて居るのではなく、其の間、長年月間の幾分の発展的経路を辿つて今日に至つて居ることは前述に明かであらうと思ふ。さはれ、彼等特有の文化が今日尚ほ、吾人の観察の達し得る範囲に於ける所謂原始文化形態の埒外に出ては居らないのみならず、然も、今日知られてゐる先史的原始文化形態の諸相を宛らに彷彿するに於ては『鴻古の面影を今に見る』の感一入深からざるを得ないのである。[*15]

つまり現在、台湾で生活している台湾原住民は、「何千年前かの最始原の段階」からは「発展」してきたとしても、その「発展」は僅かであり「原始文化形態の埒外」には出ていない。すなわち「先史的始原其の侭の原始文化」を保持しており、それを基盤とした「原始芸術」の真っ当な継承者であるとされるのである。このいわば台湾原住民の「歴史性」をほとんど認めない論理展開、すなわち台湾原住民の「現在」を数千年前と結びつける論理展開によって、台湾原住民の「原始芸術」は「最も純真にして仮面なき自然生活を営む原始種族の芸術」として、研究対象としての価値が確認されるという構造を、佐藤の議論はもっていたといいえよう。

②「原始芸術」言説と時間認識

しかし、台湾原住民の「固有文化」を高く評価し、それを保存しようとする当該期の動向の中で、台湾原住民の「歴史性」をほとんど認めない議論を展開したのは、佐藤のみではない。実はこのような動向の一つの起爆剤となった、一九二〇年代後半の台湾総督府博物館による「蕃族参考品」の蒐集をめぐっても、同様の思考が関連していた。この「蕃族参考品」蒐集事業の中心となった尾崎秀真は、台湾の歴史を中国古代史と結びつけた独自の議論を、一九二〇年代中頃から展開している。[*16] その議論の内容を、ごく簡単に要約すれば次のとおりである。尾崎は『尚書』(『書経』)の「島夷卉服・厥篚織貝・厥包橘柚・錫貢」の記述に独自の解釈を加え、「島夷」とは台湾の住民を指しており、台湾の歴史は文献資料から四〇〇〇年前までさかのぼることができるとする。そして自己の立論の有力な論拠として、これまで研究者がその解釈に苦心してきた「織貝」とは、台湾の「タイヤル族」が現用している「珠裙」の

図3　尾崎秀真と「蕃族参考品」

（出典『人類學家的足跡：臺灣人類學百年特典』中央研究院民族學研究所博物館，2011年）

ことであるとするのだ。尾崎は言う。「漢以後の学者は織貝の二字に就て種々研究して居りますが、結局貝殻は織物には出来ないと云ふことで終つて居りました。が台湾に来て生蕃を見ましたならば貝殻の織物は幾らもある。実際台湾には今尚ほ貝殻の織物を使用して居ります。屈尺まで行くと沢山居ります。台北を去る二里の所に幾らも居ります。蕃人が現に用ひて居る。之れは珠裙と申しまして、詰り貝殻の織物である。支那大陸では後世用はない様になつたので判からなかつたのであります。四千年前に於いては支那大陸に台湾から輸出する所の重要物産であつたのであります。非常に奇麗でありまして、貝殻の織物は珍らしいから、支那の中央政府でも之れを歓迎したのであります」[*17]と。

そして四〇〇〇年前の歴史を、一九二〇年代の台湾原住民の現用品から説明しようとすればするほど、原住民の「固有文化」は四〇〇〇年前から変わっていないと力説せざるを得ないという構造を、尾崎の議論も含みこんでいた。この点について、彼は次のように述べている。

殊に台湾に現在居住して居る蕃人の中には、四千年前から其侭台湾の土地に居住して少しも移動せず、外界の圧迫も受けず、侵掠も被らずして、殆んど古桃源の有様で、今日まで四千年前の古代文化?《ママ》を其儘持続けて来たものがある、即ち彼等は四千年間を一貫した生きた歴史である。彼等の生活、彼等の衣食、彼等の風俗習慣の総べては、今尚四千年前の歴史を有の儘に説明する所の標本である。文献よりも寧ろ確実な証拠である。[*18]

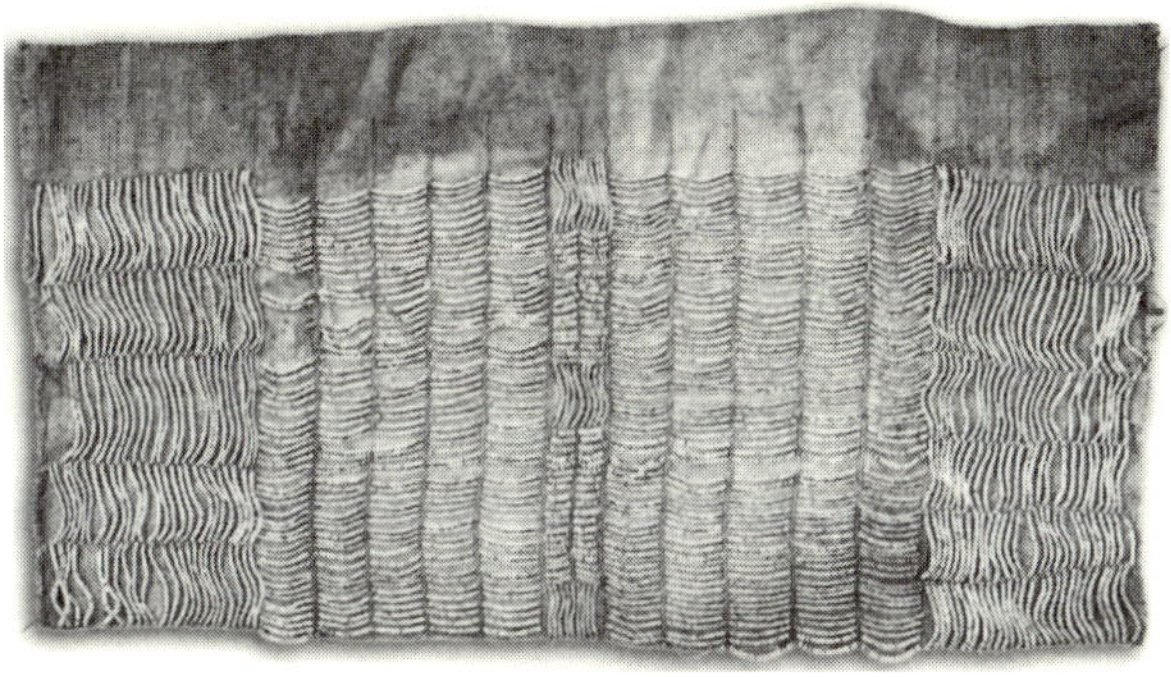

図４　「珠裙」

（出典；前掲『人類學家的足跡：臺灣人類學百年特典』）

台湾原住民の「固有文化」は、このような形で四〇〇〇年前に留め置かれた。そして尾崎は、「台湾四千年史」に関する自己の主張との関連で、その論拠となるべき台湾原住民の「貴重な文化」を高く評価し、それが急速に失われつつあることに強い危機感を抱いている。尾崎を中心とした、台湾総督府博物館による「蕃人参考品」の蒐集活動は、このような背景の中で行われていったのである。

以上、述べてきたように、台湾原住民の「固有文化」を「原始芸術」として称揚し、その保存を主張する言説は、台湾原住民の「歴史性」をほとんど認めない思考と、その構造上、強い親和性をもっていたといえる。では、このように植民地台湾において展開された「原始芸術」論は、当該期の宗主国日本の言説状況とどのような関連をもったのだろうか。次節では、その点について考察していきたい。

第三節　宗主国日本における「始まり」の語りと「原始芸術」

木下直之は論文「日本美術の始まり」[*19]において、石器時代を「日本美術」

に含めるか否かをめぐって、特に「戦前」と「戦後」には大きな転換があることを指摘している。具体的には、明治期の美術史研究が石器や土器を「日本美術」の範疇に含めることに非常に慎重であったこと、その背景には石器や土器の製作者は「日本人」だったのか否かという「人種問題」への配慮があったことを指摘し、それに対して「戦後」の美術史研究が、いかにアプリオリに石器時代を「日本美術」に含めていったかを批判的に論じている。

木下の議論はとても刺激的であり、大きな示唆を受けた。しかし、木下の論考は、シンポジウムでの発表原稿に基づくもので紙幅も限られており、「戦前」と括られる時期の中にも、美術史研究の動向には変化があり、とりわけ一九二〇年代末から一九三〇年代にかけて、石器時代を「日本美術」に含める動向が出現することに対して言及はあるものの、詳細な分析がなされているわけではない。

そこで一九二〇年代末から一九三〇年代にかけて出現する右記の動向を、ここからは論じていこう。なぜなら右記の動向との関連で、宗主国日本の内部において「原始芸術」という言説が展開されていくことになるからである。

(1) 『日本文化史大系』の中の「日本原始芸術」論

一九三七年から一九四〇年にかけて、当時の日本文化史研究の集大成ともいえる全集が刊行された。『日本文化史大系』全一二巻（誠文堂新光社）である。この全集は、当時、第一線で活躍する研究者を結集して刊行されたものであり、第一巻から第一二巻まで編年で構成されている。[*20] そして第一巻、すなわち日本文化史の「始まり」の巻は「原始文化」とされたのである。

ここで『日本文化史大系　第一巻　原始文化』（誠文堂新光社、一九三八年）の構成を紹介しておこう。この巻の目次構成と著者は、次のとおりである。

一、日本民族論

日本人種の構成　金関丈夫（台北帝国大学教授　医学博士）
日本民族の構成　宮内悦蔵（台北帝国大学医学部解剖学教室）
原日本語の構成　喜田貞吉（東北帝国大学講師　文学博士）
日本原始宗教　金田一京助（東京帝国大学助教授　文学博士）
二、日本神話論　宇野圓空（東京帝国大学助教授　文学博士）
三、日本民俗論　松村武雄（浦和高等学校教授　文学博士）
四、原始文化の遺物　中山太郎
縄文式文化　八幡一郎（東京帝国大学理学部人類学教室）
弥生式文化　小林行雄（京都帝国大学文学部考古学教室）
古墳文化　後藤守一（帝室博物館鑑査官）
五、日本原始芸術　木村修一（東京高等師範学校教授）[*21]

一見してわかるように、この巻の著者には金関丈夫、喜田貞吉、金田一京助をはじめ錚々たるメンバーが名を連ねている。そして、この巻の大きな特徴は、「日本文化史」の語りの冒頭に「日本民族論」が置かれている点である。つまり明治期からの議論の枠組、すなわち「日本文化」「日本美術」の「始まり」を語る際、「日本人」とは誰かという議論を避けて通ることができないという枠組は、この時期もなお踏襲されていたといえる。

木下直之の論考によると、明治期の研究動向の中で、石器や土器を「日本美術」の範疇に含めることが躊躇われた最大の要因は、アイヌ・コロボックル論争の影響だったとされる。この論争は、北海道や東北地方で見つかった石器や土器を先住民のものであるとし、その先住民としてアイヌを措定する白井光太郎・小金井良精らと、アイヌとは異なるコロボックルのものであるとする坪井正五郎らの間で交わされたものであった。[*22] この論争を踏まえて、たとえば明治期の日本美術史界に大きな影響力をもった岡倉天心は、「列島の先住民として、土蜘蛛、コロボックルなどに言及しながらも、それらは美術を作ることができず、「日本美術を開発」したのは「大和民族」である」[*23]と主張したことが、すでに先行研究において指摘されている。つまり石器や土器は、「大和民族」には無関係であり、だからこそ「日本美術」に組み込むことはできないとされたのである。

では、一九三〇年代後半において、この問題はどのように論じられたのであろうか。『日本文化史大系　第一巻　原始文化』の冒頭「日本人種の構成」で展開された金関丈夫、宮内悦蔵の議論は慎重である。この箇所の記述のほとんどすべてが、明治以降の学説の変遷の説明に費やされており、金関や宮内の独自の考えが主張されているわけではない。しかし「日本石器時代人種論」として特に紙幅を割いて紹介されているのは小金井良精のアイヌ人説と、それへの批判として展開された清野謙次の日本原人説である。ここでは、清野の説は次のように紹介されている。

博士曰く、日本の石器時代には縄文土器を使用した一種の人種があつた。この人種は日本人にも似てゐるし、アイヌにも似たところがある。然しまたよほどこの現存両人種とかけ離れたところがあるために、この人種は日本人とはいへないし、またアイヌともいへない。尤も血族的関係から強ひていひたいならば、日本人といつてもよいし、またアイヌといつても宜しい。然し誤解をさけるためには、この人種を日本石器時代人と名づけるのが宜しい。[*24]

つまり、縄文土器は「日本人」と無関係ではないという清野謙次の主張を、学説史の最後に紹介することで、「原始文化」を「日本文化」の範疇に、「縄文土器」を「日本美術」の範疇に組み入れることを準備したといえよう。そのうえで同書の最終章、「日本原始芸術」と題された第五章では、「縄文土器」が大きく取り上げられることになる。東京高等師範学校教授であった木村修一は、第五章の第一節を「縄文式時代」としてその中の「縄文式時代の土器」

という項で次のように述べている。

　わが石器時代の遺蹟から検出さるゝ土器には、大体二種の系統の存することは既に延べられた如くである。即ち、一は多く黝黒色の土器で、その地肌に殆ど例外なく縄蓆文を有し、器形・文様共に変化に富む所謂縄紋式土器であり、他は多く赤褐色にて無文若しくは幾何学的文様を施した所謂弥生式土器である。この両系の土器は何れも石器を伴ひ、屡々同一遺蹟（たとへば河内国府・備中津雲・薩摩指宿等の如き）にも共存検出されるが、その場合は多く縄紋式が弥生式の占むる層位よりも下層に存し土器に代表せらるゝこの両文化相の発展順序を如実に指示するものがあり、事実、縄紋式土器系統の文化こそ、日本文化最古の基層に他ならぬことは、今日までの知見において動かし難きところである。[*25]

すなわち、石器時代の遺跡から出土する土器にはいわゆる「縄文式土器」と「弥生式土器」の二種の系統の土器があることを紹介した上で、「縄文式土器系統の文化」を「日本文化最古の基層」と位置付け、その重要性を強調するのである。

その上で、木村は次の「縄文式土器の器形」と題した項において、工芸史研究家・杉山寿栄男の研究成果に依拠しながら、次のように述べる。

　次頁図は杉山寿栄男氏の労作にかゝる縄文式土器の器形の聚成であるが（杉山寿栄男氏著日本原始工芸概説）、これによつても、その器形が如何に変化に富み、その意匠の豊胆なること真に驚くべきものあるのを見るであろう。かゝる多様多彩の器形を案出し分化せしむるまでには、恐らく久しき年時をこれに予想しなければならぬと思はれるが、われ等は、この民族における工芸的の才能と生活力の豊かさに思ひ及ばざるを得ない。[*26]

つまり、その器の形および描かれた紋様の豊富さから、「この民族」の縄文時代からの創作の才能、美的な才能、すなわち芸術性を見出すのである。そして先に述べたように、この時期においては、「この民族」は「日本人」と深い関係を有するものとして想定されていたといえる。

そして木村は、さらに「縄文式土器」の器の形の起源を探ろうとする。木村は次のように続ける。

> しかして、これ等の器形を成立せしむるに至つた根柢は何か、やはり彼等の手近に存した諸形態にその原型を求めたであらうことは、ほぼ想像に難くない。即ち、果実とか貝殻とか自然物の形象に直接享くるものもあり、特に笊・籠等の如き人工的編物類の形に由来せしものが少くないことは、多くの学者によつて説かれるところであつて、恐らく信じ得べき事実であろう。たとへば、厚手式の大甕が背負籠の如きものにそのヒントを得たであらうことは、現に台湾蕃人等の間に使用さるゝ背負籠（前々頁杉山寿栄男氏図版に依る）の形などとあはせ考へて、ほゞ首肯し得るところであらう。[*27]

つまり、「縄文式土器」の原型を自然物の形象と、身近な用具に求めるわけであるが、その論拠として、台湾原住民が同時代に使用している日用品が、突然、登場することとなる。日本「内地」における「原始芸術」をめぐる議論と、台湾原住民の日常生活の中に「原始芸術」を見出す議論は、このような形で結びつくのである。

(2)『日本原始工芸概説』の中の台湾原住民

このような議論の展開は、木村修一が大きく依拠した杉山寿栄男の『日本原始工芸概説』では、より明確である。[*28]杉山寿栄男は、「土器の祖型的のものは孰れ当時の民族が自己の手近の形態の或る原型に倣つて成形したものであらう事が考へられる」[*29]とし、さらに「縄文土器」の諸形式の中の原型は厚手土器であるとして、そのモデルは籠や笊だったのだろうと推察する。そして持論の有力な証拠として「特に台湾の平埔暮《ママ》の背負籠は如何にも厚手式土器を思せるものがある」[*30]とし、台湾原住民である「サイセット族」の背負籠を写真入りで紹介した上で、それと縄文時代の厚手土器との形態の近似性を主張している（図5参照）。

この杉山の主張を、前述の木村修一はそのまま受け入れ繰り返したわけであるが、杉山はさらに「縄文土器」の文様をめぐっても台湾原住民の現用品から説明しようとする。著書執筆の目的を「吾人が原始日本の工芸と称するものは、今日に残されたるあらゆる遺物に現れた、工芸的手能であつて、特に土製品を第一位に置き、之に施されたる多種多様の文様の裡より、当時の人々の有してゐた工芸的手能を、再現追求しようと欲するもの」[*31]とする杉山にとっては、土器の文様は「日本原始工芸」の中核を占める問題だったのであるが、「縄文土器」の文様はいかなる形で台湾原住民の現用品と結びついていくのであろうか。やや長文になるが、杉山の主張を次に紹介したい。

土器面に施された各種の縄紋が、その本体が織物であるか編物であるか、又その繊維は如何なる植物であるかと云ふ事は、我国原始時代の多くの土器が縄紋土器と呼ばれる事からしても、可なり大きな問題であらねばならない。……

著者は原始芸術に対する土器の縄紋研究の為、此種縄紋の内比較的各地に普遍し且つ又一番多い斜線方向の縄紋に何か類似織物の現存するものでもないかと、色々古い織物等を調べ、……今回たまたま台湾蕃人の織物を見る機会を得、この地の古い蕃人の織物に、羽状に織られた立派な着類があり、其他日用品の携帯袋の紐や、織物に使用する腰当などの紐の多くは、麻で織られた斜線方向の織物であることを知つた。これに対し著者は非常に興味を感じ、此斜線方向が如何なる方法に依つて編まれ、又織られたかと云ふ事を知る為に、編物及織物の専門家に教を乞うたが不明であつたが、幸人類学教室蔵品の紐を、松村

図5 「サイセット族の背負籠」
(出典：前掲『日本原始工芸概説』、1928年)

博士に乞うて研究の為ほごさせて頂いたのである。……

さてこの織物をほぐして行くと、……此の組織は十四本の経糸に、一本の編み込む緯線があり、経糸の二本置きにくゞらせて編まれてゐる、此時垂直に編む緯糸が、恰も斜に編れた様に見える。……この方式以外に他のものもあるかも知れないが、少くも土器に先行したと考へらる丶多くのバスケット類が、この編方に依つて編まれて居ると云ふ事と、又今日我々がこの方式で此種縄紋を容易に復元し得る事から考へても、我国石器時代の斜線方向の縄紋及羽状縄紋は、この綾織式に類するものと考へられるのである。[*32]

つまり、「縄文土器」の文様のうち、最も日本各地に普及していた典型的な文様として「斜線方向の縄紋」を挙げ、その文様は織物によって付けられたという仮説を立て、斜線方向の織物の例を「古い織物等」に探していき、台湾原住民の現用品に行き着くのである。そして当時、東京帝国大学理学部人類学教室の助教授であった松村瞭の協力を得て、[*33]人類学教室が所蔵していた台湾原住民の織物をほぐすことによって、この織物からは斜線方向の文様が出来ることが確認できたとする。さらに杉山の中では厚手式土器の形態面でのモデルだとされた背負籠の類が、この織物と同じ編み方であることをもう一つの理由として、日本の石器時代の「縄文土器」についても、台湾原住民が同時代に使用しているような綾織式の織物で文様が刻まれたのだろうと、杉山は結論付けるのである。

おわりにかえて

では、なぜ台湾原住民の現用品は、「日本人」と関連深い人達が残したとされる数千年前の縄文時代の「原始芸術」の論拠となるのだろうか。台湾原住民の「現在」は、なぜ数千年前の「日本」と結びつけることが可能であるのか。これらの問題について、杉山寿栄男の主張およびそれを全面的に受け継いだ木村修一の議論では、十分に説明されてはいない。

杉山寿栄男は、一九二七年三月に松村瞭や甲野勇らとともに台湾に訪れ、この台湾旅行を踏まえて、「台湾蕃族の工芸」と題した論文を『考古学雑誌』に発表している[*34]。杉山は、その論文においても、台湾原住民の織物と「縄文土器」の文様との関連について、『日本原始工芸概説』と同様の主張を述べた上で、さらに次のようにいう。

茲に極く簡単に台湾に現存する編物及織物の手法から、我国原始時代の土器の祖型及縄文の本体を手法から比較推測したのでありますが、人類が或種の繊維を編んで物を作る点に於ては編む手法が或一定の制約を受けるのでありますから、人種によつて手法上に著しい変化が起るとは思はれず、此意味から一部の手芸品に表はれた台湾原住民の手法と我原始時代に於ける工芸手法との間に類似を見出す事が出来ると信ずるものであります[*35]。

つまり原始的な生活を営む段階では、その生活手法に大きな差違は生じにくいという「原始的一様性」の考えのもとに、「台湾」と「日本」との空間的距離が不問に付されたといえよう。しかし、繰り返しになるが、台湾原住民の「現存する編物及織物の手法」と、「我原始時代に於ける工芸手法」が、なぜ比較可能なのかは説明されていない。いわば思考されることのない「自明」なものとして、台湾原住民の「歴史性」は否定され時間的距離は不問に付されたのである。

一九二〇年代後半から一九三〇年代にかけて宗主国日本で展開された「原始芸術」論は、身近に存在する生きた「原始文化」の保持者として台湾原住民を措定し、その「原始芸術」を自己の主張の論拠として利用するという形で、植民地台湾で展開された「原始芸術」論と結びついていったといえるだろう。植民地台湾の「原始芸術」論、宗主国日本の「原始芸術」論はともに、その主張の中で台湾原住民の「歴史性」を否定していくという点で共通性をもつが、台湾で展開された「原始芸術」論は、台湾原住民の「固有文化」を高く評価して保存しようとする意思との関連で展開されたという点で、宗主国日本のそれとは大きな乖離があったともいえよう。

注

＊1　李子寧・呉佰祿「臺灣総督府博物館「佐久間財團蕃族蒐集品」的「再發現」及其意義」（『國立臺灣大學　考古人類學刊』第六一期、国立台湾大学文学院考古人類学系、二〇〇三年）。

＊2　「財団法人佐久間財団設立許可」（『台湾総督府公文類纂』第六五〇九冊第五文書）。なお、引用資料の旧字体は新字体に改め、適宜、句読点を付けた。以下、同様。

＊3　『佐久間財団蕃族参考品目録　昭和四年七月』（国立台湾博物館所蔵）。

＊4　『史跡調査報告　第二輯』（台湾総督府内務局、一九三六年）、四五～四九頁。

＊5　本書第八章において、一九三〇年代の「原始芸術」という言説の展開と、当該期の台湾原住民政策との関連について詳細に検討した。ここでは、それとの重複を避けるため、本章の論旨に関連する点を中心に、その点をごく簡単に概観しておく。

＊6　「蕃人の原始芸術を観て」（『理蕃の友』第三年八月号、一九三四年）、五頁。

＊7　なお張隆志は、主に『台湾慣習記事』と『民俗台湾』の分析を通じて、台湾の漢民族系住民の「文化」の一部が、「旧慣」として把握される段階から、「民俗」という位置付けへと転換する問題を、それらの言説を取り巻く「文化政治」の差異という観点から論じている。このような転換は、台湾原住民の「固有文化」が、「旧弊」から「原始芸術」へと位置付け直される状況とも重なる部分があり、本稿の執筆に際して大きな示唆を受けた。（張隆志「従「舊慣」到「民俗」：日本近代知識生産與殖民地臺灣的文化政治」『臺灣文學研究集刊』第二期、国立台湾大学台湾文学研究所、二〇〇六年）。

＊8　佐藤文一『台湾原住種族の原始芸術研究』（台湾総督府警務局理蕃課、一九四二年）、五～六頁。

＊9　同右、七六～八〇頁。

＊10　同右、二四三頁。

＊11　この調査の状況については、佐藤文一「パイワン族の歌謡に就て」（『南方土俗』第四巻第二号、一九三六年）で詳しく紹介されている。なお佐藤文一は、日本に帰国した後、このテーマに関する単著として『原始文学の研究—詩としてのパイワン族歌謡の考察—』（日本学術振興会刊、一九五六年）を刊行している。

＊12　佐藤、前掲書『台湾原住種族の原始芸術研究』、二八九～二九二頁。

＊13　同右、二九一頁。

＊14　なお、佐藤文一が「観照芸術（文学）」と分類した「伝説」については、一九三〇年代中頃に、その分野に関わる大著が相次い

で刊行されている。小川尚義による台北帝国大学言語学研究室編『原語による台湾高砂族伝説集』(刀江書院、一九三五年)と、「口碑伝承」に基づいて「高砂族」の「系統所属」を論じた移川子之蔵らによる台北帝国大学土俗・人種学研究室編『台湾高砂族系統所属の研究』(刀江書院、一九三五年)である。佐藤文一は、これらの研究に、特に小川尚義に大きな影響を受けている。この問題も含めて、台北帝国大学を中心とした知的な交流のあり方については、稿を改めて論じる予定である。

*15 佐藤、前掲書『台湾原住種族の原始芸術研究』、六七頁。

*16 例えば尾崎秀真「台湾四千年史の研究(一)~(八)」(『台湾時報』第六五号~第七二号、一九二五年)。同「台湾歴史の博物学的研究」(『台湾時報』第八四号、一九二六年)。また尾崎秀真の台湾史への関心については、李子寧が複数の論文の中で、台湾総督府博物館の展示との関連で詳細に論じている。さらに陳偉智は尾崎秀真の台湾古代史への関心を、尾崎の東アジア古代文明史構想との関連で丹念に分析しており、本論執筆に際して大きな示唆を受けた(陳偉智「尾崎秀真、尚古主義與殖民地臺灣的歷史政治」『「比較殖民主義與文化」國際學術工作坊』中央研究院台湾史研究所、二〇〇八年九月五日)。

*17 尾崎、前掲論文「台湾歴史の博物学的研究」、五八頁。

*18 尾崎、前掲論文「台湾四千年史の研究(一)」、六九頁。

*19 東京国立文化財研究所編『語る現在、語られる過去—日本の美術史学一〇〇年—』(平凡社、一九九九年)に所収。

*20 『日本文化史大系』全一二巻の構成は次のとおりである。第一巻:原始文化、第二巻:大和文化、第三巻:奈良文化、第四巻:平安前期文化、第五巻:平安後期文化、第六巻:鎌倉文化、第七巻:吉野・室町文化、第八巻:安土・桃山文化、第九巻:江戸前期文化、第一〇巻:江戸後期文化、第一一巻:幕末・維新文化、第一二巻:明治・大正文化。なお各巻共通の編集顧問として次の一〇名が名を連ねていた。『明治天皇記』の編者として著名な三上参次(東京帝国大学名誉教授)、古代史・考古学研究者として著名な喜田貞吉(東北帝国大学講師)、日本仏教史研究の大家である辻善之助(東京帝国大学名誉教授)、宗教史研究者の長沼賢海(九州帝国大学教授)、鎌倉仏教研究を専門とする松本彦次郎(東京文理科大学教授)、美術史家の藤懸静也(東京帝国大学教授)、文化史家の西田直二郎(京都帝国大学教授)、西洋史家の今井登志喜(東京帝国大学教授)、近世史専攻の栗田元次(広島文理科大学教授)、東洋史家の石田幹之助(大正大学教授)。またこれらの編集顧問は、それぞれが専門とする分野の執筆も担当している。これだけの人員を揃えた『日本文化史大系』が、一九三〇年代後半から四〇年代にかけて出版された経緯と、当時の「日本文化」をめぐる全体的な言説状況に与えた影響については稿を改めて論じたい。

*21 『日本文化史大系 第一巻 原始文化』(誠文堂新光社、一九三八年)、一頁。

＊22 坂野徹『帝国日本と人類学者―一八八四年―一九五二年―』（勁草書房、二〇〇五年）。
＊23 亀井若菜「日本美術史における「縄文」」（『イメージ&ジェンダー』vol.7、二〇〇七年）、九五頁。
＊24 前掲『日本文化史大系　第一巻　原始文化』、七頁。
＊25 同右、三一四～三一五頁。
＊26 同右、三一六頁。
＊27 同右、三一八頁。
＊28 杉山寿栄男は、東京高等工業学校図案科を一九〇九年に卒業後（選科修了）、杉山図案所を経営し図案家として名を馳せた。そのかたわら趣味として工芸資料の蒐集を行い、工芸史研究にも力を注ぐようになったといわれている。一九二四年には後藤守一との共編として『上代文様論』（工芸美術研究会）を刊行。この頃から後藤との研究上の交流は盛んだったと思われる。さらに、一九二六年から翌年にかけて『日本原始工芸』第一集～第十集を工芸美術研究会より発行。これには『日本原始工芸図版解説』と『日本原始工芸概説』が分冊で一緒に配付されており、本章で取り上げる『日本原始工芸概説』は、後者をまとめて単行本として発行したものである。また杉山は、一九二六年には『アイヌ文様』（工芸美術研究会）を刊行するなど、アイヌ工芸に対する研究も積極的に行っており、一九四一年から一九四三年にかけて金田一京助と共著で『アイヌ芸術』全三冊（第一青年社）を刊行している（藤沼邦彦・小山有希「原始工芸・アイヌ工芸の研究者としての杉山寿栄男（小伝）」『東北歴史資料館研究紀要』第二三号、一九九七年）。
＊29 杉山寿栄男編著『日本原始工芸概説』（工芸美術研究会、一九二八年）、二二三頁。
＊30 同右、二二五頁。
＊31 同右、四頁。
＊32 同右、一一九～一二二頁。
＊33 杉山寿栄男は、一九二五年に東京人類学会に入会し、その直後から東京人類学会の例会で講演を行ったり、学会の行事にも頻繁に参加している（前掲「原始工芸・アイヌ工芸の研究者としての杉山寿栄男（小伝）」）。松村瞭は、第七章で述べたように一九〇三年には東京帝国大学人類学教室の研究生として、学術人類館において見物人への説明役を担った人物であるが、この当時は、東京人類学会の中心人物の一人であり、杉山は学会活動を通じて、松村瞭らとの関係を深めていったのだろうと推察される。
＊34 なおこの時の杉山の台湾旅行は、松村瞭や甲野勇らの調査旅行に同行したものであった（『考古学雑誌』第一七巻第四号、

一九二七年）。この台湾旅行を踏まえて、杉山は同年六月二二日に考古学会例会で「台湾蕃人の工芸」と題した講演を行っており（『考古学雑誌』第一七巻第六号、一九二七年）、その内容が『考古学雑誌』誌上に論文として掲載されたものと思われる。

＊35　杉山寿栄男「台湾蕃族の工芸」（『考古学雑誌』第一七巻第七号、一九二七年）、三四頁。

終章

植民地支配下における台湾原住民統治の歴史を振り返ってみると、そこには人種主義という思考様式がいかに大きな影を落としてきたかを再確認せざるを得ないといえるだろう。特に一九世紀から二〇世紀への世紀転換期には、社会進化論に基づく生存競争という視点が、伊能嘉矩をはじめとする植民地官僚の思考に大きな影響を及ぼしていた。そのような中で植民地官僚達は、個々人による力点の相違を孕みつつも、一方で台湾原住民の「文明化」に情熱を注ぎながら、他方で台湾原住民を生存競争の「敗者」として位置付けていったのである。さらに植民地統治に携わった法曹関係者は、法学的な言説によって、台湾原住民を法的には人格を有しない存在であると論理的に規定していった。それは具体的な原住民統治施策の中で定まっていく台湾原住民の法的取り扱いを追認するものであると同時に、大規模な武力「討伐」という次の政策の展開を容認するものでもあった。

そして一九一〇年代前半に、台湾原住民とりわけ「北蕃」とされた「タイヤル族」を中心とする北中部山岳地帯居住の原住民に対して、大規模な「討伐」・服従化政策＝「五箇年計画理蕃事業」が実施されることになるが、その中で露呈した人種主義は「超人種主義」とでも呼ぶべきものであった。当該期において、人類学者を中心に宗主国日本で主張された「人種」概念は、生物学的な「種」の同一性を否定するものではなく、「ヒト」という同一の「種」の中での「変種」（バリエーション）の問題とする説が主流であった。それは一方では西洋の眼差し、すなわちオリエンタリズムの客体としての自己を意識せざるを得ないというアジアにおける人種主義の受容の一つの特徴だったとも言える。人類学的な素養をもって台湾原住民を調査した伊能嘉矩の主張もこの傾向に沿ったものであったし、法曹関係者も、台湾原住民について法的な意味で「人」（「法的人格」）であることは否定しても、生物学的な意味での「ヒト」であることは大前提として議論を進めていた。それに対して、「五箇年計画理蕃事業」という軍事行動の際の発言に基づくとされる「糧食ノ闕乏ヲ告ケタルトキハ軍人ハ、ガオガン蕃ノ肉ヲ以テ之ヲ補充スヘキ」[*1]旨の文言からは、台湾原住民と自己（もしくは「我々」）との生物学的な意味での同一性という認識を揺るがし、台湾原住民と自己との間に生物学的な意味での境界線を引いていくような、強烈な人種主義の発動の可能性がうかがえるといえよう。

　このような思考を背景として、特に北中部山岳地帯に居住する台湾原住民に対して実施された「五箇年計画理蕃事業」とは、隘勇線という軍事境界線によって「蕃地」への物資の流入を遮断し、生活必需品の不足状態となった「蕃社」に対して大規模な軍事力を行使することで、いわば「服従」か「死」かの選択を迫るというようなものであった。「五箇年計画理蕃事業」の終結後、すなわち一九一〇年代後半から一九二〇年代にかけて進行する原住民社会の「教化」政策は、このような直接的な暴力の行使の後に、すなわち「討伐」という形で直接的な暴力を受けた記憶を原住民社会が保持している状況の中で行われたものであったことの意味は小さくないと思われる。

> 暴力に身をさらされ続けるプロセスにおいて生起する事態は、結果的に暴力が行使されたり、されなかったりするということにおいて表現されるべきではない。さらされているという状態、待機中であるという状態において、冷汗を流す事態は既に始まっているのであり、こうした事態を生みつづけているという意味において、その暴力は既に作動している。[*2]

　右記の引用は、関東大震災の際に、自警団に「朝鮮人」と疑われ、冷汗をかきながら否認したという沖縄研究者の経験を一つの切り口とし、植民地主義の暴力について論じた冨山一郎の発言であるが、「待機中であるという状態」

は、まさに台湾原住民の植民地経験のある側面を言い表すものだといえる。

「五箇年計画理蕃事業」が終結した後も、警察飛行班の威嚇飛行と未帰順の「蕃社」への爆弾投下作戦に代表されるように、台湾原住民に対する武力による服従化政策は継続していたが、一九三〇年に起こった抗日武装蜂起・霧社事件に対する弾圧は凄まじいものであった。この霧社事件以降、原住民政策は大きく転換し、「蕃地」の「内地化」政策が強力に推進されるが、第八章でも強調したように、この「蕃地」の「内地化」政策もまた、霧社事件に対する徹底的な武力弾圧すなわち直接的暴力の徹底行使の後に、その暴力の記憶が霧社事件に関係した原住民のみならず、台湾全島の原住民社会に情報として広く共有された状態の中で進められたものである。言葉をかえて言えば、一九三〇年代の「蕃地」の「内地化」という統治実践は、直接的暴力（霧社事件弾圧）発動の後に、または同時並行的に展開される間接的暴力（「規律・訓練」の暴力）として存在したといえるだろう。

そして「蕃地」の「内地化」という日常生活の細部におよぶ介入とは、「日本化」という側面と「近代化」という側面を併せ持つものだったため、その試みの中から、台湾原住民の日常生活の中に「改善すべき弊習」と「守るべき文化」の弁別が行われていくことになる。そして「守るべき文化」とされたものの一部を、「原始芸術」として高く評価していく動きが主に在台日本人知識人の中で生じてくるが、そのような動きは、原住民「文化」が「滅び行く」危機に晒されているという危機感とともに沸き上がったものであった。だが原住民「文化」が変化を余儀なくされている状況、つまり「原始芸術」の存立基盤そのものが変化を余儀なくされている状況を生み出した大きな要因は、まさに「蕃地」の「内地化」政策であり、そのような政策の推進を一方で歓迎・容認・黙認しながら、他方で「原始芸術」の「保存」のみを声高に叫ぶという矛盾を、「原始芸術」論を唱えた知識人達は共に抱えていたのである。

また台湾原住民の「文化」を「原始芸術」としてとらえるという思考は、台湾における観光開発という資本の論理と親和性をもつものであった。一九三〇年代の植民地台湾におけるツーリズムの展開の中で、台湾原住民そのものが

「観光資源」として見出されていく、そのような動向の中で台湾原住民の特に「歌」や「踊り」に、高い評価が与えられることになるのである。

さらに台湾原住民の「文化」を、学術的に考察する価値が高い「原始芸術」として位置付けようとする知的営みは、結果として台湾原住民を「原始」の状態に留めおかれた者として把握し「同時代性」を否定する言説へと展開していった。その意味で、台湾原住民の「文化」を称揚しその保護を主張する言説は、一方で佐藤文一や尾崎秀真など提唱者たちの熱意と「善意」を伴いながらも、他方で「差異」を再構成する言説としてあったともいえる。つまり、台湾原住民を規定する人種主義的な言説は、常に身体的・生物学的な「差異」を強調する古典的な人種主義を内包しながらも、この段階では、むしろ「文化的」な「差異」を強調する「文化的人種主義」へと力点を移動させており、そのような動向を象徴的に表したのが「原始芸術」という言説だったのではないだろうか。このように強弱と力点の置き方を変化させながらも、継続して発動された人種主義こそが、「帝国の思考」の中核に存在したものだと考えられる。

一九三七年以降、植民地台湾でも本格的に総力戦体制が構築され、植民地住民から様々な側面での戦争協力を引き出すことが、植民地政府の大きな課題となっていった。そして、とりわけ一九四〇年代になると、台湾原住民も「戦力」として「戦地」に動員する対象と見なされていくようになる。このような状況の中で、台湾原住民をめぐる思考と統治実践において、それまで常に発動し続けた人種主義は、どのような変容を被るのか、この点については残された課題として、さらに探究していきたい。

本書の最後として、第一章のおわりに、で言及した問題に立ち返りたい。台湾領有戦争の北白川宮能久親王の「死」をめぐって、日本「内地」ではナショナリズムと帝国意識を喚起させる象徴としての語りが形成されたのに対し、台湾では抵抗精神の象徴として北白川横死説が植民地支配下においても語り継がれたという問題である。相反する二つの物語が「帝国」内部に存在するという状況は、ここまで述べてきた「五箇年計画理蕃事業」や「霧社事件」をはじめとする台湾原住民政策の実施過程においても、常に生み出されてきたものだったのではないだろうか。

例えば、一九二三年に台湾東部・タロコ渓谷の中心地であるタビト社に、佐久間神社が建立されるが、この神社は、「五箇年計画理蕃事業」を実施した当時の台湾総督・佐久間左馬太を祀るものであり、神社建立地の選定は、「五箇年計画理蕃事業」の最後の作戦である「太魯閣蕃討伐」に際し、佐久間総督もタロコに赴いており、それを記念してであったといわれている。つまり、タロコという場所には、植民地政府によって台湾原住民「平定」の象徴としての意味が付与されたといえるだろう。

しかし地道な聞き取り調査に基づいた原英子の研究によれば、タロコで生活する台湾原住民の中では、佐久間左馬太総督は、「太魯閣蕃討伐」の最中に複数の「タロコ族」の「勇士」によって殺害されたと語り継がれているという。[*3] 一方、「公的な歴史」によれば、佐久間は、一九一五年に台湾総督を辞任し、日本に帰国後、仙台で死去したとされている。[*4] 第一章でも述べたように、ここでは「事実」に照らし合わせて、どちらが「正しい」かではなく、むしろ語りのもつ機能に注目するとすれば、タロコの台湾原住民の語りは、植民地支配下において、圧倒的な「力」を持つ支配者の語りに対して、水面下で語り継がれてきた集合的記憶もしくは象徴的記憶であり、凄まじい武力による「討伐」を経験した後でも、途絶えることなく語り継がれてきた抵抗の物語であったといえるだろう。

だが、現在の日本の歴史意識においては、「五箇年計画理蕃事業」はもちろんのこと、宗主国内部において同時代に共有され、一九四五年までは北白川宮能久親王の「死」に関する物語とともに、記憶しつづけることが企図された台湾領有戦争という出来事ですら、ほとんど「顕在化」することはない。なぜだろうか。

台湾領有戦争の「忘却」という事態は、戦後の日本の歴史意識において、どの点に「忘却の圧力」がかかったのか、もしくはかかり続けているのか、その一端を示しているといえるだろう。一九四五年八月一五日に歴史の断絶を設定する歴史観によって、日本の敗戦による植民地の放棄とともに、植民地支配の歴史自体も「忘却」し、象徴天皇制・平和主義への転換とともに、天皇制と軍隊が深く結びついていた歴史も「忘却」するよう、「忘却の圧力」がかかり続けた結果が、台湾領有戦争の「忘却」ではないだろうか。[*5]

歴史意識と「忘却」という問題に関して、次の二つの言葉は、それぞれ別の意味で、熟慮に値すると思われる。

忘却、歴史的誤謬と言ってもいいでしょう。それこそが一つの国民の創造の本質的因子なのです。[*6]

私にとって学問のもつ政治性の問題は、……黙殺や否認そのものが、一定の差別や排除という社会的効果を産み出すことを示し、黙殺や否認をさらに黙認する者たちの共同体を作り出してしまうことを詳細に示すことにある。つまり、黙殺や否認は制度化されるのであり、この制度化の結果として痛みをもたらさない過去の像が、その共同体の正統な歴史として普及することになる。[*7]

「忘却」に抗する歴史記述に向けて。植民地支配の歴史を暴力の痕跡とともに想起すること。やや抽象的ないい方をすれば、「忘却」することによって留まりつづけている閉鎖的な「共感の共同体」から、歴史を想起することによって、北白川横死説を語り続けた語りの空間そして佐久間左馬太タロコ死亡説を語り続けた語りの空間と向き合う回路を開く、そのような歴史的態度が、今求められているのではないだろうか。

注

＊1　猪口安喜編『理蕃誌稿　第三編』（台湾総督府警務局、一九二一年）、五九〇頁。
＊2　冨山一郎『暴力の予感―伊波普猷における危機の問題―』（岩波書店、二〇〇二年）、七二頁。

＊3　原英子「佐久間左馬太台湾総督に関するタロコ族の記憶と「歴史」の構築」（『台湾原住民研究』第一〇号、二〇〇六年）。

＊4　小森徳治『佐久間左馬太』（台湾救済団、一九三三年）。

＊5　明治初年の軍隊の創設以降、一九四五年八月まで、男性皇族のほとんどが軍人であった（坂本悠一「皇族軍人の誕生―近代天皇制の確立と皇族の軍人化―」、岩井忠熊編『近代日本社会と天皇制』柏書房、一九八八年）。

＊6　エルネスト・ルナン［鵜飼哲訳］「国民とは何か」（エルネスト・ルナン他著『国民とは何か』河出書房新社、一九九七年、四七頁。ただし初出は一八八二年にソルボンヌで行われた講演）。

＊7　酒井直樹『死産される日本語・日本人―「日本」の歴史―地政的配置―』（新曜社、一九九六年）、Ⅶ頁。

初出一覧

序　章　書下ろし

第一章　戦争報道の中の台湾
「戦争報道の中の台湾――台湾領有戦争の語りと記憶をめぐって――」（『南山大学日本文化学科論集』第六号、二〇〇六年）に加筆・修正。

第二章　台湾原住民教化政策としての「内地」観光
「「内地」観光という統治技法――一八九七年の台湾原住民の「内地」観光をめぐって――」（『アカデミア　人文・自然科学編』第五号、二〇一三年）に加筆・修正。

第三章　植民地主義と歴史の表象
「植民地主義と歴史の表象――伊能嘉矩の「台湾史」記述をめぐって――」（『日本史研究』第四六二号、二〇〇一年）に加筆・修正。

第四章　「帝国臣民」の外縁と「帝国」の学知
「領台初期における台湾原住民をめぐる法学的言説の位相――「帝国臣民」の外縁と「帝国」の学知――」（『日本学報』第二二号、二〇〇三年）に加筆・修正。

第五章　台湾原住民の法的位置からみた原住民政策の展開
「台湾原住民の法的位置からみた原住民政策の展開――植民地統治初期を中心に――」（『台湾の近代と日本』、中京大学社会科学研究所、二〇〇三年）に加筆・修正。

第六章　「五箇年計画理蕃事業」という暴力
「植民地支配下の台湾原住民をめぐる「分類」の思考と統治実践」（『歴史学研究』第八四六号、二〇〇八年）
に加筆修正。

第七章　人間の「展示」と植民地表象
「人間の「展示」と植民地表象——一九一二年拓殖博覧会を中心に——」（黒沢浩編『南山大学人類学博物館オー
プンリサーチセンター研究報告第一冊　学術資料の文化資源化』、二〇一一年）に加筆・修正。

第八章　一九三〇年代の台湾原住民をめぐる統治実践と表象戦略
「一九三〇年代の台湾原住民をめぐる統治実践と表象戦略——「原始芸術」という言説の展開——」（『日本史研
究』五一〇号、二〇〇五年）に加筆・修正。

第九章　台湾国立公園と台湾原住民
「「風景地」の思想——「帝国」の拡大と国立公園——」（小松和彦還暦記念論集刊行会編『日本文化の人類学／
異文化の民俗学』、法藏館、二〇〇八年）に加筆・修正。

第一〇章　「原始芸術」言説と台湾原住民
「「原始芸術」言説と台湾原住民——「始まり」の語りと植民地主義——」（加藤隆浩編著『ことばと国家のイン
ターフェイス』、行路社、二〇一二年）に加筆・修正。

終　章　書下ろし

あとがき

今から約二〇年前の一九九〇年の春、私は初めて台湾を訪れた。台北から日月潭、高雄などを見てまわる観光旅行を友人と満喫し、その後、先に帰る友人を見送って、一人で霧社を訪れた。バスで長時間揺られ、少し心細い思いを抱いて霧社にたどり着いたが、その時泊まった「霧社山荘」の人々はとても親切で、その日の夜には近くの人もまじえて、霧社での日々の生活や日本統治時代のことなど、さまざまなお話を、「日本語」でうかがうことができた。

日本に帰ってから、霧社で起こったことについて、もっと知りたいと思い、遅ればせながら、霧社事件を扱った書物を少しずつ読み始めた。そのことによって、知識は確かに増えていった。しかし霧社事件を考えること、思考することは、私にとって、とても難しく、本書においても依然として残された課題のままである。

霧社事件を、いったいどのように考えればよいのだろうか。台湾の山で暮らす人々にとって、五〇年以上におよんだ日本統治とは、いったいどのような経験だったのだろうか。

このような考えきれない問題領域の存在を常に念頭におきつつも、本書では植民地支配を行った側の思考、とりわけ台湾北中部の山で暮らしていた人々に向けられた「帝国」の思考と統治実践の解明に焦点をあてて論じてきた。その意味で、本文中でも述べたように、本書は台湾原住民史というよりは、台湾原住民統治政策史により関連深いものであり、それが本書の限界でもある。

霧社事件と高砂義勇隊――この二つの課題は「植民地支配下で少数民族であるということ」の意味を考えるうえで、とりわけ多くの問題を私に提示しつづけてくれている。だからこそ、思考困難なこれらの課題については、依然として残された課題として、今後も考え続けていきたい。

本書の各章は、初出一覧に記したように、二〇〇一年から二〇一三年にかけて、独立した論文として発表してきたものを元としているが、一書にまとめるに際し、新たな資料やそこから導き出されたさらなる考察、参考文献等を書き加え、序章・終章を書き下ろした。

このような形で本書を公刊できたのは、多くの方々のご指導とご援助の賜物である。本文や注で記した方々をはじめ、各論文の執筆にあたって、またそれらを一書にまとめるに際して、ご教示を受けてきた方々に、あらためて謝意を表させていただきたい。

研究論文を読むということの意味さえ十分わからない段階から、常に親切にご指導いただいてきた学部時代からの恩師ひろたまさき先生、台湾そして霧社について考える視座を、さまざまな形で示し続けてくださっている杉原達先生には、この場をかりて、心より感謝申し上げたい。

またこの間、多くの研究会に参加させていただき、参加者の方々から大きな知的刺激を受けてきた。とりわけ樋口浩造氏を中心に、毎月一冊ペースで古典的な理論書から最新の研究書まで読み続けてきた現代思想研究会に集う方々には、研究仲間として、多くの刺激と励ましをいただいてきた。さらに本書の元となった二本の論文は、それぞれ日本史研究会の二〇〇四年度大会報告（近現代史部会報告）、歴史学研究会の二〇〇八年度大会報告（近代史部会報告）に基づいて執筆したものであるが、日本史研究会・歴史学研究会の当時の研究委員の方々には、準備報告会での議論やアドバイスも含めて、大変お世話になった。また会場でさまざまな質問やコメントをくださった方々、とりわけ歴史学研究会大会報告の際、コメンテーターをご担当下さった冨山一郎氏、池田忍氏からはそれぞれのご専門にそくして含蓄のある刺激的なコメントいただいた。深く感謝申し上げたい。

また台湾総督府文書目録の編纂活動にお誘いいただき、その後、さまざまな研究活動の場でお世話になっている檜山幸夫先生、東山京子さんをはじめとする中京大学社会科学研究所の方々、そして今西一先生、栗原純先生をはじめとする科研費の調査活動でお世話になっている方々にも、厚く御礼申し上げたい。

さらに私は、二〇一一年九月より二〇一三年三月までの約一年半、現在の職場である南山大学の教員向け留学制度によって、国立台湾大学文学院歴史学系の訪問学人として台北に滞在し、研究活動を行う機会を得た。

その際、台湾大学文学院歴史学系の周婉窈先生には、私の台湾大学での受け入れ教員として様々な点でご尽力いただき大変お世話になった。周先生の授業を聴講させていただき、さらに阿里山・達邦社への調査旅行に同行させていただいたことは、私にとって、とても意義深い忘れられない経験である。また同系主任の甘懷真先生をはじめ、諸先生方、助教の皆さんには大変親切にしていただいた。心より御礼申し上げたい。そして、台湾大学での私の講義を、熱心に受講してくれた学生の皆さんにも感謝したい。

さらにこの留学期間中の最後の半年間は、中央研究院台湾史研究所にも訪問学人として受け入れていただいた。この受け入れにご尽力くださった陳培豊先生、「文化政治」という観点からの多くの知見を授けてくださった張隆志先生をはじめ、台湾史研究所の方々にも深く感謝申し上げたい。

そして台湾では、留学期間中ということもあり、非常に多くのシンポジウムや研究会に参加する機会を得ることができた。特に、冨田哲氏をはじめとする日本台湾学会・台北例会に集う方々、陳計堯氏をはじめとする台湾史読書会に集う方々からは、台湾での最新の研究状況について、多くの有益な情報を授けていただいた。とりわけ一回に二人が研究発表を行う研究会を、ほぼ二週間に一回のペースで開催されている台湾史読書会のあり方には、その研究密度と積極性に本当に敬意を表したい。また台湾史読書会の仲間でもある陳偉智氏、許時嘉氏には、研究分野が近いこともあり、多くの実践的で刺激的な知見を授けていただいた。また陳偉智氏から紹介いただいた国立台湾博物館の李子寧氏には、総督府博物館から台湾博物館へ移管された収蔵品に関する貴重な情報を教えていただくとともに、収蔵品や所蔵資料の閲覧にも便宜を図っていただいた。厚く御礼申し上げたい。

さらに台湾師範大学の津田勤子さんには、研究面も含めた台北での生活について、相談にのっていただき、また様々なご助力をいただいた。そして言語交換のパートナーであり、若い友人でもある台湾大学博士候補生・陳慧先さん、政治大学博士候補生・張安琪さんには、言葉の面でのサポートや研究上の相談をはじめ、さまざまな側面から私の台北での研究生活を支えていただいた。この場をかりて、深く感謝申し上げたい。そして、研究者としてのさらなるご活躍を心からお祈りしたい。

そして留学という、このような貴重な機会を与えてくれた南山大学、とりわけ日々の教育研究活動においても大変お世話になっている人文学部日本文化学科の教員の方々、アシスタントの皆さんのご援助に、深く謝意を表したい。また南山大学をはじめ、非常勤講師としてうかがった諸大学で、私の講義・演習を受講してくれた学生の皆さんにも感謝したい。とりわけゼミの学生諸氏からは、教室でのディスカッションなどを通じて、思いがけない観点やユニークな知見など、教えられることが多かった。

このようなさまざまな機会を通じて知遇を得た方々、議論や活動を通じて多くの示唆やご助言・ご援助を与えてくださった方々に、本来ならお一人お一人お名前をあげて謝意を述べるべきところであるが、あまりに多くの方々にお世話になっているため、それがかなわない。お一人お一人を想起しつつ、改めて心より感謝申し上げたい。

なお本書の刊行に関しては、南山学会より出版助成を受け南山大学学術叢書として出版することができた。また、研究の過程で、科学研究費補助金、南山大学パッヘ研究奨励金による助成を受けることができたことも付記しておく。今年度の成果ということでは、本書は二〇一三年度科学研究費補助金・基盤研究（C）［課題番号：25370802］の研究成果の一部である。

出版事情が厳しい折にもかかわらず、本書の刊行をお引き受けくださった永滝稔氏をはじめとする有志舎の関係各位にお礼申し上げたい。

最後に私事にわたるが、研究活動を支えてくれている両親に記して感謝する。

二〇一一年二月に、『無縁声声』の著者・平井正治さんが亡くなった。「なにわの民衆史家」として、どの地平から歴史を見るのかという問いに対して、実地でヒントを示し続けてくれた方だった。平井さんの死から約一ヶ月後に東日本大震災が起こった。この事態に対して、平井さんなら何に気を配り、どのように語ったのだろうかと自問自答を繰り返している。

ご冥福を心よりお祈りしたい。

二〇一四年一月

松田京子

サ　行

タ　行

ナ　行

ハ　行

マ　行

ヤ　行

ラ　行

〈人　名〉

索　引

〈事　項〉

ア　行

カ　行

サ　行

タ　行

松田京子（まつだ　きょうこ）
三重県生まれ。大阪大学大学院文学研究科博士後期課程単位取得満期退学、博士（文学）。
現在、南山大学人文学部教授
主要著書：『帝国の視線―博覧会と異文化表象―』（吉川弘文館、2003 年）
主要論文：「一九三〇年代の台湾原住民をめぐる統治実践と表象戦略」（『日本史研究』510 号、2005 年）
「植民地支配下の台湾原住民をめぐる「分類」の思考と統治実践」（『歴史学研究』846 号、2008 年）

南山大学学術叢書

帝国の思考

日本「帝国」と台湾原住民

2014 年 3 月 30 日　第 1 刷発行

著　者　松田京子
発行者　永滝　稔
発行所　有限会社　有　志　舎
〒101-0051　東京都千代田区神田神保町 3 丁目 10 番、宝栄ビル 403
電話　03（3511）6085　　FAX　03（3511）8484
http://www18.ocn.ne.jp/~yushisha
振替口座　00110-2-666491
D T P　言海書房
装　幀　奥定泰之
印　刷　株式会社シナノ
製　本　株式会社シナノ

ISBN978-4-903426-83-9